MINERVA
西洋史ライブラリー
105

ピューリタン革命の世界史

―国際関係のなかの千年王国論―

岩井　淳著

ミネルヴァ書房

ピューリタン革命の世界史——国際関係のなかの千年王国論

目次

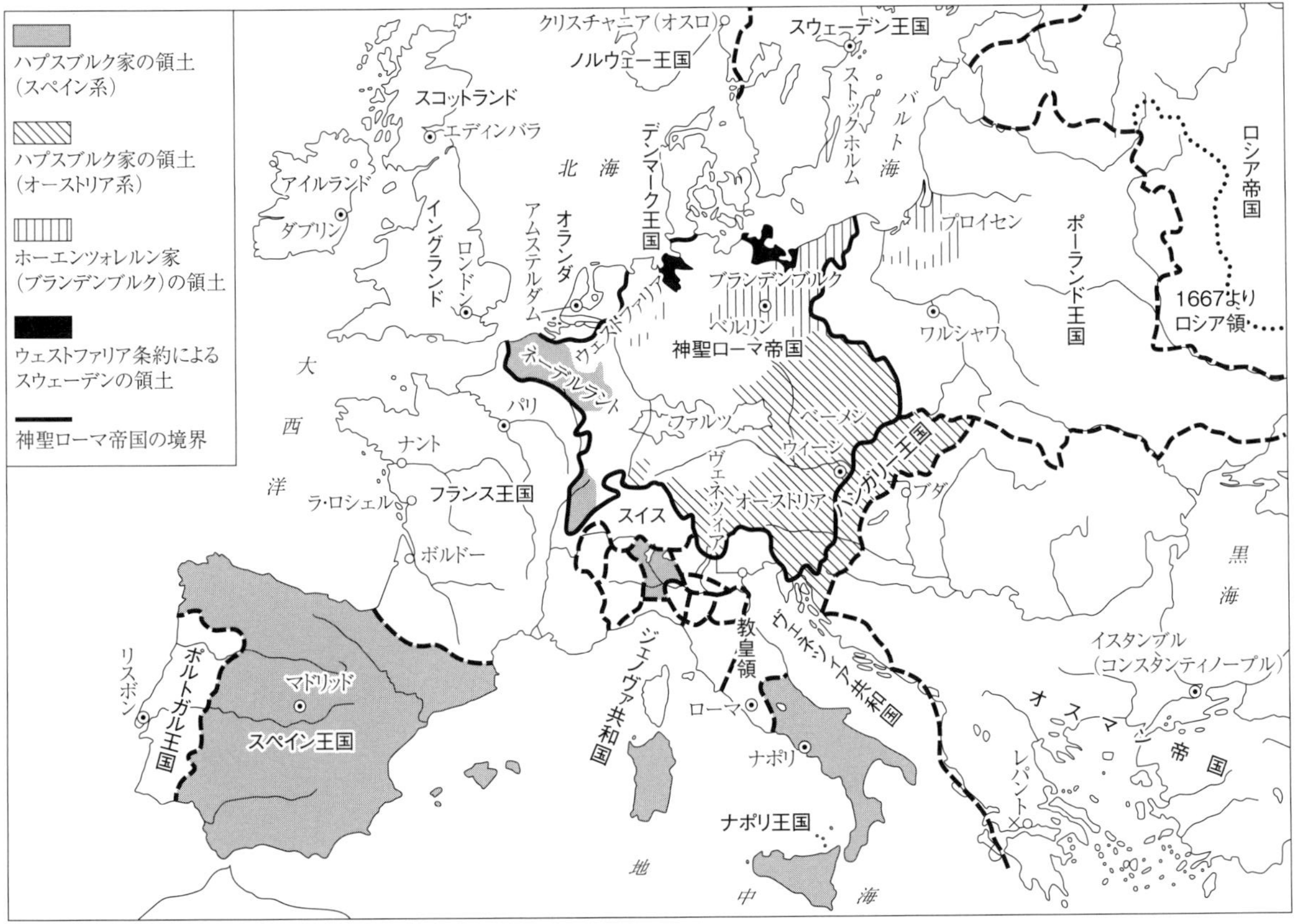

地図1　17世紀中葉のヨーロッパ

地図２　イングランドとウェールズの諸州

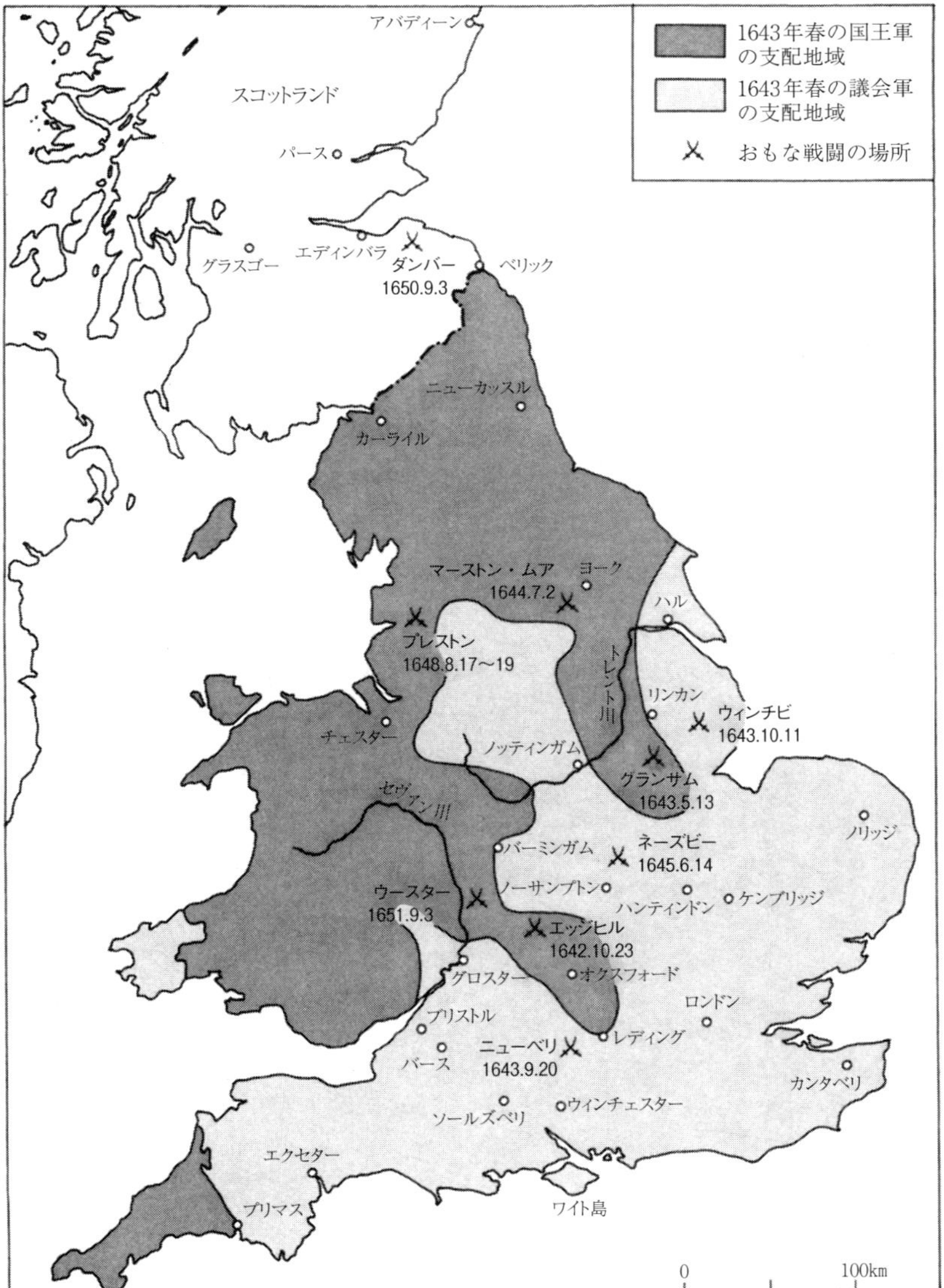

地図3　ピューリタン革命期の国王派と議会派の勢力分布

序章　千年王国論と国際関係の視座

1　二つの視座

ピューリタンやピューリタン革命については、すでに多くのことが語られてきた。[1] 欧米や日本で積み重ねられてきた数多の研究に対して、本書が何か付け加えられるとすれば、それはどのような点であろうか。

本書は、初期ステュアート期からピューリタン革命期のイングランドとニューイングランドを主たる舞台とし、一七世紀イングランドを取り巻く複雑な国際関係のなかで、ピューリタン革命の主導勢力たる独立派（会衆派）が、どのように形成され、何を主張し、革命の勝利者となった後は、どのように変容したかを考察するものである。従来は消極的に評価されることの多かった独立派を、千年王国論と国際関係という二つの視座から再評価し、その試みを通して「ピューリタン革命の世界史」にアプローチする書物と言うことができる。

研究史的に位置付けると、本書は、これまでのピューリタニズム研究に色濃く見られた近代主義的傾向を脱却し、従来のピューリタン革命研究に随伴した一国主義的枠組みを乗り越えようと模索したものである。近代主義的傾向を批判するための手がかりとしたのが、一九七〇年前後から登場した終末論・千年王国論研究である。一国主義的枠組みを相対化するために用いたのが、一九六〇年代後半から進展した一七世紀の国際関係史研究である。二つの視座は研究史的にどのような意味をもち、本書は、その視座をどのように生かそうとするのか。序章では、千年王国論と国際関係の視座を、それぞれ考察し、その後、本書が取り組むべき課題を提示し、最後に全九章からなる本書の構成を示すことにしたい。

二つの視座に入る前に、ここで「ピューリタン革命」なる用語を、本書が、どのような意味で使うのかを述べておきたい。一七世紀中葉の事件は、当初「大反乱」と呼ばれるのが通例であった。しかし、一九世紀のホイッグ史学によって「ピューリタン革命」という呼称が、二〇世紀前半のマルクス主義史学によって「イングランド革命」という呼称が一般化し、「革命」という用語が定着した。だが、二〇世紀後半になると再び「革命」は忌避され、「イングランド内戦」や「三王国戦争」といった内戦論が浮上する。最近では、スコットランドやアイルランドの役割を強調する「ブリテン内戦」論や「ブリテン革命」論が登場する一方で、「イングランド革命」論が巻き返すなど、この事件には実に多様なネーミングが付きまとってきた(2)。

そのなかで「イングランド内戦」という言葉は、一九七〇年代以降、「修正主義（revisionism）」の影響を受けながら広がった(3)。この言葉は、一七世紀の事件が過去との断絶を示す革命ではないというニュアンスを伴いながら、普及した。だが、「イングランド内戦」論には、いくつかの難点がある。それは、時間的には、おおよそ一六四二〜四八年の内戦期に限られ、一六四〇年の長期議会開催からの一連の流れや、一六四九年の国王処刑から六〇年の王政復古という重要な時期を含むことができない。また空間的にもイングランドに限られ、ヨーロッパ大陸やアメリカ植民地まで含めて考えられず、イングランド一国史観に陥る危険性がある。

「イングランド内戦」論は、当初、冷戦期のイデオロギー問題ともからんで、マルクス主義的な革命論に対する強い拒否感を伴って登場した。しかし、冷戦崩壊以後、この傾向には、明らかな変化が見られた。例えば、一九八四年の講演で「イングランド内戦は、最初のヨーロッパ革命ではなかった。そうではなくて、最後の宗教戦争であった」(4)と述べたジョン・モリルは、その後、内戦論に固執せず、「イングランド革命」から「三王国戦争」「ブリテン革命」と実に様々な用語を使って一七世紀半ばの事件を説明したのである。

最近では、「イングランド革命」論の巻き返しが見られる。二〇〇六年のD・クレッシーの著作『瀬戸際のイングランド――危機と革命、一六四〇～四二年』(5)は、内戦前の短い時期に焦点を絞り、イングランドが、いかに革命的であったかを強調する。また二〇〇七年のN・タイアック編の論文集は、その名も『イングランド革命、一五九〇～一七二〇年』(6)と題されており、長期の視点からイングランド革命の再評価を試みている。この論文集に「イングランド革命とその遺産」という論文を寄稿したM・ブラディックは、翌年、大著を出版した。その書物『神の怒り、イングランドの炎』(7)(二〇〇八年)は、一六三七年から四九年のブリテン諸島の歴史を論じているが、彼は、一六三七～四二年を「三王国の危機」の時代、一六四二～四六年を「戦争」の時代とし、最後の一六四六～四九年を「革命」の時代と命名する。ブラディックは、内戦と革命のどちらかをとるのではなく、両者を組合せ、複合的に解釈しているのである。

このように「革命」からマルクス主義的な色合いが抜けるに従って、その用法も柔軟になり、多様な革命論が登場している。「革命」とは、通常、過去との断絶を示す言葉である。本書でも、フランス革命やロシア革命のイメージを過度に投影するのではなく、「ピューリタン革命」を一七世紀という宗教色の強い時代のなかで理解し、過去との断絶をとらえる尺度として用いることにしたい(図序-1を参照)。

それにしても、なぜ「ピューリタン革命」なのだろうか。この言葉によって、一九世紀のホイッグ史観に戻ることとは、もはや許されない。「ピューリタン革命」を単純に「近代の画期」とする見方は、その後の研究によって徹

図序−1　ステュアート王家を象徴するオークの木の伐採を命じるクロムウェル（1651年）

17世紀半ばの出来事は，同時代人の目から見れば，過去との断絶を伴う「革命」であった。

出典：A. Fraser（ed.）, *The Stuarts*, London, 2000, p. 50.

底的に批判し尽くされたからである。日本では、「イギリス革命」と「ピューリタン革命」という用語が、人口に膾炙してきた。日本の世界史教科書でも、この二つが用いられている。このうち、「イギリス革命」は the English Revolution の訳語であり、日本に独自の表現である。[8]

本来は、「イングリッシュ」を意味するポルトガル語「イングレス」やオランダ語「エングレス」に由来する「イギリス」は、「イングランド」と「連合王国」という二つの意味をもっており、非常に曖昧な言葉である。「イギリス革命」というとブリテン島全体の変革を意味するように聞こえるが、実は「イングランド革命」を指しているのである。したがって、地理的範囲が分かりにくい「イギリス革命」は用いず、本書では、イングランドとニューイングランドを主な舞台とし、ピューリタンを重要な担い手として進められた革命という意味で「ピューリタン革命」を用いることにしたい。時期的には、一六四〇年の長期議会開催から四九年の国王処刑をへて六〇年の王政復古までの二〇年間を示す言葉である。

2　千年王国論の視座――ピューリタニズム研究における近代主義批判

（1）ピューリタニズム研究

最初にピューリタニズムに関する研究史を振り返っておこう。ピューリタンは、一六世紀後半のエリザベス時代に起源をもち、イングランド国教会からカトリック的要素を取り去り、教会改革を徹底するように求めた。その後、彼らは何度か迫害を受けることがあったが、国教会のなかの急進派として命脈をたどってきた。しかし、一七世紀の初期ステュアート期になると国教会からの弾圧が激しくなり、ピューリタン革命の諸要因が醸成される中、彼らは次第にアングリカンとの対立を深めていった（図序－2を参照）。

図序－2　ピューリタンとアングリカン（国教会）とカトリックの関係（1642年）

左からピューリタンとアングリカンの聖職者，カトリックの修道士が描かれる。国教会の聖職者は，ピューリタンの差し出す書物を受け取らず，カトリックと提携している。

出典：M. Ashley, *The English Civil War*, London, 1974, p. 29.

一六四〇年に長期議会が開催され、ピューリタン革命が始まると、ピューリタンたちは宗教や政治の表舞台に立ち、積極的な活躍の場を見出した。議会のなかにもピューリタンは多数存在したが、国王派との内戦が始まると、ピューリタンは長老派と独立派という二つのグループに分化し、議会派も、その影響を受け、二つのグループに分かれた。これまでのピューリタニズム研究が、最も注目し、多くの業績をあげてきたのも、この初期ステュアート期からピューリタン革命にかけての時代である。

ピューリタニズム研究における主要な学説は、M・ヴェーバーやA・D・リンゼイのように、アングリカンとピューリタンの対立関係を強調し、後者の中に「資本主義の精神」や「民主主義の源流」といった近代的要素を見出すものである(9)。この見方は、その後、二〇世紀のピューリタニズム研究をリードしたR・H・トーニーやCh・ヒルによって受け継がれ、ピューリタニズムの担い手は中産的生産者=「勤勉な種類の人々」という主張とともに、幅広く受容されてきた(10)。

だが、こうした正統学説に対する異議申し立てが始まった。その端緒は、ピューリタニズムが「近代思想」とは直結せず、むしろ「過渡期のイデオロギー」であると主張した一九六五年のM・ウォルツァーの書物に求めることができる(11)。正統学説への批判は、一九七〇年代にも受け継がれ、主に二つの流れを生んだ。この二つの流れの背後には、ピューリタン革命による「近代社会」の達成という見方に疑義を呈した修正主義があったことも見逃すことができない。

第一の流れは、アングリカンとピューリタンを単純な対立関係として描くのではなく、両者の共通性や重層性を指摘するものである。そうした見方は、P・コリンソンやP・レイク、N・タイアックらによって主張された。コリンソンは、一六・一七世紀を舞台にアングリカンとピューリタンの対立ではなく、「プロテスタント・イングランド」のまとまりを強調した(12)。レイクやC・ヒバートらは、両者によって共有された反カトリック主義の役割を重視している(13)。タイアックは、ピューリタンという反体制派が成長したとされる一六三〇年代について再解釈し、この時代を、大主教ロードを中心とするロード派が登場した「アルミニウス主義の興隆」期ととらえ、体制派の動きが反体制派を醸成したことを力説した(14)。

（2）終末論・千年王国論研究の展開

第二の流れは、一九七〇年前後から欧米で活発に展開した終末論・千年王国論研究である。千年王国論とは、聖書の『ヨハネの黙示録』などに基づき、キリストの再臨によって近い未来に地上でキリストの王国が実現すると考える教義である。この見方は、ピューリタニズムを「近代の源流」としてとらえる正統学説とは逆に、古代の『ヨハネの黙示録』まで遡る前近代のベクトルを強調している。前近代のベクトルは、古代・中世をへて、そのまま近世のイングランドに流れ込んだのではなく、一六世紀の宗教改革の影響を色濃く受けていた。

終末論や千年王国論は、一六・一七世紀のプロテスタントのなかに幅広く存在したが、ピューリタン革命期の千年王国論は、打倒されるべき「反キリスト」をローマ教皇などのカトリック勢力と見なすなど、近世的な特徴を帯びており、反カトリック主義の影響下にあった。第一の見方が、エリザベス期や初期ステュアート期の研究者によって説かれることが多いのに対し、第二の見方は、ピューリタン革命研究者の多くに共有され、普及することになった。もっとも、第二の見方は、アングリカンとピューリタンの対立を強調するよりも、革命前のアングリカンがカトリックに接近し、アルミニウス主義と見なされたことを指摘しており、その限りで、第一の見方を取り入れている。

千年王国論研究は、一九七〇年前後から、ピューリタン革命期の宗教思想に内在する形で本格化した。それを象徴的に示すのは、一九六九年という年にJ・F・ウィルソンとW・M・ラモントが、それぞれ千年王国論の研究書を出版したことである。(15) 両書の出版以後も、革命期の千年王国論研究は、P・トゥーン、B・S・キャップ、Ch・ヒル、T・リュウ、P・クリスチャンソン、B・W・ボール、K・R・ファースらの研究によって追究された。(16) これらの研究に、ほぼ共通する見解として次の二点を指摘することができる。それは第一に、革命期千年王国論の最盛期が一六五〇年代ではなくて、四〇年代にあり、第二に、四〇年代における千年王国論の担い手を分離派セクトではなくて、独立派に求めたという二点である。[17]

従来の研究は、千年王国論の担い手を、一六五〇年代に登場した第五王国派やクェイカー派に求め、千年王国論を「貧しい者や卑しい者の絶望」[18]と見なす傾向にあった。これに対して、近年の千年王国論研究は、その担い手を革命の主導勢力である独立派としたのである。いみじくもクリストファ・ヒルが述べたように、「ラモント、トゥーン、キャップ氏らの見事な研究のおかげで、今や我々は、千年王国論を当時の社会の諸前提の自然で合理的な産物と見る」[19]ことが可能になった。そして、タイ・リュウの言うように、「歴史家たちは、今や千年王国論を、単に社会の実際の指導力をもたない疎外者の空想としてだけではなくて、世界の再建と全面的に取り組んだ人々の精神にあるダイナミックな力としても理解する」[20]のである。

こうして千年王国論は、革命解釈に重大な見直しを迫り、ピューリタン革命期の独立派研究に新たな視座を提起した。そこで本書も、第Ⅱ部や第Ⅲ部において千年王国論を軸に独立派の思想を明らかにする。これが千年王国論の視座である。この視座は、二〇〇〇年代になっても衰えず、最近では、C・グリベンが、スコットランドやアイルランド、アメリカまで対象範囲を拡大し、千年王国論研究を続けている。[21]

日本のピューリタニズム研究について補足すると、それは欧米の動向に左右されながらも、独自に展開してきた。とくに一九六〇年代まではヴェーバーや大塚久雄氏の影響によって、ピューリタニズムと「資本主義の精神」の親和関係を探るものが有力であった。[22]しかし、欧米の研究動向が変化し、日本でも一次史料に基づく実証的な研究が進展する中で、千年王国論や反カトリック主義に注目する研究が登場してきた。[23]イギリス革命史研究会による一連の共同研究でも、千年王国論が中心にあった。そこでは、ピューリタン革命期の千年王国論が、長老派、独立派、バプティスト派、クェイカー派、第五王国派、平等派、ディガーズ、ランターズなどによって共通に信奉され、革命の進展に応じて、その担い手と役割が変化する様子を立体的に描いた。[24]ただ、日本では、独立派の千年王国論は、それ以外のグループと比べ、まだ十分に探究されているとは言えないだろう。

このようにピューリタニズム研究の流れを振り返ると、近代の資本主義や民主主義とは直結しない、近世独自の宗教思想を解明するという方向にシフトして、一六・一七世紀の反カトリック主義や千年王国論の役割を強調するようになった。わけても千年王国論は、ピューリタン革命の主導勢力である独立派の思想として注目され、革命解釈にも見直しを迫っている。研究は、当初、イングランドを中心としていたが、ニューイングランドとの交流史なども対象とされ、地理的範囲が拡大している。(25) 欧米でも日本でも、千年王国論は、ピューリタニズムやピューリタン革命の研究において新たな視座を提供したと言えるだろう。

3　国際関係の視座——一国史的なピューリタン革命研究への批判

次に国際関係の視座を、研究史の流れの中で見てみよう。一七世紀半ばの事件では、前述したように、一九世紀以降の研究によって「ピューリタン革命」や「イングランド革命」という呼称が一般化した。ホイッグ史学やマルクス主義史学による革命解釈は、一国レヴェルにおいて専制対自由、アングリカン対ピューリタン、絶対主義対民主主義、封建制対資本主義といった様々な対立概念を設定した。そして前者による後者の抑圧、革命を契機とする後者の解放といった点を強調して、ピューリタン革命による「近代社会」の達成を高く評価してきたのである。

この解釈は、欧米においては一九五〇年代頃まで、日本でも六〇年代頃まで研究史上の基調となり、多大な成果をあげるのに貢献してきた。従来の研究の特色を、大きく要約すれば、第一に革命による「近代社会」の達成を重視する見解、第二にイングランドの発展を自生的にとらえる一国史的見解という二点に求めることができる。第一点については、すでに千年王国論の視座で述べたが、第二点は、革命をイングランド国内の政治的・宗教的・経済的矛盾の深化ととらえたこともあって、強固であった。これに加えて、ピューリタン革命の前半が、三十年戦争（一六一八～四八年）と重なっていたこともあり、多くの研究者は、三十年戦争に忙殺された諸国が革命に干渉できなかったと繰り返した（図序－3を参照）。

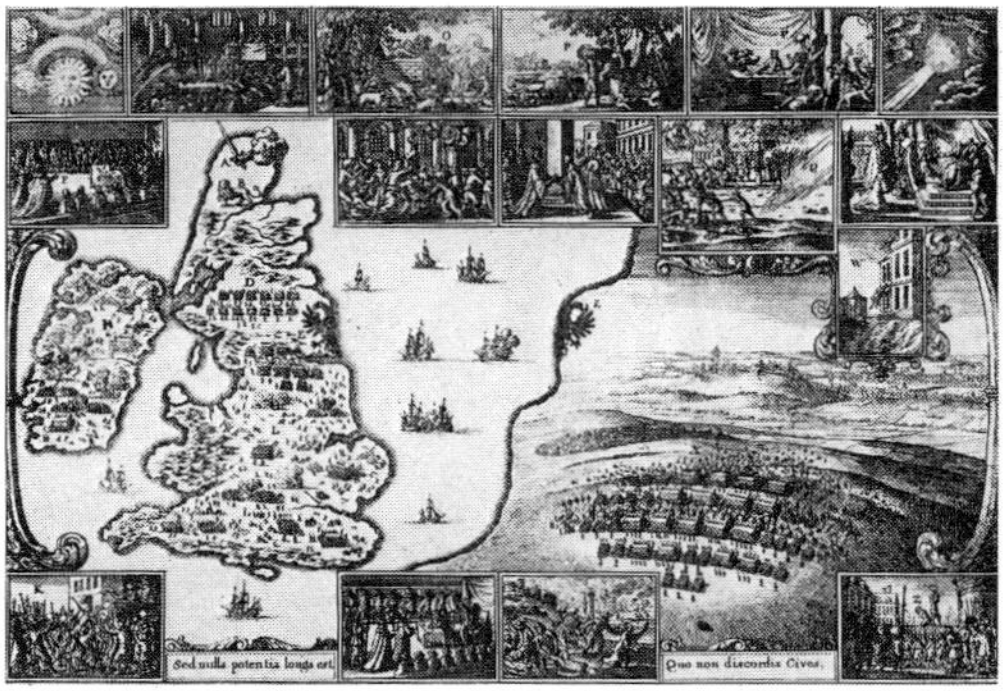

図序－3　ピューリタン革命と三十年戦争を並べて描いたW・ホラーの銅版画（1642年頃）

17世紀の人々は，両者の関連に気付いていた。

出典：M. Ashley, *The English Civil War*, London, 1974, p. 23.

　こうした理由から、ピューリタン革命期の国際関係史研究は、あまり進展しなかった。しかし、一九七〇年代になって「修正主義」と呼ばれる新解釈が唱えられ、従来の革命解釈に異議を申し立てた。新解釈が主たる標的にしたのは、革命による断絶性や「近代社会」の達成という面であった。それは、政治史や地方史などの分野で実証的な研究成果を上げ、地方におけるジェントリ支配の連続性や、近代的な階級的党派構成とは異なる複雑で多様な派閥構成、革命によっても変化しなかった民衆の姿などを明らかにしている[26]。

　新解釈の主張は、丹念な史料分析によって裏付けられていることが多く、傾聴に値する。だが、細部が解明される一方で、革命全体の輪郭がぼやけてしまい、「一七世紀の事件によって何が達成されたのか」という問いがあいまいなまま残されてしまったように思われる。他方で、新解釈は、スコットランドやアイルランドを含めた「ブリテン史」[27]を構想し、イングランド一国史観とは異なる見方を提示するようになった。この点は、新しい着眼点として評価できるが、彼らの視野がヨーロッパ大陸や大西洋の向うのアメリカ植民地まで到達することは、あまりなかった。

　もっとも、対ヨーロッパ関係を対象にした外交史研究は、一九六〇年代後半頃から少しずつ成果を上げてきた。

初期ステュアート期では、S・アダムズが、ジェイムズ一世とチャールズ一世の時代のイングランドが、当時の大国スペインとフランスの間に挟まれて苦労しながら、首尾一貫しない外交と政治を繰り広げたことを明らかにした。(28)ピューリタン革命期では、対フランス関係を扱った研究が最も充実しており、(29)対オランダ関係も個別に掘り下げられる(30)一方で、クロムウェルを中心とした政治家たちが、一六五〇年代に国外のプロテスタント援助を目的にして行った「プロテスタント外交」の意味を考える研究(31)も登場している。

これらの研究は、外側からイングランド史をとらえる見方を提示しており、貴重なものであるが、国家と国家の関係解明に主眼が置かれ、イングランド国家の存在を前提にしていることには留意する必要がある。なぜなら、独立派を中心としたピューリタンたちは、国家と国家の関係ではなく、むしろ国家を超える宗教的・社会的なネットワークを形成したからである。ピューリタン・ネットワークは、初期ステュアート期の外交政策が行き詰まり、革命期のクロムウェル政権が樹立される前までに重要な意味をもった。外交史研究が、初期ステュアート期やクロムウェル期の「公式の国際関係」を描き出したのに対して、ピューリタン・ネットワークは、初期ステュアート期の中で徐々に形成され、ピューリタン革命期に積極的な役割を果たしており、「非公式の国際関係」と呼べるかもしれない。「非公式の国際関係」は、本来ならばヒト・モノ・情報からなる多様な繋がりを示すだろうが、本書では、ピューリタン聖職者を中心としたヒトや情報のネットワークという意味で用いたい。

ピューリタン・ネットワークのように、国家を超える視点を打ち出したのは、アメリカ合衆国の歴史家が多かった。D・クレッシー、F・J・ブレマー、R・M・ブリス、R・ブレナー、C・ペスタナといった人々は、一九八〇年代後半から大西洋横断的なアプローチをとり、国際的な視点からピューリタン革命の意味を問うている。(32)このうちクレッシーとブレマーは、大西洋を越えた移民や独立派聖職者のネットワークの存在を強調している。ブレマーは、次のように述べている。「私は、革命とそれ以降の時期に大西洋を越えた協力関係の機軸を形成した、大西洋横断的な「会衆派の」運動の展開を研究したかった。その説明のために調査していくと、私は人類学（わけてもネットワーク理論）……を学ぶように導かれた」。[33]またブレナーは、一七世紀前半に特権商人と対抗して台頭した新興貿易商人がアメリカ入植事業と密接に関わり、独立派聖職者とも連携したことを示している。

これらの見解で強調されるのは、会衆派とも呼ばれる独立派の教会が、「ニューイングランド方式」という教会論を採用し、ピューリタン革命前にはアメリカやオランダに伝播し、革命期のイングランドで普及したことである。独立派教会は、信者集団からなる宗教結社を意味するが、それらは国家教会の枠組みから解き放たれ、海外でも広がり、人や情報の流れの中でネットワークを形成したのである。[34]これらの見解は、国家と国家の関係を取り上げた外交史研究とともに、イングランド一国史観を乗り越える国際関係の視座を提供するだろう。そこで本書は、第Ⅰ部や第Ⅲ部において外交政策とともにピューリタン・ネットワークを検討し、ピューリタン革命の考察に生かしたい。これが国際関係の視座である。

日本では、一七世紀の国際関係史は、重商主義論や帝国形成史の一部として、経済史や社会史の観点からなされることが多かった。[35]これらは、川北稔氏の研究に代表されるように、豊かな成果を上げてきた。しかし、政治史や宗教史の視点から一七世紀の外交政策やネットワークを明らかにする作業は立ち遅れており、まだ充分に解明されていない。[36]そこで本書は、政治史や宗教史の視点から国際関係にアプローチしてみたい。

4　本書の課題と構成

以上のような二つの視座を念頭におきながら、本書の課題を設定しよう。課題は、三つある。それは、第一に、初期ステュアート期からピューリタン革命までの国際関係に着目し、それが革命の発生にどのように作用し、革命の進展にどのような影響を与えたかを明らかにすることである。この場合、「公式の国際関係」である外交政策と「非公式の国際関係」であるピューリタン・ネットワークの両面からアプローチする必要があろう。後者では、新旧イングランドとオランダを結び付けた独立派のネットワークが重要である。

第二の課題は、ピューリタン革命期の千年王国論を独立派の思想に即して考察し、その意義を解明することである。これまで独立派は、妥協的で折衷的なグループと見なされる傾向にあったが、千年王国論に注目すると、どのような積極的意義が認められるだろうか。またイングランドだけでなく、アメリカ植民地で展開した千年王国論の意味を照らし出すことも重要である。

第三の課題は、一六四九年の国王処刑を転機として革命の勝利者となった独立派が、どのように変容したかを、千年王国論と国際関係の視座から考えることである。その場合、一六五〇年代になると、千年王国論の担い手はどのようになり、クロムウェル政権によって実現された外交政策は、初期ステュアート期のものと比べて、どのようなものだったかを問う必要があるだろう。

本書は、以上三つの課題を、第Ⅰ部「外交政策とピューリタン・ネットワーク」、第Ⅱ部「独立派千年王国論の展開」、第Ⅲ部「独立派の変容と国際関係」において、それぞれ取り上げることになる。

次に本書の章別構成を見ておこう。第Ⅰ部の第1章「初期ステュアート期の外交政策」は、初期ステュアート期の政府によって行われた外交政策を、その背景にある中央政府の対外観とともに考察し、それらが国内の政治や宗教に波及したプロセスを解明する。初期ステュアート期の外交政策は、革命に関連する対立関係を、いつ頃、どのように醸成したのかがポイントになるだろう。

第2章「ピューリタン・ジェントリの役割」では、中央政府の影響を受けて、地方社会では、どのような対応が見られたかを、ピューリタン・ジェントリ層に焦点を合わせて明らかにする。ピューリタン・ジェントリは、どのように形成され、どのような対外観をもったのだろうか。ここでは彼らが、ピューリタン聖職者の保護者となり、アメリカ植民地の入植事業に関心をもっていたことが強調される。

第3章「独立派とピューリタン・ネットワーク」は、視野を大陸ヨーロッパやアメリカ植民地まで拡大し、独立派の聖職者が、どのような起源をもち、ピューリタン・ジェントリや新興貿易商人の支援を受けながら、どのようにネットワークを形成したのかを考察する。その際、独立派のネットワークが、オランダやニューイングランドまで広がっていたことが解き明かされるだろう。

第Ⅱ部の第4章「独立派の千年王国論と教会論」は、オランダ亡命から帰国した後、独立派聖職者のリーダー格となったトマス・グッドウィンを取り上げ、彼の千年王国論と教会論を通して、独立派の思想の積極的意義を浮き彫りにする。ここでは、千年王国論が、他の独立派聖職者にも共有され、独立派教会の設立が国家教会体制に打撃を与えるものだったことを示し、一七世紀の文脈において「革命思想」と規定できることを指摘する。

第5章「独立派の権力論と千年王国論」は、同じく独立派聖職者であったウィリアム・ブリッジを取り上げ、彼の千年王国論と権力論を検討する。オランダ亡命から帰国したブリッジは、革命の後半においてグッドウィンが中央の宗教的指導者になったのと比べ、革命期に一貫してノーフォーク州の地方都市で独立派教会を設立・維持した。ここでは、従来、妥協的で不十分と見なされた彼の政治思想と宗教思想を、千年王国論の視座から再評価する。

第6章「ニューイングランドの千年王国論」は、イングランドとの繋がりによってアメリカ植民地まで広がった千年王国論の意味を、先住民布教とともに検討する。中心となるのは、革命前にイングランドから移住し、「インディアンの使徒」と呼ばれたジョン・エリオットである。ここでは、エリオットの思想と布教活動が、本国イングランドと密接に繋がり、ピューリタン革命の影響を強く受けていたことが強調される。

第Ⅲ部に移ろう。第7章「千年王国論から国内改革論へ」は、独立派聖職者ヒュー・ピーターを取り上げ、彼の思想が千年王国的なものから国内改革論へと変化したことを跡付ける。イングランド出身のピーターは、オランダに亡命し、そこからニューイングランドへ移住した後、帰国し、ピューリタン革命において従軍牧師となり、縦横無尽に活躍した。ピューリタン・ネットワークを体現したピーターは、一六四〇年代に国際的なプロテスタンティズムや千年王国論を表明していたが、五〇年代になると国内改革論に力点を移し、国王処刑後の共和政国家に指針を与えた。だが、その中でも、彼がオランダやニューイングランドに熱心な眼差しを向け、多くを学ぼうとしたことが指摘される。

第8章「国際関係のなかのウェールズ」は、ピューリタン革命期のウェールズを、イングランドだけでなく、アイルランドやアメリカ植民地と関連付け、二国間関係にとどまらない、多地域との関係で解き明かす。そこでは、中世以来のイングランド人やウェールズ人によるウェールズ認識の変遷を跡付け、アイルランドやアメリカ植民地、とくにアイルランド反乱のニュースとニューイングランドの教会論が与えた影響に着目し、緊張した国際関係を背景に繰り広げられたウェールズ福音宣教の意味を、ヴァヴァサ・パウエルの千年王国論を中心に考察する。

第9章「クロムウェルの外交政策」は、一六五〇年代初頭に現れたクロムウェルの外交政策を、対ヨーロッパ関係を基軸にして考える。一六五〇年代になると、四〇年代の独立派に見られた国際的なプロテスタンティズムや千年王国論は弱まり、千年王国論の担い手は第五王国派へと変化する。それとともに登場したクロムウェルの外交政策は、プロテスタント外交と「国益」追求を両立させようとした。ここでは、比較的宗教色の強い政策と「国益」追求により力点をおく政策という二つの型を設定し、一六五〇年代初頭に前者から後者への移行が進んだことを考察する。主な対象となるのは、クロムウェルの政策の形成過程や特色と深く関わる、一六五〇年代の対オランダ戦争、対フランス関係、対スペイン戦争である。

最後に、このような各章による検討をへた後、終章「国際関係のなかの革命」は、先にあげた三つの課題に対し、どのような答えが得られるかを提示してみたい。

註

（1）ピューリタン革命の研究史については、R. C. Richardson, *The Debate on the English Revolution*, London, 1977〔今井宏訳『イギリス革命論争史』刀水書房、一九七九年〕: R. Cust and A. Hughes（eds.）, *The English Civil War*, London, 1997: 今井宏「イギリス革命」（『歴史学事典 第四巻 民衆と変革』弘文堂、一九九六年）、二九〜三二頁、岩井淳「「大反乱」から「ブリテン革命」へ——一七世紀中葉の事件をめぐる長き論争」（『イギリス哲学研究』三四号、二〇一一年）、九七〜一〇五頁などを参照。

（2）以下については、岩井淳「「大反乱」から「ブリテン革命」へ」を参照。

（3）修正主義については、岩井淳・指昭博編『イギリス史の新潮流——修正主義の近世史』（彩流社、二〇〇〇年）を参照されたい。

（4）J. Morrill, *The Nature of the English Revolution*, London, 1993, p. 68. モリルの一九九三年の論文集に八四年の講演録が収められた。

（5）D. Cressy, *England on edge : Crisis and Revolution, 1640-42*, Oxford, 2006.

（6）N. Tyacke（ed.）, *The English Revolution, c.1590-1720 : Politics, Religion and Communities*, Manchester, 2007.

（7）J. Braddick, *God's Fury, England's Fire : A New History of the English Civil Wars*, London, 2008.

（8）岩井淳『ピューリタン革命と複合国家』（山川出版社、二〇一〇年）、一〜八頁を参照。

（9）Max Weber, "Die Protestantische Ethik und der》Geist《des Kapitalismus", *Gesammelte Aufsätze zur Religionssoziologie*, Bd.1, Tübingen, 1920〔大塚久雄訳『プロテスタンティズムの倫理と資本主義の精神』岩波文庫、一九八九年〕: A. D. Lindsay, *The Essentials of Democracy*, London, 1929〔永岡薫訳『民主主義の本質』未来社、一九六四年〕.

（10）R. H. Tawney, *Religion and the Rise of Capitalism*, Harcourt, 1926〔出口勇蔵・越智武臣訳『宗教と資本主義の興隆』上・下、岩波文庫、一九五六・五九年〕: Christopher Hill, *Society and Puritanism in Pre-Revolutionary England*, London, 1964 ; D. H. Pennington and K. V. Thomas（eds.）, *Puritans and Revolutionaries*, Oxford, 1978.

(11) Michael Walzer, *The Revolution of the Saints*, Cambridge, Mass., 1965.

(12) Patrick Collinson, *The Religion of Protestants*, Oxford, 1983 ; do., *The Birthpangs of Protestant England*, Basingstoke, 1988.

(13) Peter Lake, “Anti-Popery : the Structure of a Prejudice”, in R. Cust and A. Hughes（eds.）, *Conflict in Early Stuart England*, London, 1989 ; Caroline Hibbard, *Charles I and the Popish Plot*, Chapel Hill, 1983. 革命期の反カトリック主義については Robin Clifton, “The Popular Fear of Catholics during the English Revolution”, *Past and Present*, 52, 1971 を参照。

(14) Nicholas Tyacke, *Anti-Calvinists : The Rise of English Arminianism, c.1590–1640*, Oxford, 1987.

(15) J. F. Wilson, *Pulpit in Parliament*, Princeton, 1969 ; W. M. Lamont, *Godly Rule*, London, 1969. 他に、W. M. Lamont, “Debate : Puritanism as History and Historiography”, *Past and Present*, 44, 1969 ; do., *Richard Baxter and the Millennium*, Croom Helm, 1979 も参照。

(16) P. Toon（ed.）, *Puritans, the Millennium and the Future of Israel*, Cambridge & London, 1970 ; B. S. Capp, *The Fifth Monarchy Men*, London, 1972 ; Ch. Hill, *Antichrist in Seventeenth-Century England*, London, 1971 ; do., *The World Turned Upside Down*, London, 1972 ; do., *The Experience of Defeat*, London, 1984 ; T. Liu, *Discord in Zion*, The Hague, 1973 ; P. Christianson, “From Expectation to Militance”, *Journal of Ecclesiastical History*, 24–3, 1973 ; do., *Reformers and Babylon*, Toronto, 1978 ; B. W. Ball, *A Great Expectation*, Leiden, 1975 ; K. R. Firth, *The Apocalyptic Tradition in Reformation Britain, 1530–1645*, Oxford, 1979. これらの研究を紹介した邦語文献として、安藤哲「ピューリタン革命と千年王国説」（『西洋史学』一〇五号、一九七七年）および山本通「イギリス革命と千年王国主義」上、下（思想とキリスト教研究会『途上』八、九号、一九七七、七八年）がある。

(17) 例えば、J. F. Wilson, “Comment on ‘Two Roads to the Puritan Millennium’”, *Church History*, 32, 1963, p. 340 ; B. S. Capp, “Godly Rule and English Millenarianism”, *Past and Present*, 52, 1971, pp. 116–117. この点については、岩井淳「ピューリタン革命期の千年王国論――トマス・グッドウィンの思想」（『イギリス哲学研究』九号、一九八六年）、六頁を参照。

(18) W. Haller, *The Rise of Puritanism*, New York, 1938, p. 271.

(19) Ch. Hill, *The World Turned Upside Down*, Penguin Books, 1975, p. 16.

(20) T. Liu, *op.cit.*, p. 3.

(21) C. Gribben, *Puritan Millennium : Literature and Theology, 1550–1682*, Dublin, 2000 ; do., *Evangelical Millennialism in the Trans-Atlantic World, 1500–2000*, Basingstoke, 2011.

(22) 大塚久雄『宗教改革と近代社会』みすず書房、初版一九四八年、四訂版一九六四年（後に『大塚久雄著作集　第八巻』岩波書店、一九六九年に所収）。

(23) 千年王国論研究については次の註で述べる。反カトリック主義については、岩井淳「ピューリタン革命期の国家と反カトリック問題」（『歴史学研究』五七三号、一九八七年）を参照されたい。

(24) 田村秀夫編『イギリス革命と千年王国』（同文舘、一九九〇年）、同編『クロムウェルとイギリス革命』（聖学院大学出版会、一九九九年）、同編『千年王国論』（研究社出版、二〇〇〇年）。イギリス革命史研究会に集まった研究者は、アルミニウス主義や千年王国論に着目した以下の著書を公刊してきた。山田園子『イギリス革命の宗教思想――ジョン・グッドウィン研究』（御茶の水書房、一九九四年）、岩井淳『千年王国を夢みた革命――一七世紀英米のピューリタン』（講談社、一九九五年）、大西晴樹『イギリス革命のセクト運動』（御茶の水書房、一九九五年、増補版二〇〇〇年）、西村裕美『小羊の戦い――一七世紀クェイカー運動の宗教思想』（未来社、一九九八年）。

(25) 註（24）にあげた著書のうち、田村編『千年王国論』、岩井『千年王国を夢みた革命』、西村『小羊の戦い』が、千年王国論や終末論を媒介にしたアメリカ植民地との交流史を描いている。

(26) C. Russell（ed.）, *The Origins of the English Civil War*, London, 1973 ; do., *The Causes of the English Civil War*, Oxford, 1990 ; do., *The Fall of the British Monarchies, 1637–42*, Oxford, 1991 ; J. Morrill（ed.）, *The Revolt of the Provinces*, London, 1976 ; K. Sharpe, *The Personal Rule of Charles I*, New Haven, Conn., 1992 ; J. C. D. Clark, *Revolution and Rebellion*, Cambridge, 1986.

(27) 「ブリテン史」を扱った代表的な研究として、C. Russell, *The Fall of the British Monarchies, 1637–42* ; B. Bradshaw and J. Morrill（eds.）, *The British Problem, c.1534–1707 : State Formation in the Atlantic Archipelago*, Basingstoke,

1996などがある。

(28) S. Adams, "Foreign Policy and the Parliaments of 1621 and 1624", in K. Sharpe (ed.), *Faction and Parliament*, Oxford, 1978; S. Adams, "Spain or the Netherlands? The Dilemmas of Early Stuart Foreign Policy", in H. Tomlinson (ed.), *Before the English Civil War*, London, 1983.

(29) P. A. Knachel, *England and the Fronde: The Impact of the English Civil War and Revolution on France*, Ithaca, 1967; C. Korr, *Cromwell and the New Model Foreign Policy: England's Policy toward France, 1649–58*, Berkeley, 1975.

(30) S. Pincus, *Protestantism and Patriotism: Ideologies and the Making of English Foreign Policy, 1650–68*, Cambridge, 1996.

(31) R. Crabtree, "The Idea of a Protestant Foreign Policy", in I. Roots (ed.), *Cromwell: A Profile*, London, 1973; T. Venning, *Cromwellian Foreign Policy*, Basingstoke, 1995.

(32) D. Cressy, *Coming Over: Migration and Communication between England and New England in the Seventeenth Century*, Cambridge, 1987; F. J. Bremer, *Puritan Crisis: New England and the English Civil Wars, 1630–70*, New York, 1989; R. M. Bliss, *Revolution and Empire: English Politics and the American Colonies in the Seventeenth Century*, Manchester, 1990; R. Brenner, *Merchants and Revolution: Commercial Change, Political Conflict and London's Overseas Traders, 1550–1653*, Princeton, 1993; C. Pestana, *The English Atlantic in an Age of Revolution, 1640–61*, Cambridge, Mass., 2004; 岩井淳「ニューイングランドとピューリタン革命」(『西洋史学』一六九号、一九九三年)などを参照。

(33) F. J. Bremer, *op. cit.*, p. vii.

(34) 「ピューリタン・ネットワーク」については、F. J. Bremer, *Congregational Communion: Clerical Friendship in the Anglo-American Puritan Community, 1610–92*, Boston, 1994, pp. 9–15を参照。ブレマーは、新旧イングランドにまたがる、ケンブリッジ大学出身のピューリタン聖職者を中心にした「ネットワーク」に注目しているが、本書では、ブレマーのすぐれた着想に、さらにオランダを加えるべきだと考える。

(35) 宇治田富造『重商主義植民地帝国論　第I部』(青木書店、一九六一年)、川北稔『工業化の歴史的前提』(岩波書店、一九八三年)、川北稔『民衆の大英帝国』(岩波書店、一九九〇年、岩波現代文庫、二〇〇八年)、浅田實『商業革命と東

インド貿易』(法律文化社、一九八四年)。

(36) 日本でも、一九九〇年代以降、宗教史の視点からも国際関係が論じられるようになった。この点については、西川杉子「プロテスタント国際主義から国民意識の自覚へ」(『史学雑誌』一〇五編一一号、一九九六年)や田村秀夫編『クロムウェルとイギリス革命』(聖学院大学出版会、一九九九年)の第Ⅲ部、岩井淳編『複合国家イギリスの宗教と社会』(ミネルヴァ書房、二〇一二年)などを参照。

第Ⅰ部　外交政策とピューリタン・ネットワーク

第1章　初期ステュアート期の外交政策

1　正統学説と修正主義

ピューリタン革命の原因は、これまで、かなり単純化して語られてきたかもしれない。本章の目的は、初期ステュアート期（一六〇三～四九年）の政治と宗教を、外交政策と国際関係に留意しながら検討し、そのジグザグの過程を解き明かすことにある。[1] この目的を今少し明確にするため、まずは研究史を概観しておこう。

これまで初期ステュアート期の歴史は、比較的単純な構図で描かれてきた。ジェイムズ一世（在位一六〇三～二五年）とチャールズ一世（在位一六二五～四九年）という二人の君主が統治した初期ステュアート期は、一般的に、ピューリタン革命の前史として把握されることが多かった。[2] 従来の研究は、イングランド一国レヴェルにおいて、王権対議会、王権神授説対コモン・ロー、アングリカン対ピューリタン、初期独占対反独占闘争、封建制対資本主義といった様々な対立概念を設定してきた。そこでは、前者による後者の抑圧が強調され、ピューリタン革命による後者の解放を見通しつつ、革命期の国王派と議会派の対立関係が初期ステュアート期に遡及されるという傾向があった。

こうした解釈は、一九世紀以来の「ホイッグ史学」によって確立し、二〇世紀になってもクリストファ・ヒルらによる「マルクス主義史学」によって基本的に継承され、正統的な見解となった。それらは、欧米においては一九五〇年代頃まで研究史上の基調となり、豊富な研究成果を上げるのに貢献してきたと言っても過言ではない。だが、従来の初期ステュアート期研究の問題点をあえて指摘するならば、第一に、この期間の歴史を一国史的にとらえようとする「イングランド中心史観」があり、第二に、この期間にピューリタン革命期の対立図式を投影しようとする遡及的方法がある。

正統的見解に対する挑戦は、一九五〇年代になって開始され、一九七〇年代頃から修正主義と呼ばれる新解釈によって一層推し進められた(3)。第一に「イングランド一国史観」批判から述べると、一九五〇年代に「一七世紀危機論争」が生じて以後、一七世紀イングランドを同時代の国際関係の中で把握しようとする傾向が登場した。「一七世紀危機論争」では、一方の当事者E・J・ホブズボームが「全般的危機」の原因を「封建制経済から資本制経済への全般的移行の最後の局面」と見たのに対して、彼を批判したH・R・トレヴァ゠ローパーは肥大化した「ルネサンス国家」の維持をめぐる「社会と国家の間の諸関係の危機」であったと主張した(4)。マルクス主義者ホブズボームが「危機」の原因を正統的に解釈したのに対して、トレヴァ゠ローパーは正統学説批判を意図したと言えよう。

だが、両者とも「危機」の説明原理を各国ごとの対応の仕方の相違に求めており、その意味で、この論争は、国際比較の視点を提示するにとどまり、錯綜した一七世紀の国際関係を解き明かすには至らなかった。もちろん、その後も「一七世紀の危機」に関する研究は継続し(5)、ヨーロッパの国際的関連やピューリタン革命の背景をなす「近代世界システム」、「軍事革命」、三十年戦争を考察する研究も進展した(6)。しかし、初期ステュアート期の国際関係に直接分析のメスを入れるものは依然として少なかった。

さらに、C・ラッセル、J・モリルらの修正主義者が、イングランドに、ウェールズやスコットランド、アイルランドをも加えた「ブリテン史」を提唱して、イングランド一国史観に警鐘を打ち鳴らしたことも想起すべきである。彼らは、一六四二年の「内戦」勃発の要因として、対スコットランド戦争やアイルランド反乱を重視しており、従来のイングランド中心史観にはない斬新な解釈を提起した(7)。ただし、修正主義者は、初期ステュアート期においてスコットランドやアイルランドに劣らず重要な、対ヨーロッパ・対アメリカ関係については分析を進めることが少ない点を指摘しておこう。

第二に、革命期の対立図式を初期ステュアート期に投影する遡及的方法やマルクス主義的な階級闘争史観に対する批判は、まず一九五〇年代に、ヒルの解釈に異議を申し立てたトレヴァ＝ローパーによってなされた。彼は、ヒルが革命を、封建的な貴族・領主層と資本主義的なジェントリや商工業者の間の階級闘争と見たことに反対した(8)。彼は、一七世紀の争いを「宮廷」の官職にあずかる大ジェントリに対する、没落する中小ジェントリの反乱ととらえ、新たに「宮廷」対「地方」という対立概念を提起した。これ以後、「ジェントリ論争」などを経て、中央に偏重した従来の研究に対する反省が生まれ、初期ステュアート期の地方史・地域史研究が進展していった(9)。

正統学説に対する挑戦の第二波は、一九七〇年代頃から修正主義的な潮流によって到来した。C・ラッセル、J・モリル、K・シャープらの修正主義者は、二項対立の図式や革命による断絶性を前提にした議論を標的にした(10)。もっとも、修正主義は最初から統一した「学派」を形成したのではなく、政治史を中心にした個別論文において正統学説の弱点をつく発言を始めた。例えば、一九七七年の論文において、ジェイムズ・ファーネルは、革命前に重要な役割を演じたのが、ジェントリや民衆ではなく、貴族であると主張し、マーク・キシュランスキーは、初期ステュアート期の政治の基本構造が「対立」ではなく「同意」にあることを訴えた(11)。

修正主義的な潮流は、政治史や地方史のみならず、民衆史や宗教史などの分野にも及んで、実証的な研究成果を上げた。それは、近代的な階級的党派構成とは異なる一七世紀の複雑な派閥構成や、革命期の対立関係を投影したのでは理解できない初期ステュアート期独自の政治構造、資本主義や民主主義の精神とは相いれないピューリタンの思想、地方におけるジェントリ支配の強固な連続性などを明らかにした。

だが、正統学説の側も、修正主義の批判を、手をこまねいて容認したのではない。ほどなく活発な論争が始まった。正統学説による反批判としては、T・K・ラブやD・ハースト、Ch・ヒルらが、一七世紀前半のジェントリ以下の諸階層の積極的な役割を再評価し、視点を議会の内から外へ広げることを訴えた(12)。論争は、政治史にとどまるものではなく、地方史や民衆史、宗教史といった分野でも繰り広げられ、一九八〇年代以降の一七世紀史は、「修正主義論争」の舞台と言えるような様相を呈している。

最近の傾向として注目されるのは、修正主義の問題提起を受け止めつつも、それを批判的に克服しようとする「ポスト修正主義」という新潮流が登場していることである。ハーストやR・カスト、A・ヒューズ、T・コグズウェルといった「ポスト修正主義」の比較的若い世代が、精力的な研究活動を展開している点こそが、初期ステュアート期の顕著な特徴である(13)。彼らは、革命期の対立図式に惑わされることがないよう警戒しながらも、この時期の政治構造を「同意」ではなく「対立」に力点を置いて理解していると言ってよい。また、ヒューズやコグズウェルらが、国際関係にも目を向けつつ、一七世紀の対外関係を初期ステュアート期の国内問題と関連付けている点にも留意すべきである(14)。

本章では、方法的に「ポスト修正主義」の研究に多くを負いながら、対ヨーロッパの国際関係とイングランド国内の党派対立との関連を追究したい。その際、両者を結ぶ鍵となるのは、初期ステュアート期の外交政策であろう。錯綜した一七世紀ヨーロッパの国際関係に対して、ジェイムズ一世とチャールズ一世の政府は、困難な対応を迫られた。彼らは、大国スペインとフランスの間にはさまれて、一貫しない外交や政治を展開した。この時期の外交政策は、近年、S・アダムズが明らかにしたように、従来考えられていたほど単純なものではなかった(15)。王権と議会が、外交をめぐって駆け引きや対立を繰り返すなかで、それは国内の政治や宗教にも影響せざるを得ない波及的な効果を生んだのである。

以下では、まず、初期ステュアート期の対ヨーロッパ外交政策を五期に区分して概観した後、この時期の国際関係に対する認識、つまり対外観を考察する。次に、外交政策や対外観が国内の政治や宗教に波及したプロセスをたどる。そこでは、ピューリタン革命期の対立図式を初期ステュアート期に直接投影する遡及的方法に警戒しつつ、革命を左右した対立関係が、いつ頃、どのように醸成されたのかを検討することにしたい。

2　外交政策の流れ

一六〇三年から四〇年に至る時期の外交政策は、アダムズによって、次の五段階に区分されている。それは、「一六〇三年から〇九年までのソールズベリ伯ロバート・セシルによる外交政策、一六〇九年から一六年までの政策をめぐる大論争期、一六一六年から二五年三月のジェイムズ一世死去に至るまでの彼の親スペイン政策、一六二五年から二八年までのバッキンガム公による大同盟期、そして一六二八年から四〇年までのチャールズ一世による親スペイン政策への復帰である(16)」。

このアダムズの区分を指標にしながら、最初に、初期ステュアート期の外交政策の流れを概観しておこう(17)。まず第一期は、ジェイムズ一世が即位した一六〇三年三月から始まる。この時期には、エリザベス期に最悪の状態にあった対スペイン関係が、一六〇四年八月のロンドン条約などによって修復された(18)。この外交政策を主導したのは、エリザベス期から生き残っていたソールズベリ伯であった。もっとも、彼によって進められた政策は、決してスペ

図１－１　国王ジェイムズ１世（1620年頃）

出典：K. O. Morgan（ed.）, *Oxford Illustrated History of Britain*, Oxford, 1984, pp. 288–289.

インに従属するものではなくて、一六世紀後半以来スペインとの戦争を闘うオランダへの支援を続けるものであった。ロンドン条約は「英西同盟を創出するものではなく、むしろフランスとスペインの間の調停的立場（a mediating position）に戻る機会をつくった」(19)。こうして、新国王ジェイムズには、プロテスタント勢力を率いてカトリックの大国スペインやフランスと戦う指導者よりも、両国の争いを調停する「仲介者」の役割が期待された。ジェイムズもまた、この期待に応えて、自ら「調停者」であることを積極的にアピールしていった（図１－１を参照）。

一六〇九年三月、アントウェルペン和約によって、対立を続けていたスペインとオランダの間で休戦が成立した。だが、この休戦によっても、スペインやハプスブルク帝国によるヨーロッパ制覇の野望はなお続き、イングランドの外交政策も第二期に移行した。おりしも、死亡したプロテスタント公爵の領土相続問題を契機にして、相続に異議を唱えるスペインと諸外国の間で争いが生じた。この領土相続問題は、ハプスブルク帝国の強大化を警戒するフランス、オランダにイングランドを加えた反ハプスブルク同盟成立の可能性を示唆するものとなった。ジェイムズには、プロテスタント勢力の指導者となる期待感が寄せられた。この可能性を助長したのは、一六一三年二月にジェイムズの娘エリザベスが、ドイツのファルツ選帝侯フリードリヒ五世に嫁いだことである（図１－２系図・ⅸ頁

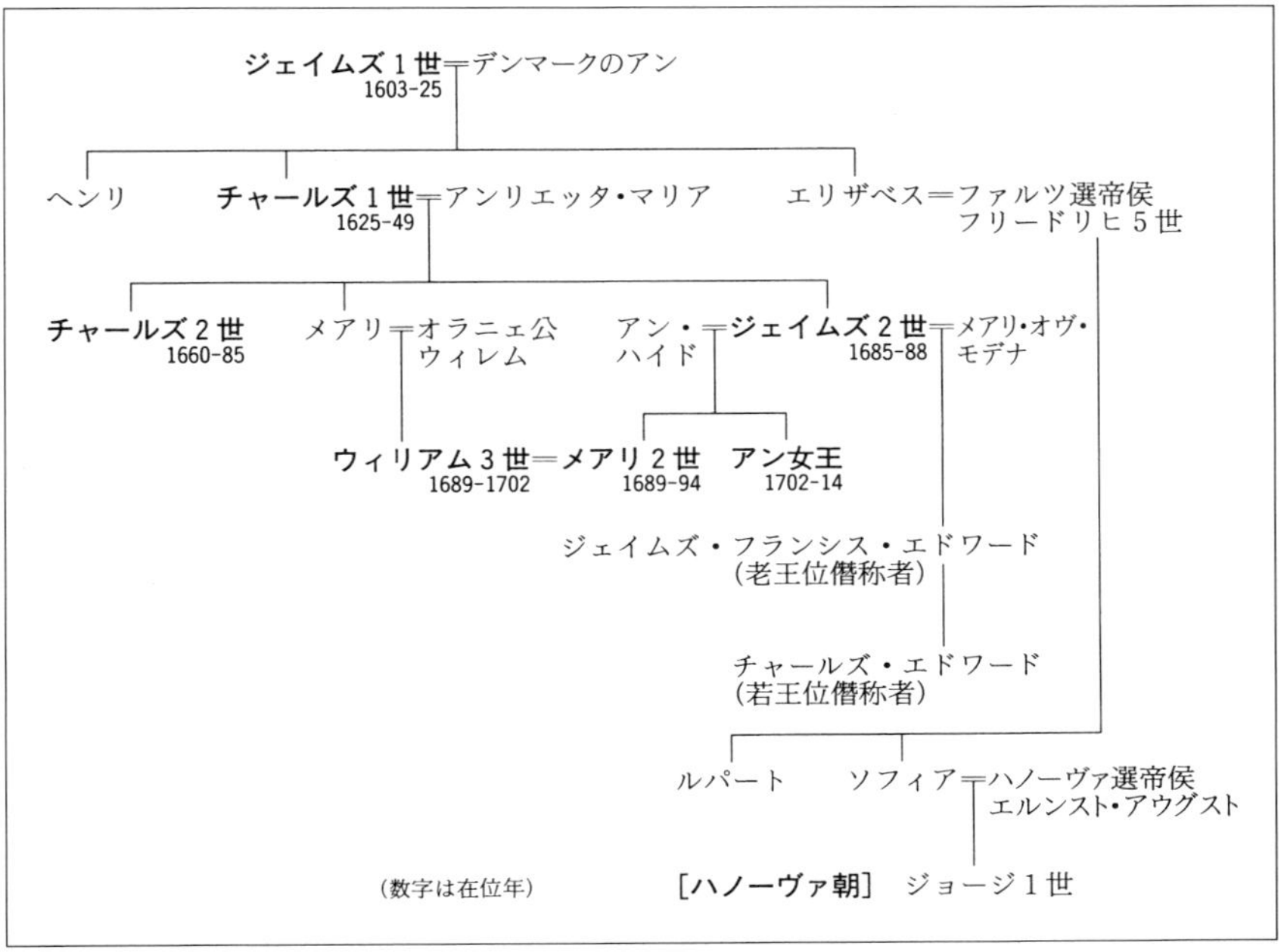

図1－2　ステュアート朝の系図

出典：今井宏編『世界歴史大系　イギリス史2　近世』(山川出版社, 1990年), 151頁。

の地図1を参照)。フリードリヒは、熱心なカルヴァン主義者として知られ、一六一九年には新教国ボヘミアの国王にもなる反カトリック勢力の中心人物であった。この第二期、とくに一六一二年五月にソールズベリ伯が亡くなった後、イングランドの外交政策は、オランダやファルツと結ぶプロテスタント同盟に大きく傾斜していった[20]。

しかし、当時のイングランドは、恒常的な財政難に苦しめられており、新大陸の富を独占するスペインを相手にして、まともに戦える軍事力も経済力も有していなかった。国王にとって、平時はともかく、戦時には議会の同意を必要とする「特別税」によって戦費を調達しなければならないことも悩みの種であった。要するに王室の側にも簡単に戦争を始められない理由があったのである。ジェイムズは、一六一六年頃から、再びスペインと調停を行い、「平和」を維持する外交政策をとるようになった。彼は、一六一八年八月にボヘミアで開始された三十年戦争においても軍隊の派遣を渋り、戦争への介入を回避し続けた。

だが、この第三期において、ジェイムズの娘婿であるフリードリヒ五世は辛酸をなめていた。彼は、一六二〇年一一月の白山の戦いでカトリック連合軍に敗れ、ドイツ皇帝側のバイエルン公マクシミリアン一世によってファルツから追放され、一六二三年二月には選帝侯位を剝奪されたのである。一六二一年には、アントウェルペン和約が無効となり、再度、スペインとオランダは対立関係に入った。議会の多数意見は、当然、ジェイムズに参戦を要求したのであるが、彼はこれに応じなかった。ジェイムズは、ファルツの領土回復には固執したものの、あくまで「調停者」の姿勢をくずすことはなく、皇太子チャールズとスペイン公女との結婚話を持ち出して、スペインとの交渉によってファルツの領土回復をはかろうとしたのである。また彼は、国内でも、サウサンプトン伯やラルフ・ウィンウッドといったプロテスタント派の実力者と、スペイン派と目されたハワード派を争わせて、彼らの「調停者」となり、指導権を握ろうとした[21]。こうした政策は、一見成功したように見えるが、議会は、ジェイムズが密かにスペインと通じているという疑惑をいだくようになった。一六二五年にジェイムズが死去すると、外交政策も新たな段階を迎えた。それは、従来の親スペイン政策を変更して、フランスと結んで、反スペイン・反ハプスブルクの「大同盟」を追求しようという一八〇度の転換であった。この第四期の転換は、もちろん、反スペインを唱える議会の多数意見に配慮したものであり、反ハプスブルクの外交政策をとったという点では高く評価できるものであろう[22]。しかし、カトリック国フランスと結ぶという路線は議会の支持を得にくいものであり、この政策転換の直接の原因が、むしろチャールズとスペイン公女の結婚話破綻という極めて偶発的な出来事にあったことにも留意しなければならない。

本来、スペイン側は、チャールズがカトリックに改宗し、イングランドがオランダ支援を取りやめ、国内のカト

図1－3　国王チャールズ１世と王妃アンリエッタ・マリア（1634年）

出典：T. N. Corns（ed.), *Royal Image,* Cambridge, 1999, p. 227.

図1－4　バッキンガム公ジョージ・ヴィリヤーズ

出典：K. O. Morgan（ed.), *Oxford Illustrated History of Britain,* Oxford, 1984, p. 306.

リック迫害を緩和するという条件を満たさなければ、この結婚話に合意するつもりはなかったようである。ところが、事を急いだチャールズとバッキンガム公は、一六二三年二月にマドリッドに乗り込み、約半年にわたって結婚話を進めたものの、なんら成果を得られず、帰国するという失態を演じた。チャールズの結婚話は破綻したが、ジェイムズは、息子の結婚相手をフランスから迎えるという方向に転じた。結局、ジェイムズは息子の結婚を見届けることなく、一六二五年三月に死去した。即位したチャールズ一世は、同年五月にフランスの公女アンリエッタ・マリアと結婚した（図1－3を参照）。その後はバッキンガム公（図1－4を参照）が中心となって、スペインに復讐するかのように、フランス、オランダとの同盟を成立させ、一六二五年九月には戦争を開始して、スペインの

図1－5　カンタベリ大主教ウィリアム・ロード
出典：M. Ashley, *The English Civil War,* London, 1974, p. 19.

カディスに遠征軍が送られた。

だが、フランスは、最初からプロテスタント国イングランドとの同盟には懐疑的であった。フランスは、対スペイン戦争での協力を渋るどころか、一六二六年二月にはスペインと和約を結ぶあり様だった。これを知ったバッキンガム公は怒って、一六二七年六月、フランスのユグノーを援助するという名目で、ラ・ロシェル沖合のレー島占領に向けて出発したものの、カディス遠征と同じく、これも失敗してしまった(23)。今やイングランドは、大国スペインとフランスを同時に敵にまわし、戦争を遂行しなければならないという危機的状況に追い込まれたのである。議会は、こうした事態を招き、首尾一貫しない外交政策を繰り広げた張本人でもあるバッキンガム公の弾劾を始めた。批判の矢面に立った彼は、チャールズによって擁護されたけれども、一六二八年八月に暗殺された。混乱を極めた第四期は、ようやく終結した。

最後の第五期において、チャールズ一世は、バッキンガム公の失政をふまえて、ジェイムズ時代の基本方針であった親スペイン政策に復帰した。彼は、幸い一六二九年四月にフランスと和約を結び、一六三〇年一一月にはマドリッド条約によってスペインとの関係を修復することができた(24)。だがマドリッド条約には、ファルツの領土回復のため、スペインのオランダ攻撃を援助するという条項が織り込まれており、イングランドは、プロテスタントの同盟国であったオランダを敵に回さなければならなかった。こうしてチャールズは、国内のプロテスタント勢力を刺激したが、それだけではなく、一六二九年三月から議会を解散して「無議会政治」を行い、宗教政策ではカンタベリ大主教にウィリアム・ロードを登用して、ピューリタン迫害を公然と進めた（図1－5を参照）。これによって、いったん安定したかに見えた政情は暗転し、一六三〇年代後半のスコットランド問題を皮切りにして新たな破局の時代が到来することになる。

3　初期ステュアート期の対外観

（1）親スペイン的対外観

以上見てきたように、初期ステュアート期の外交政策は、一貫性を欠いており、その時々のヨーロッパ情勢に左右されるものであった。この特色は、ピューリタン革命開始による混乱期をへて、一六五〇年代に姿を現すクロムウェル期の外交政策と比較するならば、一層際立つだろう。クロムウェル外交の基本方針は、ほぼ一貫して、スペインやハプスブルク勢力の打倒に向けられていたからである[25]。

しかし、アダムズが指摘するように、「ステュアート期の外交政策に論理がなかった訳ではない[26]」。それは、スペインのハプスブルク家やフランスのブルボン家に代表されるヨーロッパの主要な王朝との婚姻によって同盟関係を結び、イングランドの安定をはかろうとするものであった。だが、こうした外交政策は、無視できない反応を呼び起こし、やがて重大な帰結を招くことになる。以下では、初期ステュアート期の国際関係に対する反応として、当時存在した二つの対外観の流れを追いながら[27]、外交政策のもった意味をもう少し掘り下げてみたい。

二つの対外観は、ヨーロッパ情勢の変化に対して、対照的な反応を示しつつ、相互作用を繰り返すことによって形成されていった。一方にあるのは、ジェイムズ一世やチャールズ一世の認識に象徴される対外観である。彼らの外交政策には、基本的にスペインとフランスを共に尊重しながらも、どちらかと言えば、最終的にスペインを選択するという共通点があった。ジェイムズの治世では、第一期にスペインとフランスの「調停者」たらんとする基本方針が定まり、第二期の「大同盟期」にプロテスタント同盟を志向したが、結局、第三期の親スペイン政策に帰着した。チャールズの治世では、第四期にフランスと結び、スペインと戦おうとしながら、両国を共に敵に回してしまった苦い経験をへて、第五期には再び親スペイン政策に落ち着いた。両者は、このように表面的に類似した経過をもつ外交政策をたどったけれども、対外観という点に着目すると、多少の相違が浮かび上がってくる。

まずジェイムズ一世の基本的な対外観は、スコットランド時代から、すでに形成されていたようである。彼の治世の当初には、ソールズベリ伯の影響力が強かったものの、彼の対外観は、他者から的確に観察されていた。ジェイムズがイングランド王として即位したばかりの一六〇三年六月、ヴェネツィア大使は、ジェイムズ一世の性格と対外観を見抜いて、ヴェネツィア総督に次のように報告した。

「国王〔ジェイムズ一世――引用者、以下同様〕は、生来、穏やかな性格の持ち主であるため、……他の人々のことや自分自身のことでも余り煩わされたくないと願っている。彼は、自分の著作やチェスに専念したいようであり、国王が和平の真の仲介者（the real arbiter of peace）であるという意見を広めたがっている。国王は、教皇が時として、トルコと同様にイングランドに対しても、フランスとスペインを同盟させる可能性を討議していると聞き及んで、心に疑念を抱くようになった。このため彼は、できるだけ、カトリックの王侯すべてと、とりわけ殿下〔ヴェネツィア総督〕とうまくやって行く決断をした。国王は、彼らの中で最強の者であるスペイン王に接近するだろうし、〔ハプスブルク〕皇帝を喜ばせるように努めるだろう。他方で、国王は、彼の宗教のためにプロテスタントの王侯にも関心を向けている。同じように、国王は、フランスとの友好や、フランスとの同盟、さらに全世界の尊敬すら勝ち得ると計画している。スコットランドでつくられ、イングランドにまで運ばれたこの計画から、国王陛下を引き離すのは、容易ではないと知られている」[28]。

このヴェネツィア大使の報告を信用するならば、ジェイムズは、当初から「和平の真の仲介者」になりたいという願望をもっていたことになる。また、「国王は、彼らの中で最強の者であるスペイン王に接近する」という思惑をもっていたことにも注目すべきであろう。こうした姿勢は、ジェイムズの治世末期になっても基本的に変わらなかった。彼は、一六二四年、対スペイン戦争を進めようとするバッキンガム公と議会に対して次のような苦言を呈した。「彼〔バッキンガム公〕は、国王に戦争を進言しようとは、何とも不幸な男だ。そして、和平によってなされるだろうことを、流血によって追求するとは、何とも不幸なことだ。その上、あなた方の目的は、私に戦争をさせないことであると思う。さらに、あなた方は、戦争によって、いかに多くのものが必要とされるかを考えるだろう。……戦争を支える充分な準備もないままに戦争に向かおうとしている今の事態は、私を立腹させるものである」[29]。

「和平によって」「流血」の事態を回避するという、調停的で現実的な見解こそが、ジェイムズの対外観の特色であった。それに対してチャールズの対外観は、少し異なっていた。彼は、しばしば嫌悪感をあらわにして、時には戦争をも辞さずという態度を取った。彼は、皇太子時代にスペイン公女との結婚話が破れた後、方向転換して、フランス公女との結婚交渉に臨んだ。しかし、チャールズにフランスから届いた知らせは、彼にカトリックへの改宗を迫るなど、エスカレートした結婚の条件であった。そこで彼は、一六二四年八月、フランスで交渉にあたっていたケンジントン子爵に手紙を送り、次のように怒りを爆発させている。「フランスの連中（Monsieurs）は、とても卑劣な計略にあなたを陥れてきたのだ。もし私がフランス女性（Madame）の人柄に抱いている敬意がなかったならば、連中の友情なんて屁とも思わなかっただろう。私は、連中をまったく見損なっていた。もし連中が新しい条件を持ち出してきても、ほったらかしにしたらいい」[30]。

「フランス女性の人柄に抱いている敬意」とは、おそらく将来の王妃となるアンリエッタ・マリアに対する彼の愛情を表現するものであろう。とすれば、王妃となる女性のために、フランスが繰り出す「卑劣な計略」に怒りをこらえるのが精一杯というのが彼の偽らざる心情であろう。

これに比して、スペインに対するチャールズの認識は、概して好意的なものだった。もちろん、結婚話の破綻により屈辱を味わい、復讐にも似た気持ちを抱いた時期はあっただろうが、彼は、一六三五年に平静を取り戻して、次のように述べた。「スペイン人は、信頼できる私の友人である。残りの〔国々の〕連中は、詐欺師と悪党どもだ」(31)。

ジェイムズとチャールズの対外観は、おおよそ以上のようなものであった。両者は、基本的にスペインを尊重するという点で共通点をもちながらも、現実的な認識と露骨な感情表現という点で隔たっていた。この点は、あくまでも戦争を回避しようとしたジェイムズに対して、いざとなれば戦争も辞さなかったチャールズという両者の姿勢の違いに反映されていると思われる。そして、チャールズのかたくなな姿勢は、三十年戦争以後のヨーロッパの情勢変化に対して、明らかに不適切な対応を生み出す一因になったと言えるだろう。

(2) プロテスタント的対外観

他方で、王室側の外交政策や対外観に対して、明白に異なる対外観が存在していた。それは、エリザベス期の対外観を基本的には受け継いで、オランダやファルツ、北欧諸国と提携するプロテスタント同盟を目指すものであった。反スペイン的な発想を基軸にしたこの対外観を増幅させたのは、三十年戦争であった。一六一八年に勃発したこの戦争は、カトリック勢力の結集に対して、イングランドにプロテスタント同盟の中心となることを要求する大きな契機となった。例えば、一六一九年、当時パリでイングランド大使をつとめていたエドワード・ハーヴァード卿は、ファルツ選帝侯フリードリヒ五世がボヘミア王位についたことに賛意を表して、次のよう述べた。「神は、摂理が教皇制破滅への道を開いたことが明らかになるにつれて、彼〔フリードリヒ〕がそれ〔ボヘミア王位〕を拒もうとするのを許さない。したがって私は、国王陛下がこの偉大なる仕事を援助するように希望する」[32]。

また、一六一九年九月、アボット大主教は、『ヨハネの黙示録』に依拠しながら、当時の国際情勢を見渡して、次のように予見している。「私には、そこここで……神の仕事を先取りしているように思える。それは、黙示録において聖ヨハネが預言したように、少しずつ、獣に権力を与えられた地上の諸王（神の仕事すべては成就されねばならない）が、今や淫婦を引き裂き、彼女を荒廃させるというものである。……我が国の攻撃は、ボヘミア人を慰め、ファルツ選帝侯に名誉を与え、低地地方の連邦国を立ち直らせ、デンマーク王を奮起させるだろう」[33]。

ここではヨーロッパの国際関係が、カトリック勢力とそれを打破するプロテスタント諸国という二大勢力に区分され、論じられる。しかも、ハーヴァード卿もアボット大主教も、神の「摂理」や『ヨハネの黙示録』を持ち出して、終末論的・千年王国論的観点から、ヨーロッパ情勢を読み取り、イングランドの重要な役割に言及している。

こうした対外観の流れは、一六二〇年代になっても衰えることはなかった。一六二四年五月、チチェスタ主教のジョージ・カールトンは、三十年戦争の意味を洞察して、こう言った。「これらの諸戦争は、皇帝とファルツ選帝侯の争いから、宗教の争いに転化するだろう」[34]。

さらに、同年一二月、ペンブルック伯は、ボヘミアで始まった戦争の重要性を看破して、次のように主張した。「争いが「宗教のための戦争というよりも、ボヘミア王国の特殊な戦争と呼ばれる」としても気にすることはない。「両者は結果として、切り離すことができないことを私は知っている」[35]。いずれも、三十年戦争を、遠い異国のものとするのではなく、イングランドに関わる深刻な宗教的争いと見る視点が打ち出されている。

しかるに、王室側の外交政策や対外観は、こうした事態に柔軟に対応するよりも、むしろプロテスタント的な対外観の持ち主を刺激することが多かった。王室側の動きに批判的な人々は、何もプロテスタント的な貴族や高位聖職者に限定されなかった。一六二三年頃にロンドンで流行した次のバラードは、広く一般民衆に愛唱されたものである。「カトリックの王様には、少し年下の、ドナ・マリアって呼ばれる妹がいたとさ。おらが王様は、スペインさ行って、彼女のハートを射止めようとした。だけど、ついてたことに（by good luck）、王様はふられちまったよ」[36]。このように、一般民衆にも反スペイン的な対外観が、時には王権に批判的な感情を伴いつつ、浸透していたのである。

プロテスタント同盟を目指す対外観は、もちろん意味合いを変えながらであるが、ピューリタン革命期にも受け継がれた。例えば、それは、革命初期の議会側の重要文書の一つである一六四二年六月の「一九カ条提案」において、次のように表明された。「国王陛下は〔ネーデルラント〕連邦共和国や、プロテスタント宗教を奉じる他の王侯や国々と、より厳密な同盟を結ぶことを喜んで下さるだろう。その目的は、同盟を破壊し、抑圧しようとする教皇およびその支持者のあらゆる企てとたくらみに対して、同盟を擁護・維持することである」[37]。

4　反対派の形成と財政・宗教問題

（1）財政問題

以上、初期ステュアート期の対外観を検討してきた。しかし、ここで留意すべきは、対立する二つの対外観が、そのまま対立する党派形成につながったり、革命期の国王派と議会派に流れ込むのではないということである。言葉を換えれば、国王派と議会派が形成されるまでには、多くの紆余曲折や様々な要因が介在しており、単純に対外観が対立する党派をもたらしたとは言えないのである。それでは、外交政策や対外観は、いつ頃、どのような「回路」を通って、党派形成、わけても反対派の形成に作用したのであろうか。この点で注目すべき回路となったのは、一六二〇年代以降の財政問題と宗教問題という二つの係争点であった。

まず財政問題から考察すると、初期ステュアート期は大変な財政難の時代であった。すでに一六二一年四月、ヴェネツィア大使は、ジェイムズ一世が財政的に困窮していることを見抜いて、ヴェネツィア総督に報告している。「国王陛下は、今では、ファルツ侯領の全面的回復が、もっぱら彼の双肩にのしかかっていることを認めている。しかし、国王は、オーストリアの非常に強力な軍勢のいる大陸に向けて、十分な軍隊を派遣するのに必要な準備も、金銭その他もないことを認めている」(38)。

つまり、ジェイムズ一世は、戦争をしたくても、実行できない深刻な財政難に直面していたのである。この問題を引き起こした主要な経済的要因は、スペインのネーデルラント攻撃に伴うアントウェルペン市場の閉鎖（一五八五年）であった。従来、イングランドの花形産業であった毛織物工業は、アントウェルペンを経由する、ヨーロッパ大陸を輸出先としていたが、この市場閉鎖によって、主な輸出先を失い、極度の不振に陥った。毛織物輸出による収入が減少した一方で、政府の支出は一向に減少しなかった。財政難をもたらした政治的要因の筆頭にあげられるのは、何といっても華美な宮廷生活による出費であろう。財政的な引き締めを続けたエリザベス期とは対照的に、ジェイムズ期には宮廷生活が華やかさを増し、浪費的な傾向を強めていった。その背後には、ハプスブルク家やブルボン家との友好関係を保ちながら、ステュアート家を両家に匹敵する洗練された王家にしようとしたジェイムズの思惑がうかがえる。ジェイムズ一世は、華麗な宮廷生活を維持するためにも、財源を確保する必要に迫られた。収入源は、国王によって多方面において追求されたが、その一つは、漁業において新たな許可料を徴収することであった。ここには、商業的ライヴァル国となったオランダを主たる対象にして、エリザベス期には徴収されなかった漁業に関する許可料を取得しようとする狙いが込められていた。

ジェイムズの一六〇九年五月の布告は、次のようなものであった。「我が国の臣民たちは、漁業をあきらめるように強いられるか、少なくとも、他の生計の手段に頼る方がまだましだと考えるほどに、落胆するに立ち至った。

そのことによって、我が国の様々な海沿いの町が、ひどく荒廃するだけでなく、多数の船乗りたちが、日々減少している。このことは、国力が船舶の力や航海の利益にいかに多く依存しているかを考えるならば、我が国の運命にとって甚大な結果をもたらす問題である。……我が国で生まれた臣民（our natural born Subject）でないならば、いかなる国籍、いかなる地位をもつ者であろうとも、……我が国から許可を得るまでは、……グレイト・ブリテン、アイルランド、その他近隣諸島のいかなる沿岸と海域で漁業をすることも認められない[39]」。

このようにジェイムズは、「我が国で生まれた臣民でないならば、いかなる国籍、いかなる地位をもつ者であろうとも」取り締まることを布告した。だが、この布告は、財源を確保するという国王の現実的な意図にもかかわらず、プロテスタントの同盟国オランダに危害を及ぼす、反プロテスタント的なものと受け止められる可能性をはらんでいた。

それ以外の主要な財源には、戦時などに臨時徴収される「特別税（subsidy）」がある。ここでは、国王が特別税を賦課するためには、議会の承認が不可欠であったことを想起すべきであろう。そのため、本来は外交政策に介入することが許されなかった議会は、特別税の承認を契機として、次第に外交について発言するようになった。

すでに一六一〇年六月、ジェイムズ一世による大陸派兵を考えたソールズベリ伯は、特別税の認可を庶民院に打診して次のように述べている。「私たちは、あなた方と経済的に取引しているのではないし、穀類や穀物の話をしているのではない。そうではなくて、あなた方を政治家（statesmen）と見なし、どのように対外状勢がなっており、いかにその問題がこの王国の状勢と関わっているかについて熟慮をお願いしたいということである[40]」。この打診は、国王や大貴族ですら、議会を無視して外交政策を展開することが困難になったことを示唆している。

さらに、スペインとの開戦を間近に控えた一六二四年になると、ジェイムズは外交政策をめぐって議会に譲歩することを余儀なくされた。「もしも、あなた方の提供によって、十分かつ安全に戦争を行うに足る財源を確保するならば、私は国王の言葉として、次のことをあなた方に約束する。それは、戦争と和平は国王固有の特権（peculiar prerogatives of kings）であるけれども、戦争を生じさせる可能性をもった交渉で、あなた方と相談したのと同じく、最初にあなた方に知らせることなく、和平を結んだり、受け入れたりはしないと[41]」。国王は、「戦争と和平は国王固有の特権である」ことを前提にしながらも、財源確保と引き換えに、議会の意見を無視しないと約束したのである。

このようにして外交政策には、議会が発言権をもつようになってきた。当初、それは、国王や大貴族の利害関係によって基本的に決定され、せいぜい貴族間の派閥抗争や恩顧関係によって左右される程度のものであった。一六二〇年代初頭には、主として外交政策をめぐって、政府内部にスペイン派とピューリタン派という二大派閥が存在していた。前者は、スペインと結ぼうとするハワード家などの大貴族から構成されており、国王に接近することによって主流派たりうることができた。他方、後者は、宗教的グループというよりも、政治的グループであり、大貴族や国教会聖職者（ペンブルック伯やアボット大主教）から成り立っていた[42]。ピューリタン派は、プロテスタント的な対外観を抱くことが多く、そのため初期ステュアート期には主流派となることが困難であった。

だが、後者のピューリタン派の一部が、次第に議会に足場を築き、有力な支持者を庶民院にかかえるようになったことは注目に値する。アダムズは、この点に関して次のように説明している。「このグループや派閥に含まれる庶民院議員の比率を正確に算定することはできない。しかし、ピューリタン派が〔一六二一年と二四年の〕両方の議会の論調を決め、彼らが提示した政策の基本線から〔議会が〕それほど隔たっていなかったことは、ほとんど疑い得ない。この理由のために『ピューリタン派』の政策は、必ずしも教会改革推進への専念を意味するのではなく、『議会派』のものと考えられよう。この政策は、究極的には、プロテスタントの黙示録的歴史解釈に立脚していた[43]」。

こうして財政問題を契機に発言権を増した議会は、一六二〇年代頃から反対派の有力な一翼を形成するようになったのである。

(2) 宗教問題

次に、宗教問題に目を転じよう。反対派をさらに結束させたのは、一六二〇年代後半からチャールズ一世によって進められた宗教政策であった。チャールズは、フランスからカトリックの王妃を迎えただけでなく、様々な親カトリック的な政策を展開した。それは、国内では、カトリック俗人を政府高官に登用し、ローマ教皇庁の代理部をロンドンに設置し、セント・ジェイムズ宮殿内に華麗なバロック風のカトリック礼拝堂を建設したことである。国外では、一六二八年以後の親スペイン的・反プロテスタント的な外交政策を追求したことである。(44)

一連の政策は、当然、チャールズがカトリックの復活を意図しているとの疑惑を招いた。この疑惑を高めたのが、ウィリアム・ロードのロンドン主教への登用（一六二八年）、さらにカンタベリ大主教への登用（一六三三年）であった。ロードを支持する国教会の聖職者たちは、ロード派と呼ばれた。ロード自身は、カトリックと国教会の併存を目指したようであるが、ロードとロード派が、ピューリタンを弾圧して、国教会の礼拝や儀式をカトリック的に改変したことは、カトリック復活を連想させるのに十分であった。(45)

また、教義面では、カルヴァン主義の救済予定説が敵視され、アルミニウス主義的見解が有力となった。アルミニウス主義とは、オランダの神学者ヤーコブ・アルミニウスによって唱えられた反カルヴァン主義の教えであり、予定説に反対して、あらゆる人間の救済や人間の自由意志を主張した。(46)

国王側の宗教政策に対して、多くのピューリタンや庶民院議員が嫌悪と反発を感じた。例えば、急進的な庶民院議員であるロバート・フェリップスは、早くも一六二九年二月、危機感をあらわにした。「二つのセクトが、国王と王国を台なしにするために、危うく忍び寄っている。……一つは旧来の教皇主義（Popery）であり、もう一つは新手のアルミニウス主義である[47]」。

ここで留意すべきは、国王側の政策に対する批判が、プロテスタント的な対外観に立脚して、なされたことである。庶民院議員の一人であるフランシス・ラウスは、同じく一六二九年、アルミニウス主義的な人々がカトリックに接近することを懸念して、次のように述べている。「アルミニウス主義者は、教皇主義者（Papist）の卵である。もし彼に熱の温もりが与えられれば、あなた方は彼が底無しの穴から生まれる一匹のカエルとなるのを見るだろう。そして、もし十分に注意するならば、あなた方はアルミニウス主義者が教皇主義者に手を伸ばすのを見るだろう。教皇主義者はイエズス会士に手を伸ばし、イエズス会士は片方の手を教皇に、他方の手をスペイン国王にゆだねる。彼らは、私たちの隣国に火を放った人々であり、今や彼らは、この王国を炎上させるために隣国のいくつかを味方に引き入れたのである[48]」。

ラウスは、国内の「アルミニウス主義者」がカトリックに接近する危険を指摘するとともに、その背後にはイエズス会やローマ教皇、スペインが控えていることを察知して、警告を発している。プロテスタント的な対外観を継承するこの意識は、国王側の政策に対して、一六二〇年代後半から、庶民院議員やピューリタンを反対派に結集させる役割を果たしたように思われる（図1－6を参照）。一六二〇年代が反対派形成の重要な画

図1－6　1627年に出版された『教皇主義の陰謀と反逆』

この印刷物は，1569年の「北部諸伯の反乱」から1588年の「アルマダ海戦」をへて1605年の「火薬陰謀事件」までたどり，カトリックの脅威を訴えている。

出典：M. Ashley, *The English Civil War*, London, 1974, p. 28.

期であったことは、近年の研究によって、ほぼ共通に確認されている[49]。

例えば、アン・ヒューズは、一六二〇年代の宗教問題と財政問題に言及して、次のように論じている。「一六二〇年代は、君主政と広義の政治国民の両方にとって決定的に重要な時期であった。一六二〇年代後半までに、反カルヴァン主義的支配への国教会の明らかな移行が、国王〔チャールズ〕によって進められた。他方、〔一六二六年の〕強制借上げ金の賦課は、多くの点で、最も露骨な政治的出来事であった[50]」。

このように一六二〇年代は、宗教問題にとっても財政問題にとっても大きな転機となった時代である。そして、この二つの問題を「回路」にして、反対派が形成された。ここで注目されるのは、ヒューズが、国王支持派と反対派の分裂を論じるにあたって、次のように述べていることである。「一六二〇年代後半の白熱し混乱した政治は、ある程度まで、一六四〇～四二年の分裂を予見している。それは、究極的には政治に関する対照的な見解に立脚していた、『宮廷』と『地方』の間の溝が拡大したことを示している。しかし、この時代の政治は、実際の政治的闘争が、理論的分裂のように明確なものでなく、多分に『捏造されたもの』であったことを示すのである[51]」。

ヒューズは、国王支持派と反対派が「捏造されたもの」であることに注意を喚起している。それは、双方ともに不信の目でお互いを見るということである。国王側は、一六二〇年代になると財政や宗教において積極的な動きを見せはじめるが、これに呼応して、反対派も徐々に結束していった。国王側は、反対派を実際以上に不信感をもってながめ、反対派もまた、国王側に対して、カトリック復活を画策し、スペインと密約するなど「陰謀」をたくらむ危険を感じ取るのである。急進的なピューリタンであるヘンリ・バートンは、早くも一六二九年に国王側の「秘密の陰謀」を嗅ぎつけて、次のように主張した。「（もし間違っていたら許していただきたいのだが）あたかも教皇主義をイングランドにもたらし、イングランドを教皇主義に変形するための……秘密の陰謀（secret plot）が進行しているかのように思われる[52]」。この時期の対立関係は、国際関係や対外観に立脚した、独自の構造を取って形成されていった。そして「陰謀」は実態以上に「敵」の存在を誇張することになった。こうして両者の隔たりは、修復し難いまでに増幅したのである。

5 外交政策と国際関係の帰結

以上、初期ステュアート期の政治と宗教を、外交政策と国際関係に留意しながら検討してきた。そこで明らかになったことを、大きく三点に分けて、まとめておきたい。第一に、初期ステュアート期の外交政策は、五つの時期に区分できるものであった。それは、ジェイムズ一世の治世では、第一期に国王を大国スペインとフランスの「調停者」にしようとする基本方針が定まり、第二期の「大同盟期」にプロテスタント的な同盟を志向したものの、結局、第三期の親スペイン政策に帰着した。チャールズ一世の統治下では、第四期にフランスと結び、スペインと戦おうとしながら、両国を敵に回してしまった危機的な経験をへて、第五期には再び親スペイン政策に落ち着いた。外交政策は、このような過程をたどった。

第二に、この時期の対外観は、同時代の外交政策や国際関係と深く関連するものであった。そこでは、一方で、スペインやフランスとの同盟関係を維持しながら、究極的にはスペインを選び取ろうとする国王側の対外観があった。この見解は、ハプスブルク家やブルボン家との婚姻関係を通して、イングランドの安定を計ろうとする、より現実的な外交政策と結び付いていた。他方で、それとは相いれない、プロテスタント的な対外観が存在した。この見解は、オランダやファルツ、北欧諸国といったプロテスタント地域との同盟関係に固執するものであった。この見解は、一六一八年の三十年戦争開始以後の緊迫するヨーロッパ情勢の中で、イングランドがプロテスタント同盟の中心となることを求めるようになり、妥協的で調停的な国王側の態度と次第に亀裂を深めていった。

第三に、この二つの対外観は、ピューリタン革命と直結するような党派関係をすぐに形成することはなかった。この期間の前半には、諸政策は、むしろ、国王と大貴族との取引や、派閥抗争、恩顧関係によって決定されていたと考えられる。しかしながら、一六二〇年代になると、財政問題を契機にして発言力を増した議会は、反対派として結束し始め、国王側の宗教政策に対しても果敢に批判を試みるようになった。国王とロードによる宗教政策は、アルミニウス主義的改変と見なされ、プロテスタント的な対外観の持ち主によってカトリックの復興を意図するものと位置付けられた。初期ステュアート期の対立関係は、国際関係や対外観に裏打ちされた、独自の構造を取っていたのである。国王側の動きは、「秘密の陰謀」をたくらんでいるとの疑惑を招き、反対派が結束する大きな要因となった。カトリックと結び付けられた「敵」の設定こそ、一六三〇年代をへて、紆余曲折しながらも、ピューリタン革命にたどり着く確かなルートを作り上げていったのである。

このように外交政策や対外観は、初期ステュアート期において極めて大きな意義をもち、一六二〇年代に反対派が形成されるのを助長するものでもあった。もちろん、一六二〇年代の反対派を過大視して、革命期の議会派と直結することは慎まなければならないだろう。しかし、初期ステュアート期の外交政策と国際関係は、ピューリタン革命を考えるにあたっても無視できない、重要な背景を提示している。この点を最後に展望して、本章の結びに代えておきたい。

一六四一年一一月の「大抗議文」は、議会派が形成される転機となった、革命初期の貴重な文書である。忘れてならないのは、その冒頭部分で国家の「敵」が、カトリックと結託した人々であることを再確認している点である。「このあらゆる害悪の根源は、我が王国の宗教と正義がよって立つ、基本法と統治の諸原理を破壊しようとする有害邪悪な意図にある。かかる意図を所有し、推進しようとしたのは、以下の三者であった。それは第一に、イエズス会的な教皇主義者である。彼らは、自ら望んだ宗教の改変や破壊を邪魔するものとして諸法を敵視した。第二に、主教と聖職者の腐敗分子である。彼らは、専制的な教会統治とその簒奪の当然の帰結として、さらにその支柱として、儀式と迷信を育成した。第三に、顧問官や廷臣である。彼らは、国王陛下と我が国家に損害を与えてまで、自己の私的な目的のために、外国の王侯や他国家の利益を促進することに腐心してきた」。(53)

要するに、国家の「敵」は、イエズス会を中心にしたカトリックと、ロード派の聖職者、バッキンガム公などの廷臣であった。「大抗議文」は、続けて一六二〇年代の外交政策を回顧して、カトリックやスペインに影響された人々の失政を厳しく非難している。「〔イエズス会を中心にした〕この党派は、ジェイムズ国王の最後の年にスペインと不和になり、国王陛下〔チャールズ一世〕がフランスと姻戚関係に入ったことにより、幾分弱められたが、陛下統治の初期に復興し、再度繁栄を始めた。……そしてイングランドの教皇主義者は、フランスよりもスペインに、より強く影響されてきたが、彼らは、フランスを含めたあらゆる地域のプロテスタント党派を弱め、それによって国内で目指した宗教改変を続行するという目的と決断を、依然として保持していた。／……第二に、我が国の船舶をフランスに提供することによって、ラ・ロシェル艦隊の削減が進められ、船舶は、議会の忠告に反して、フランスに引き渡された。そのことは、海上からの防衛なしに、この町を放置することとなり、この重要な拠点を喪失したのみならず、フランスにおけるプロテスタント宗教の勢力と安全すべてを喪失する道を開いた。／第三に、国王陛下の戦争方針は、スペイン人に勝利するため、我が国にとってはもっとも容易で望みのある西インド方面からそらされ、犠牲に比して見込のない〔バッキンガムの〕カディス遠征へと転じた。この転換は、成功どころか、あたかも戦争で私たちを疲弊させることを目的にしたかのごとく、命じられたのであった。／第四に、イングランド人に何の補償もなく、フランスの船舶を高額で買わせておいて、フランスと突然断交することになった。その結果、イングランドの商品は、入国禁止となり、フランス王国で没収された。／第五に、ジェイムズ国王と両院の〔一六二四年の前述した〕約束に反して、議会の同意なしに、スペインと和平が結ばれた。その結果、ファルツ侯の大義は打ち捨てられ、代償に比して望みのない条約が残された。その条約は、まさに、その大義の支持者であることを疑われる人々によって大部分交渉されたものであった(54)」。

　このように、国家と教会の「敵」を追及するにあたって、初期ステュアート期の外交政策と国際関係は、なくてはならない重要な役割を演じたのである。「大抗議文」は、一六二〇年代から時代をおって、外交政策の失敗を指摘しているが、注目すべきは「敵」を単純化するためのフィクションを含んでいることであろう。例えば、この時期のピューリタンは、反スペイン政策を実現するために、バッキンガム公やアンリエッタ・マリアと提携することすら辞さなかったという事実が知られている(55)。だが、この事実などは、その後の「敵」を単純化する過程のなかで切り捨てられてしまった。要するに、議会側は、前時代のプロテスタント的な対外観を継承しつつも、それを単純化された文脈に置き換え、巧みに再生して、利用したのである。

　議会派の戦術は、ピューリタンの聖職者たちが、ロード派や国王派を「反キリスト」勢力に位置付け、千年王国的な観点からその打倒を説いたことによって見事に補完された(56)。この新たな文脈のなかで、一六四〇年から開始された長期議会の説教制度は理解されるべきであろう(57)。一六四六年になされた独立派聖職者ヒュー・ピーターの議会説教は、プロテスタント的な対外観を受け継いで、次のように国際関係の重要性を指摘している。

「私には、ドイツが重苦しい肩を持ち上げ、やつれたファルツ侯領が、望みを失わぬ牢獄人として外に目を向けており、病床にあって死の寸前にあったアイルランドも息を吹き返し、萎縮したフランスの農民も長い間失われていた自由を求めており、自らの血をもって城壁を固め、巨費を投じて自由を買い取ったネーデルラント人は隣国のイングランドを見つめているように思われる。実際、プロテスタントの全ヨーロッパは、その頬に新しい血色を回復するかのようである(58)」。

　こうして革命期にも、初期ステュアート期以来の国際関係は大きな影響を与えていた。しかし同時に、ピーターは、初期ステュアート期とは全く異なる状況のもとで、ピューリタンによるプロテスタント解放を見通したと言うべきである。革命期に議会やピューリタンによって打ち出された言説は、前の時代を忠実に継承したものではなく、一六四〇年代の状況下で新たな意味が付与されたものであることを銘記すべきであろう。

註

（1）本章では、対象時期を一六〇三～四九年とするのではなく、ピューリタン革命が開始される前の一六〇三～四〇年としておきたい。一六四〇年以降については、本書の第4章以下を参照されたい。

（2）代表的なものとして、Ch. Hill, *The Century of Revolution, 1603–1714*, Edinburgh, 1961 ; G. E. Aylmer, *The Struggle for the Constitution, 1603–89*, London, 1963 ; Laurence Stone, *The Causes of the English Revolution, 1529–1642*, London, 1972〔紀藤信義訳『イギリス革命の原因　一五二九～一六四二』未来社、一九七四年〕がある。

（3）一六～一八世紀イギリス史研究における「修正主義」については、岩井淳・指昭博編『イギリス史の新潮流——修正主義の近世史』（彩流社、二〇〇〇年）を参照されたい。

（4）E. J. Hobsbawm, "General Crisis of the European Economy in the 17th Century", *Past and Present*, 5, 6, 1954 ; H. R. Trevor-Roper, "The General Crisis of the 17th Century", *Past and Present*, 16, 1959. ホブズボームとトレヴァ＝ローパーの論文は、Trevor Aston (ed.), *Crisis in Europe, 1560–1660*, London, 1965〔両論文の翻訳は今井宏編訳『一七世紀危機論争』創文社、一九七五年〕に収められている。

（5）T. K. Rabb, *The Struggle for Stability in Early Modern Europe*, Oxford, 1975 ; Geoffrey Parker and Lesley M. Smith (eds.), *The General Crisis of the Seventeenth Century*, London, 1978 ; 2nd ed. 1997.

（6）I. Wallerstein, *The Modern World-System II: Mercantilism and the Consolidation of the European World-Economy, 1600–1750*, New York, 1980〔川北稔訳『近代世界システム　一六〇〇～一七五〇』名古屋大学出版会、一九九三年〕; G. Parker, *The Military Revolution : Military Innovation and the Rise of the West*, Cambridge, 1988 ; 2nd ed. 1997〔初版訳は大久保桂子訳『長篠合戦の世界史』同文館、一九九五年〕; Jeremy Black, *A Military Revolution? Military Change and European Society, 1550–1800*, Basingstoke, 1991 ; G. Parker, *The Thirty Years War*, London, 1984 ; 2nd ed. 1997.

（7） Conrad Russell, *The Fall of the British Monarchies, 1637–42*, Oxford, 1991 ; Brendan Bradshaw and John Morrill (eds.), *The British Problem c.1534–1707*, Basingstoke, 1996.

（8） Ch. Hill, *The English Revolution, 1640*, London, 1940 ; 2nd ed. 1949〔第二版訳は田村秀夫訳『イギリス革命』創文社、一九五六年〕.

（9） H. R. Trevor-Roper, "The Gentry, 1540–1640", *Economic History Review*, Supplement I, 1953.「ジェントリ論争」については、Laurence Stone, *Social Change and Revolution in England, 1540–1640*, London, 1965を参照。

（10） ラッセル、モリル、シャープの代表的な著作には、次のようなものがある。C. Russell（ed.）, *The Origins of the English Civil War*, London, 1973 ; Russell, *Parliaments and English Politics, 1621–29*, Oxford, 1979 ; do., *The Causes of the English Civil War*, Oxford, 1990 ; do., *The Fall of the British Monarchies, 1637–42*. J. Morrill, *The Revolt of the Provinces*, London, 1976 ; 2nd ed. 1980 ; do., *The Nature of the English Revolution*, Harlow, 1993. Kevin Sharpe（ed.）, *Faction and Parliament*, Oxford, 1978 ; reissued in paperback, 1985 ; Sharpe, *The Personal Rule of Charles I*, New Haven, Conn., 1992.

（11） J. E. Farnell, "The Social and Intellectual Basis of London's Role in the English Civil Wars"; M. Kishlansky, "The Emergence of Adversary Politics in the Long Parliament", all in *Journal of Modern History*, 49, 1977.

（12） T. K. Rabb and D. Hirst, "Revisionism Revised : Two Perspectives on Early Stuart Parliamentary History"; Christopher Hill, "Parliament and People in Seventeenth Century England", all in *Past and Present*, 92, 1981（ヒルの論文は、Ch. Hill, *The Collected Essays of Christopher Hill*, vol. 3, Brighton, 1986〔小野功生ほか訳『一七世紀イギリスの民衆と思想』法政大学出版局、一九九八年〕の第三章に所収）. 邦文では、D・P・マサレラ著、小泉徹訳「イギリス革命研究の現段階——修正論とその批判」（『イギリス史研究』三四号、一九八三年）を参照。

（13） 若い世代の研究者は、修正主義の問題意識も反映しながら、一七世紀の概説書や研究書を積極的に執筆している。Derek Hirst, *Authority and Conflict, 1603–58*, London, 1986 ; Richard Cust, *The Forced Loan and English Politics*, Oxford, 1987 ; R. Cust and A. Hughes（eds.）, *Conflict in Early Stuart England : Studies in Religion and Politics, 1603–42*,

London, 1989 ; Ann Hughes, *The Causes of the English Civil War*, Basingstoke, 1991 ; 2nd ed. 1998 ; Barry Coward, *Social Change and Continuity in Early Modern England, 1550-1750*, London, 1988 ; do., *The Stuart Age, 1603-1714*, 2nd ed. Harlow, 1994. 他方で、修正主義的な Mark Kishlansky による、*A Monarchy Transformed Britain, 1603-1714*, London, 1996 も参照。

(14)　Hughes, *op.cit.* ; Thomas Cogswell, *The Blessed Revolution*, Cambridge, 1989.

(15)　Simon Adams, "Spain or the Netherlands? The Dilemmas of Early Stuart Foreign Policy", in H. Tomlinson (ed.), *Before the English Civil War*, London, 1983〔以下では、Adams, "Spain or the Netherlands?" と略記〕.

(16)　Adams, "Spain or the Netherlands?", p. 93.

(17)　以下の記述では、Adams. op.cit. : 成瀬治「国際政治の展開」(『岩波講座世界歴史（旧版）14』岩波書店、一九六九年)、今井宏編『世界歴史大系　イギリス史2　近世』（山川出版社、一九九〇年）を参照した。

(18)　エリザベス期の外交政策については、R. B. Wernham, *The Making of Elizabethan Foreign Policy, 1558-1603*, Berkeley, 1980 を参照。

(19)　Adams, "Spain or the Netherlands?", p. 94.

(20)　この時期の外交政策については、F. Shriver, "Orthodoxy and Diplomacy", *English Historical Review*, 336, 1970 ; F. A. Yates, *Rosicrucian Enlightenment*, London, 1972〔山下知夫訳『薔薇十字の覚醒』工作舎、一九八六年〕を参照。

(21)　Adams, "Spain or the Netherlands?", p. 95.

(22)　この点については、Cogswell, *op.cit.* を参照。

(23)　S. Adams, "The Road to La Rochelle", *Proceedings of the Huguenot Society of London*, 22, 1975 を参照。

(24)　フランスとスペインは、カトリックの国同士であるにもかかわらず、三十年戦争の途中から争いあい、一六三五年から戦争を始めた。両国の動きについては、J. H. Elliott, *Richeliue and Olivares*, Cambridge, 1984〔藤田一成訳『リシュリューとオリバーレス――一七世紀ヨーロッパの抗争』岩波書店、一九八八年〕を参照。

(25)　本書第9章を参照されたい。

(26)　Adams, "Spain or the Netherlands?", p. 101.

(27) 初期ステュアート期の対外観は、もちろん二つに限定されるものではなくて、もっと多様なものであった。例えば、毛織物工業や漁業などでオランダと競合する生産者たちは、国王側とは異なる形で、反オランダ意識をいだいていた。しかし本章では、あえて政治的エリートを主な対象にして、対外観を大きく二つに分類することにした。一六～一七世紀イギリスの多様な外国人観については、中川順子「外国人を見る眼差し」（指昭博編『「イギリス」であること』刀水書房、一九九九年）を参照。

(28) Giovanni Carlo Scaramelli, "Venetian Ambassador in England, to the Doge and Senate", 12 June 1603, *Calendar of State Papers, Venetian*, Vol. 10, London, 1900, pp. 49–50.

(29) J. Rushworth, *Historical Collections*, Vol. 1, London, 1659, p. 130.

(30) Adams, "Spain or the Netherlands?", pp. 89–90.

(31) Ibid., p. 90.

(32) Ibid., p. 87.

(33) S. Adams, "Foreign Policy and the Parliaments of 1621 and 1624", in K. Sharpe (ed.), *Faction and Parliament*, Oxford, 1978〔以下では "Adams, "Foreign Policy"" と略記〕, p. 147.

(34) Ibid., p. 147.

(35) Ibid., p. 147.

(36) I. Carrier, *James VI and I: King of Great Britain*, Cambridge, 1998, p. 134.

(37) S. R. Gardiner (ed.), *Constitutional Documents of the Puritan Revolution, 1625–60*, 3rd ed., Oxford, 1906, p. 253.

(38) Girolamo Lando, "Venetian Ambassador in England, to the Doge and Senate", 30 April 1621, *Calendar of State Papers, Venetian*, Vol. 17, London, 1911, p. 36.

(39) J. Larkin and P. Hughes (eds.), *Stuart Royal Proclamations*, Vol. 1, No. 98, Oxford, 1973, p. 217.

(40) Adams, "Spain or the Netherlands?", p. 82.

(41) Rushworth, *op.cit.*, Vol. 1, p. 131.

(42) Adams, "Foreign Policy", pp. 140–147.

(43) Ibid., p. 146.

(44) Stone, *The Causes of the English Revolution*, pp. 121–122〔邦訳 一七八頁〕.

(45) ロードとロード派については、Peter Lake, "Calvinism and the English Church, 1570–1635", *Past and Present*, 114, 1987; do., "The Laudian Style: Order, Uniformity and the Pursuit of Holiness in the 1630s"; Anthony Milton, "The Church of England, Rome and the True Church"; Nicholas Tyacke, "Archbishop Laud", all in K. Fincham (ed.), *The Early Stuart Church, 1603–42*, Basingstoke, 1993を参照。

(46) この点については、N. Tyacke, *Anti-Calvinists: The Rise of English Arminianism c.1590–1640*, Oxford, 1987を参照。ただしタイアックの議論には、批判論文としてPeter White, "The Rise of Arminianism Reconsidered", *Past and Present*, 101, 1983がある。この論争については、青木道彦「イギリス革命前夜のアルミニウス主義をめぐる論争」（『駒沢史学』四五号、一九九三年）を参照。

(47) W. Notestein and F. Relf (eds.), *Commons Debates for 1629*, Minneapolis, 1921, pp. 12–17.

(48) *Ibid.*, p. 13. 反カトリック主義については、R. Clifton, "The Popular Fear of Catholics during the English Revolution", *Past and Present*, 52, 1971; M. G. Finlayson, *Historians, Puritanism, and the English Revolution*, Toronto, 1983; P. Lake, "Anti-Popery: the Structure of a Prejudice", in Cust and Hughes (eds.), *Conflict in Early Stuart England*; 岩井淳「ピューリタン革命期の国家と反カトリック問題」（『歴史学研究』五七三号、一九八七年）を参照。

(49) この点については、P. Lake, "Constitutional Consensus and Puritan Opposition in the 1620s", *Historical Journal*, 25, 1982; Ch. Thompson, "Court Politics and Parliamentary Conflict in 1625", in Cust and Hughes (eds.), *Conflict in Early Stuart England*; T. Cogswell, "A Low Road to Extinction? Supply and Redress of Grievances in the Parliaments of the 1620s", *Historical Journal*, 33, 1990を参照。

(50) Hughes, *op.cit.*, p. 153.

(51) *Ibid.*, p. 87.「陰謀論」については、*Ibid.*, pp. 84–90を参照。

(52) Henry Burton, *Babel no Bethel*, London, 1629, dedication.

(53) Gardiner (ed.), *op.cit.*, pp. 206–207.

(54) *Ibid.*, pp. 208–209.

(55) この点については、J. F. Maclear, "Puritan Relations with Buckingham", *Huntington Library Quarterly*, 21, 1958 ; R. M. Smuts, "The Puritan Fellowers of Henrietta Maria in the 1630s", *English Historical Review*, 366, 1978 を参照。

(56) 千年王国論については、W. M. Lamont, *Godly Rule : Politics and Religion, 1603–60*, London, 1969 ; P. Toon (ed.), *Puritans, the Millennium and the Future of Israel*, Cambridge and London, 1970 ; T. Liu, *Discord in Zion : The Puritan Divines and the Puritan Revolution, 1640–60*, The Hague, 1973 ; 田村秀夫編『イギリス革命と千年王国』（同文舘、一九九〇年）、岩井淳『千年王国を夢みた革命——一七世紀英米のピューリタン』（講談社、一九九五年）を参照。

(57) 長期議会の説教制度については、J. F. Wilson, *Pulpit in Parliament*, Princeton, 1969 を参照。

(58) Hugh Peter, *Gods Doings and Mans Duty*, London, 1646, pp. 22–23. ヒュー・ピーターについては、本書第7章を参照されたい。

第2章　ピューリタン・ジェントリの役割

1　宗教と階層の二分法

前章では、初期ステュアート期の外交政策を検討したが、そうした中央の政治過程の背後で地方社会の変化が進行していた。本章の目的は、ピューリタニズムを受容するジェントリ層が、初期ステュアート期からピューリタン革命期において、どのようにして形成され、どのような役割を果たしたのかを考察することにある。しかし、この「ピューリタン・ジェントリ」に焦点を定めることは、研究史上、どのような意味があるのだろうか。換言すれば、「ピューリタン・ジェントリ」論は、どれほどの射程距離をもつ議論なのだろうか。

従来の研究は、ピューリタニズムを受容したのがヨーマンで、アングリカニズム（イングランド国教会）を受容したのがジェントリという組合せ分類を行い、この二分法を採用することが圧倒的に多かった。この傾向は、日本の研究においてとくに顕著であり、イングランド近代化の担い手をヨーマンに求めるか、ジェントルマンに求めるかという相違はあるものの、二分法自体は基本的に継承されていった。二分法は、社会が比較的安定する一八世紀以降にはある程度まで妥当するが、本章が対象とする一七世紀前半には慎重に用いる必要があるだろう。

ピューリタニズムとヨーマンの組合せを重視したのは、大塚久雄氏である。大塚氏は、M・ヴェーバーが「経済的発展の進んでいた国々の人々、しかも、のちに見るように、その内部でもとくに当時経済生活において興隆しつつあった市民的中産階級がピュウリタニズムの、かつてその比をみないほどの専制的支配を受け入れたのは、いったいなぜだったのか」[1]と述べたことに着目し、近代化の担い手としての「中産的生産者層」やヨーマンの役割を強調したのである。[2]この見解は、いわゆる「大塚史学」と言われる研究者によって広く支持されることが多く、近年では、今関恒夫氏や梅津順一氏、常行敏夫氏の各著作[3]に至るまで、有力な潮流となっている。

他方で、アングリカニズムや「ジェントルマン・イデアール」と、ジェントルマンの組合せに力点を置いたのは、越智武臣氏である。越智氏は、人文主義の影響を受けたジェントルマンの思想を「ジェントルマン・イデアール」と規定して、「近代英国のトレーガーが、……ヨーマンリーと呼ばれた実体の自己運動のなかにあるのではなくて、むしろジェントリーと呼ばれた一見得体の知れぬもののなかにある」[4]ということを強調した。この見解は、「大塚史学」に批判的な「再検討派」[5]と言われる研究者たちによって幅広く受け入れられ、現在に至るまで、もう一方の有力学説のキー概念となっている。そのなかで、岸田紀氏は「アングリカニズムは……ステュアート絶対王政とジェントルマン支配に積極的に宗教的意義を与えた」[6]として、アングリカニズムとジェントリの結び付きにアクセントをおいて、イングランド近世史を概観している。

このように日本のイギリス史研究では、近代化の担い手をヨーマンなどの「中産的生産者層」に求めるか、ジェントリに求めるかが一大争点となってきた。だが、奇妙なことに、その前提となる、ピューリタニズムとヨーマン、アングリカニズムとジェントリという二分法分類そのものは疑われることなく、ほぼ維持されている。その結果、この二分法以外の多様な組合せは等閑に付され、例えば「ピューリタン・ジェントリ」というグループが、研究者の問題意識から抜け落ちてしまったのである。また、この二分法は、「ピューリタン・ジェントリ」の対極に位置する「草の根のアングリカニズム」、つまり民衆とアングリカニズムの結合への理解を妨げている。日本では、ジェントリとアングリカニズムの結び付きが強調され、最近の研究で提起される「草の根のアングリカニズム」という見方の受容を困難にしているように思われる(7)（図2－1を参照）。

けれども、宗教と階層の結び付きはもっと多様であったと考えられる。とくに初期ステュアート期からピューリタン革命期の歴史を考えるにあたって、ピューリタン・ジェントリは、重要な役割を果たした階層であった。その点は、革命の立役者となったオリヴァ・クロムウェルが、ピューリタン・ジェントリの代表的な人物であったことを思い起こせば、十分納得できるはずである(8)。

ここで欧米の研究動向に目を転じるならば、経済史や思想史の分野では、ピューリタニズムの担い手は、クリストファ・ヒルを筆頭にして、ヨーマンなどの「勤勉な種類の人々（the industrious sort of people）」に求められることが多かった(9)。だが一九五〇年代の「ジェントリ論争」以後、一七世紀の地方史研究が着実な成果を上げ、宗教と階層の多様な結び付きにも目が向けられ、ピューリタン・ジェントリを含むジェントリ層の実態が明らかにされていることは注目に値する。それは、一九六〇年代以降、A・M・エヴェリットらの「レスター学派」によって主として進められた。各州レヴェルで実証的な研究が深められたが、総じて言うと、大ジェントリ支配の強固さと保守性を指摘するものが多かった(10)。

しかし、近年では、州ごとの差異を前提にしながら、C・ホームズやA・ヒューズ、J・アールズらが州レヴェルでのエリート層の分裂や対立の諸相を提示している(11)。そうした成果に並んで、一九八四年からJ・T・クリフは「ピューリタン・ジェントリ」論を提唱したのである(12)。本章でも、クリフを初めとする諸研究を参照しながら、ピューリタン・ジェントリの意識と行動を解き明かすことになろう。

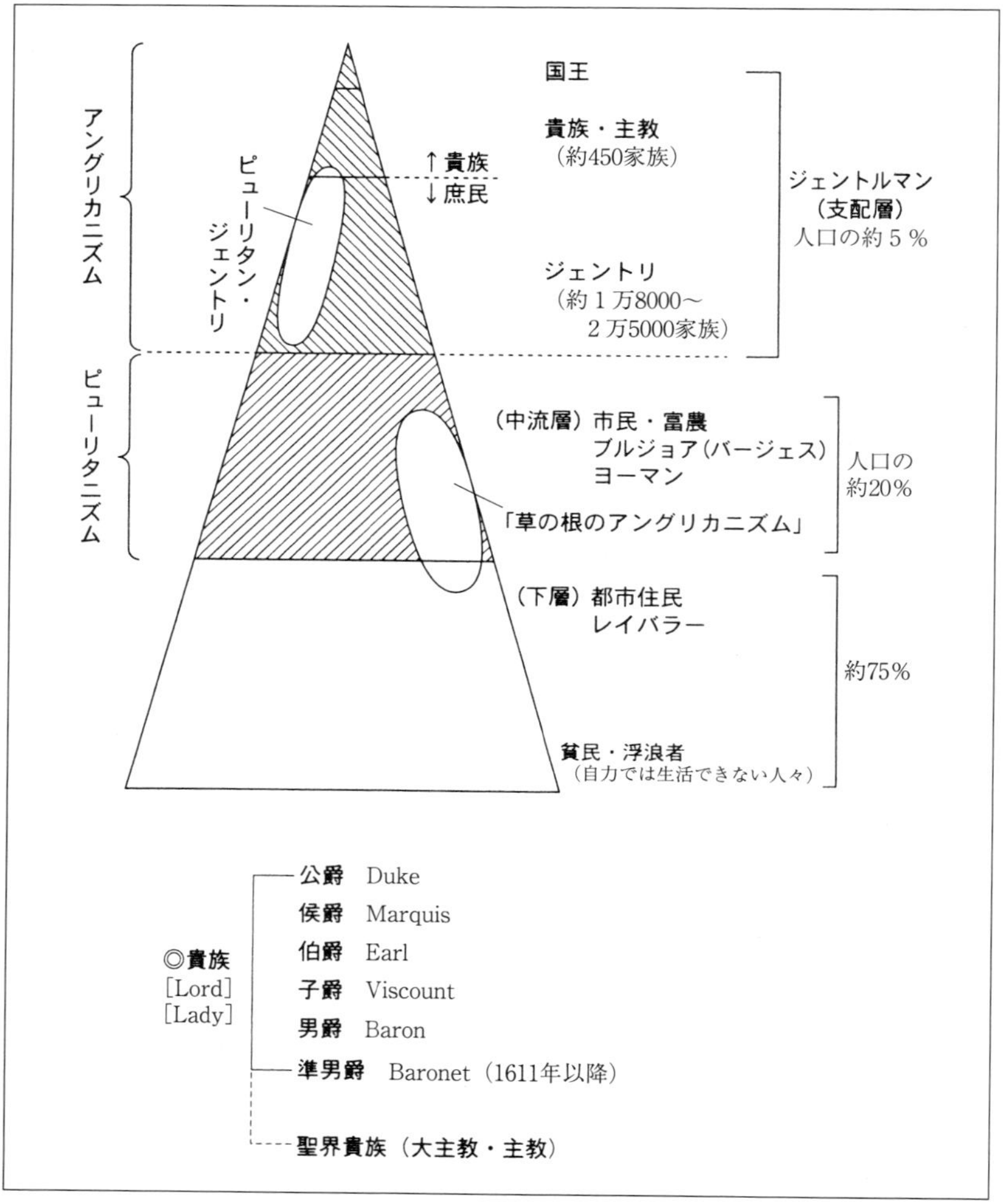

図２－１　宗教と階層の関係を示した概念図

出典：井野瀬久美惠編『イギリス文化史入門』（昭和堂，1994年），30頁の図を加工。

一方、日本でも、少数ながら、革命史研究やヴェーバー研究からピューリタン・ジェントリに注目するものが出現している。革命史研究では、今井宏氏が「国教会批判のイデオロギーたるピューリタニズムが次第に『地方』に定着しはじめ、その戦闘性を高めていく(13)」と述べて、ピューリタン的なジェントリの意義を評価している。ただし、今井氏の場合、「宮廷」対「地方」という構図のなかで、ピューリタン・ジェントリは「地方」を代表する勢力として描かれており、この階層がもっていた国際的な視野やこの階層の国際的な位置付けには、ほとんど論及していない。

また、ヴェーバー研究の側では、実証的なものではないが、野田宣雄氏や田中豊治氏から貴重な発言がなされている。その趣旨は、ヴェーバー自身も『支配の社会学』や『政治論集』においてピューリタン・ジェントリの役割を的確に見抜いていたというものであるが、野田氏の次の指摘などは、歴史学者も耳を傾けるべき指針となるだろう。「『プロテスタンティズムの倫理と資本主義の精神』のなかではジェントルマン型とピューリタン型との拮抗関係が説かれていたが、両者は長らく対立しあうと同時にまた同化・融合もとげ、ピューリタン的ジェントルマンなる変種さえ生み出したのであった。こうしたことは、ジェントルマンの精神的影響が国民の下層にまで及んでいたこととともに、このイギリスのエリート層が国民から遊離した存在ではけっしてなく、国民大衆との間につねに活発な精神的交互作用を及ぼしあっていたことを物語っているだろう(14)」。

そこで本章では、第一に、ピューリタン・ジェントリの形成過程を考察し、第二に、ピューリタン・ジェントリの意識を分析することによって、革命に向かう歴史の中で、この階層がもった意義を解明したい。それによって、宗教と階層の多様な結び付きの一部を示し、欧米の研究と日本の研究の間に存在する溝を少しでも埋めることができればと思う。なお、本章では、特定の州に即してではなく、イングランドの中部から東部にかけてのピューリタン・ジェントリを主として取り上げながら議論を進める。

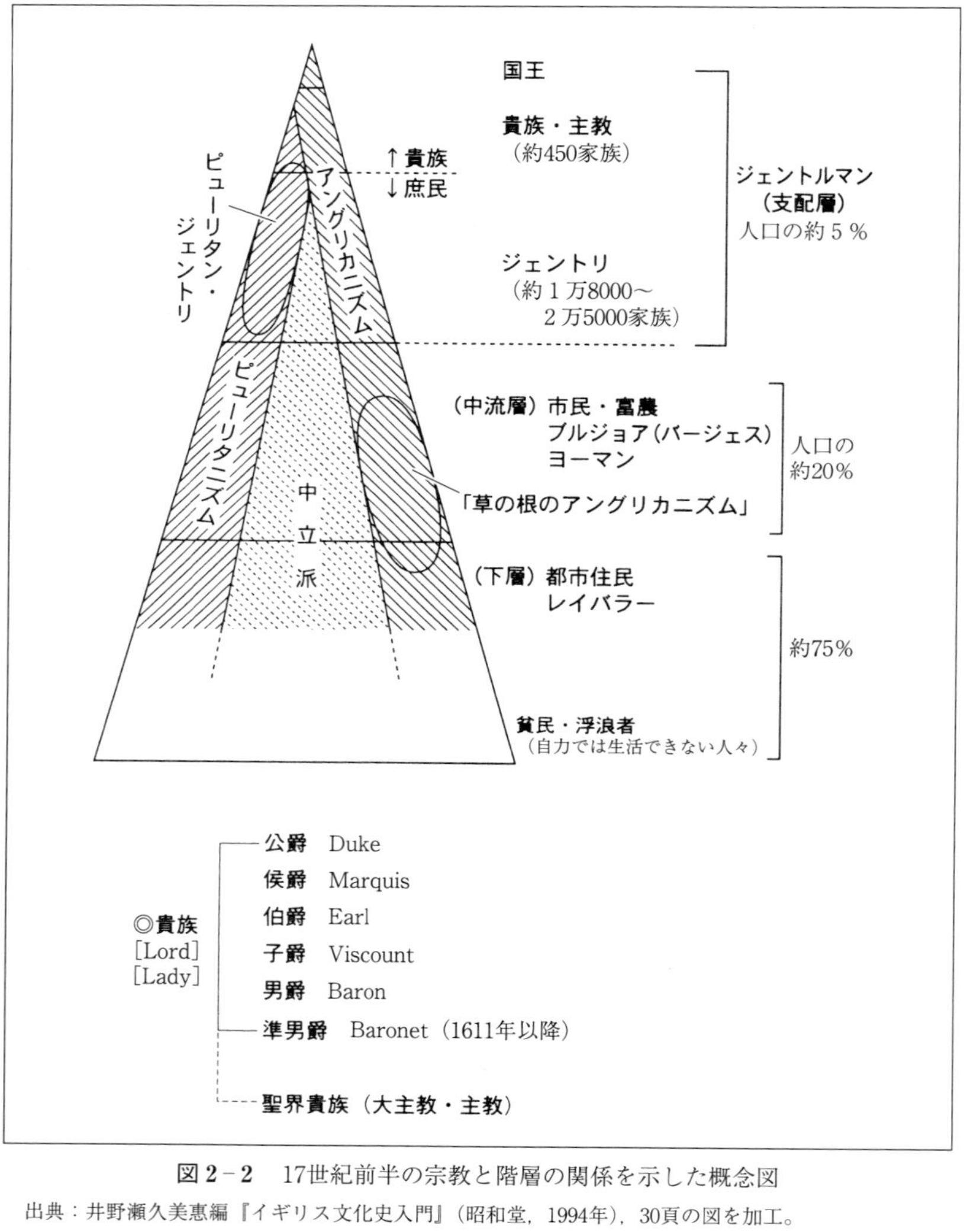

図２－２　17世紀前半の宗教と階層の関係を示した概念図

出典：井野瀬久美惠編『イギリス文化史入門』（昭和堂，1994年），30頁の図を加工。

第三の課題は、ピューリタン・ジェントリの役割を考えるにあたって、国際関係が不可欠の要素を提供した点を明らかにすることである。例えば、ジェントリ層の多くは、三十年戦争を初めとする同時代のヨーロッパの状況に敏感に反応しており、また迫害が強化された一六三〇年代に「ピューリタン・ジェントリ」の一部は、協力して新大陸への入植事業を推進していったのである。そして最後に、宗教と階層を重ね合わせる従来の二分法に代わって、初期ステュアート期から革命期の宗教と階層の多様な結び付きを、どのように把握すべきかについて、若干の展望を行うこととする（図2－2を参照）。

2　ピューリタン・ジェントリの形成

まず初めに、「ジェントリ」や「ジェントルマン」と呼ばれる階層について概観しておこう。A・G・エイルマーが算定した表によると（表2－1を参照）、チャールズ一世治下の一六三三年におけるイングランドの支配階層は、次のような六グループから構成されていた。その家族数と平均年収を示すならば、貴族が一二二家族（平均年収は約六〇〇〇ポンド）、主教が二六家族（平均年収は約九五〇ポンド）、イングランド貴族の長男、スコットランドとアイルランドで貴族になったイングランド人、および準男爵を合計すると三〇五～三一〇家族（平均年収は約一五〇〇ポンド）であった。貴族は、貴族院議員の資格をもち、また枢密院の構成員に任命されるなどして「宮廷」の重要メンバーになることがあった。

残りの三グループは、総称して「ジェントリ」と呼ばれる階層である。それは、ナイト（Sir の称号をもつ大ジェントリ）が一五〇〇～一八〇〇家族（平均年収は約八〇〇ポンド）、エスクワイア（比較的大規模なジェントリ）が七〇〇〇～九〇〇〇家族（平均年収は約五〇〇ポンド）、狭義のジェントルマン（小ジェントリとも呼ばれる）が一万～一万

表2－1　初期ステュアート期の支配階層（1633年）

階　　層	家族数	平均年収
貴　　族	122	6,000ポンド
主　　教	26	950ポンド
イングランド貴族の長男，スコットランドとアイルランドで貴族になったイングランド人および準男爵	305～310	1,500ポンド
ナイト	1,500～1,800	800ポンド
エスクワイア	7,000～9,000	500ポンド
ジェントルマン（狭義）	10,000～14,000	150ポンド

出典：G. E. Aylmer, *The King's Servants*, New York, 1961, p. 331.

四〇〇〇家族（平均年収は約一五〇ポンド）であった。彼らは、通常、地方の有力者であり、地方行政の要職を務めたり、庶民院議員に選出されることが多かった。なお、本章では、一六一一年に創設された新貴族位「準男爵（Baronet）」については、その年収や経営規模、生活様式などが「ジェントリ」に近いことから、これを「ジェントリ」階層に含めて、議論を進めることにしたい。

一七世紀前半のイングランドにおける支配階層は、以上の六グループによって構成されていた。彼らの全体は、残りの諸階層から区別されて、広義の「ジェントルマン」と呼ばれることもある（前出の図2－1を参照）。その数は、当時のイングランドとウェールズの人口約四五〇万人のうち、わずか二パーセントにすぎず、家族メンバーを加えた数でも五パーセントに満たないものであった。しかし、彼らの政治的・経済的・社会的・宗教的影響力は、他の中流層や下層の人々と比べて、圧倒的であった。[15]

ジェントリ層の多くは、一六世紀の宗教改革によって解散した修道院の領地を入手するなどして、経済的に実力をつけて興隆してきた。この点について、一六四一年にノーサンプトンシャの様子を観察したある人物は、次のような辛口のコメントを残している。

「ここでは貴族とジェントリの数が多くなりすぎた。今では、大変な数に増加している。特に、ジェイムズ王の即位以来そうである。……彼らは、教会の土地や財産を奪って興隆したのだ。そして、たいていは修道院とか、司教や教会からまきあげた建物などの中に居座っている。……こうしてたくさんのいかがわしい弁護士や新興ジェントルマンが生まれたのだ。……エリザベス女王の時代には、一州に二、三人のナイトしかいなかった所に、現在では六〇人ものナイトがいるというようなことも、しばしば見かけることである。その他にも、エスクワイアとかジェントルマンとか自称する連中がたくさんいて、……贅沢な暮らしを送るくせに稼ぎは少なく、しかも身分不相応な生活をしている」(16)。

ここから読み取れるのは、中部地方のノーサンプトンシャでは「貴族とジェントリの数が多く」なっているが、わけても「ジェイムズ王の即位以来」、ナイトやエスクワイア、ジェントルマンといったジェントリ層の勢力が増しているということである。この観察は示唆に富むものであるが、すぐにイングランド全土に拡大して、一般化することはできないだろう。なぜなら、イングランドの北部や西部、南部などでは古い家系の貴族やジェントリが依然として存続しており、「新興ジェントルマン」の数が相対的に少なかったことが知られているからである(17)。しかし、中部や東部地方では、上記のような「新興ジェントルマン」が多数出現した事実が確認されており、こうした地方が革命期には議会派の拠点になったことを考え合わせると興味深い（x頁・xi頁の地図2・地図3を参照）。

一七世紀前半のジェントリ層の多くは、古い家系であっても新興家系であっても、実力を有する注目すべき階層であった。この階層の宗教的特質は、どのようなものであったのだろうか。まず想起すべきことは、ジェントリの子弟の多くが、グラマー・スクールやパブリック・スクールでギリシア語やラテン語を学び、古典的な知識を修得して、法学院やオクスフォード、ケンブリッジ両大学などに進学したことである。この過程で彼らは、人文主義的な教養を身につけたのであり、その限りで「ジェントルマン・イデアール」論の主張は正しいものである。

しかし他方で、ジェントリの一部が、ピューリタニズムを受け入れることになった点にも注意する必要がある(18)。もちろんエリザベス期には、ピューリタンは国教会内部の改革派であり、ピューリタンとアングリカンは重なり合う部分が多く、両者を宗教的に区分することは困難であった。しかし、初期ステュアート期には、血縁関係や派閥関係、また外交政策上の理由などから、すでに政治的に「ピューリタン」と呼ばれるジェントリや貴族が多数存在していた。[19] 彼らやその周辺から、実際にピューリタニズムの信仰に踏み出す者が出現することになるが、ジェントリや貴族に体系的な信仰を教え、宗教的に向上する機会を与えたのは、何といってもピューリタン聖職者であった。

ジェントリとピューリタン聖職者の出会いの形は様々であったが、ここでとくに注目されるのは、有力ジェントリの多くが、パトロンとしてピューリタン聖職者の保護者となったことである。[20] 当時、オクスフォード大学やケンブリッジ大学で聖職者の資格を得ながらも、実際に聖職禄にあずかれない者が多数いた。政治的・宗教的にピューリタニズムに関心をもつジェントリたちは、職につけないピューリタン聖職者たちを、彼らの威光の及ぶ教区牧師職に推挙したり、自分の私的な礼拝堂付きの牧師にかかえたりしたのである。この点について、国教会の大主教となったリチャード・バンクロフトと思われる人物は、次のような批判的コメントをよせている。

ピューリタン聖職者は「貴族やジェントルマンの懐に忍び込み……友人たちの力を笠に着て、出過ぎた行動をすることを常としている。……多くのジェントルマンが……この一派に加わり、その保護者になっている。……公的な発言をしたり、恭順を説いたりして……彼らの煽動的行動に反対する人は、狂人だとか……教皇主義者だとか……どっちつかずだとか言われて、はずかしめられ、〔あるいは拘束されて――引用者、以下同様〕裁判にかけられてしまう」。[21]

このように、「多くのジェントルマンが」ピューリタン聖職者の「保護者になっている」ことは、一六〇四年にカンタベリ大主教となったバンクロフトにとって、許されない出来事であった。その背景には、聖職者でなく俗人が牧師職の推挙権を握ると、高位聖職者が軽視される恐れがあり、それだけでなく、金銭で聖職禄が売買されるかもしれないという、国教会指導者にとっては放置できない問題がひそんでいたのである。この点は、ピューリタン聖職者のパトロンとなるジェントリも承知していた。ジェントリの側も、ただ受け身になって、誰でも推挙した訳ではなかった。サフォーク州のサイモンズ・デューズ（一六〇二～五〇年）は、一六二三年に「この人物をお認めになり、聖職禄をお与えくださるのなら、金貨二〇〇枚を思し召しに従って、お支払いします」という手紙を、ある教区牧師から受け取った。(22) これに対してデューズは、信心深いジェントリとして知られるだけあって、毅然とした態度で次のように返答した。

「手紙を受け取るまでは貴下の親族の説教師にいくぶん心が傾きかけていましたが、手紙を拝見して、まったく嫌になりました。……貴下のような職業の方が、このような申し出をされるとは遺憾なことです。今日、良心的でないパトロンに不満が向けられていますが、それはこのような申し出をして正直なパトロンを堕落させてしまうかもしれない金銭ずくの聖職者にもっと向けられるべきだと思います。……これが聖職売買に当たることを、いまさら貴下に説明する必要もないでしょう。……このようなやり方では、正直な人間の推挙を受けることはできません(23)」。

こう述べたデューズは「金銭ずくの聖職者」を排除する一方で、敬虔なピューリタン聖職者に対しては、「良心的なパトロン」として積極的な援助を惜しまなかった。またピューリタンの側では、先のバンクロフトとは逆の意見を述べる者がいた。聖職者であるヘンリ・バートンは、一六二四年の著作において、ジェントリがピューリタンのパトロンとなることは、間違っているどころか、むしろ素晴らしいと力説した。

バートンは「真に高潔なジェントリは少なからず存在する」と述べ、優れたジェントリがパトロンとなることは、堕落どころか「イングランドの世俗の信徒と聖職者の間にある……すばらしい競争心」であると誇らしげに語っている(24)（本書の九五頁を参照）。このように、一方で経済的に実力をつけてきた「高潔なジェントリ」がいて、他方で職にあぶれ「良心的な」保護者を求めるピューリタン聖職者が存在した。その両者が、一七世紀の初頭にパトロン関係を求めて盛んに結ばれたのである。この点に、ピューリタン・ジェントリの形成を考えるにあたって無視できない重要な特徴があるだろう。

3　ピューリタン・ジェントリの意識

前述したように、ピューリタン・ジェントリは、一七世紀初頭、わけても一六二〇年代になると広範に形成された。一六二〇年代は、財政問題や宗教問題を契機にして、ピューリタンや庶民院議員たちが、政府主流派の政策に不満をいだき、反対派を結成した時期でもあった(25)。当然、ピューリタン聖職者やそのパトロンとなったピューリタン・ジェントリは、この状況を反映しながら、彼らの意識を表明していった。以下では、一六二〇年代以降のピューリタン・ジェントリたちが、聖職者の影響などを受けて、どのような意識を示し、時代状況に対してどのような対応を迫られたのかを検討してみたい。

ピューリタン・ジェントリは、聖職者から、著作や手紙、あるいは説教や日常的な接触などによって様々な影響を与えられた。例えば、ヘリフォードシャのピューリタン・ジェントリであるロバート・ハーリー（一五七九〜一六五六年）は、一六三六年の春にピューリタン聖職者のトマス・ウィルソンから、次のような手紙を受け取った。「私は、あなた自身がキリストと認められるかのように、あなたの家を教義と規律を求める教会にすべきなどと、あなたに薦めるつもりはありません。……今や、邪悪な者の誤謬と世俗的な者の汚点を、有害なものとして遠ざけ、真理と聖なるものに従いなさい。キリストから生命を授かるために、信仰によって敬神の力をおもちなさい(26)」。

ハーリーは、このような宗教上の指針をしばしば与えられ、自らの考えを形成したと思われる。そこで注目されるのは、「邪悪な者の誤謬と世俗的な者の汚点を、有害なものとして遠ざけ」るという指針である。ここでは神学的な「誤謬」や「汚点」ではなくて、歴史的で具体的なものが念頭に置かれていた。その点に関連して、サイモンズ・デューズの一六四五年の著作は、ヒントを与える。サフォーク州のデューズは、一六三〇年代の時代状況を回顧して、次のように述べた。「冷酷で残虐な迫害が、敬神なる者の財貨や財産、自由、生命に対して行使され、実施されているからこそ、神の礼拝に付随する誤謬や異端、人の考案物、厄介な迷信が、また偶像や十字架、祭壇、聖餐台、聖遺物などへの人の屈服にある偶像崇拝や神の被造物への崇拝が、全般的また公的に、はびこっているのである(27)」。

ここでデューズが指摘しているのは、政治的な「迫害」が「偶像崇拝や神の被造物への崇拝」といった宗教的特徴と不可分に結び付くということである。それは、一六二九年の議会解散以来、強化されたチャールズ一世の専制政治と、一六二〇年代後半以降、ウィリアム・ロードを中心にして進められた国教会の改変が連動するという認識を示すものであろう。ロードは、一六二八年にロンドン主教に就任し、三三年には国教会の最高位であるカンタベリ大主教にまでのぼりつめて、ピューリタン弾圧を推進した人物である。一六三〇年代には、彼を中心にした聖職者のグループであるロード派が有力になった。ロード派は、国教会の礼拝や儀式を「偶像崇拝や神の被造物への崇拝」と言われるまでに改変して、カトリック教会への復帰を意図しているという疑惑を人々にいだかせたのである(28)。

それに対して、ピューリタンたちは、弾圧を逃れるために地下に潜伏したり、オランダやアメリカへの亡命を試みた。こうしたピューリタンを精神的に支えた一つが、千年王国論や終末論であった。千年王国論は、原始キリスト教の教義であったが、中世を通じての長い異端的時代をへて、一七世紀イングランドにおいて有力な教えとして復活した(29)。この復活に寄与したのが、トマス・ブライトマンやジョゼフ・ミードといったピューリタン神学者たちであった。ブライトマンの主著『黙示録注解』（一六〇九年）とミードの主著『黙示録の鍵』（一六二七年、改訂版三二年）は、当初ラテン語版で出版されたが、一六一五年と一六四三年にそれぞれ英語版が上梓され、より多くの読者

図2－3　ピューリタン・ジェントリの妻ブリリアナ・ハーリー

出典：J. Eales, *Puritans and Roundheads*, Cambridge, 1990, jacket page.

を獲得した[30]。

サイモンズ・デューズもまた、何らかのきっかけでブライトマンの思想を知り、彼の影響を色濃く受けた一人であった。デューズは、一六二九年五月、「反キリスト」が打倒され、「キリストの王国」が到来する日を夢想して次のように記している。「反キリストの没落に続いて、神の教会に平和と統一をもたらす、もっとも栄光にあふれ勝ち誇った時がある。彼〔ブライトマン〕は、どんな昔から調べても、その時までせいぜい五〇年にすぎない（今から二〇年先である）とした。より嬉しいのは、人々がその時を享受するまで生きているだろうし、私たちが、真理への信仰の力によって私たちの生命を喜んで捧げることになり、神の助力により間違いなく栄光にみちて、福音の真理を目撃することになるだろうということである[31]」。

このようにデューズは、明らかにブライトマンの影響を受けて、千年王国論を主張したのである。千年王国論的な発想は、なにもデューズだけの独占物ではなかった。ピューリタン・ジェントリであるロバート・ハーリーの妻ブリリアナ・ハーリー（一五九八?～一六四三年、図2－3を参照）も、この思想に親しんだ一人であった[32]。彼女は、一六三九年二月、息子に宛てた手紙のなかで「その日は切迫している」と語っている。「もしも私たちが、いつも祈るべき大義をもっているのなら、今こそ祈りの時です。主の栄光に満ちた御業が近いことは確実です。主は教会を純化しておられ、幸いにも、その日は黄金色に輝いて出現するでしょう。もしも邪悪な者たちが、恐れる理由をもっているのなら、今こそその時です。確実に主は、彼らを仕留めるために呼び寄せるでしょう。その日は切迫しているのです」[33]。

このように一六二〇年代以降、ピューリタン・ジェントリやその妻たちは、ピューリタン神学者や聖職者の影響を受けながら、千年王国的な意識を表明したのである。彼らは、千年王国論を用いて、ロード派による迫害の嵐が吹き荒れる時代状況を解釈した。状況は必ずしも彼らにとって有利ではなかった。しかし、「主の栄光に満ちた御業が近い」という確信は、厳しい時代を乗り越え、次の時代を見通すために、必要不可欠であったと考えられる。

そうなると、デューズによる一六三九年一二月の予見は、特別な重みをもって迫ってくる。彼は、来るべき内戦をいち早く予想して、次のように述べた。「もし神が奇跡的にそれを防ぐことがないならば、悲惨な内戦（dismall and intestine warrs）の可能性は高いと思われる。私たちは、議会〔開催〕の保証を得ている。しかし、同時に船舶税が今、強制されていることは、あらゆる人々を驚かせ、公的な協議による好ましい結果など、私には全く期待できないのである」[34]。

さらに言えば、ピューリタン・ジェントリの同時代認識は、決してイングランド一国に留まるものではなかった。例えば、ヘリフォードシャのピューリタン・ジェントリにとっても、海を越えたヨーロッパの情勢は大きな関心事であった。ロバート・ハーリーは、彼の家族とともに、一六三三年二月に「ドイツのプロテスタント君主間の結束に神の祝福があり、スウェーデン国王位にふさわしい将軍が即位する」[35]ように祈っている。この祈りは、一六一八年に始まった三十年戦争に参加するプロテスタント諸国に向けられたものであった。ハーリー家のように、彼らの視線が、同時代のヨーロッパにも注がれていたことを忘れてはならないだろう。

次にサイモンズ・デューズに目を向けよう。彼には、一六三六年頃からヨーロッパ大陸へ旅に出た弟リチャードがいた。リチャードは、オランダからフランス、イタリアへと周遊とするが、兄サイモンズは弟のことを気にかけ、しばしば手紙を送り、母国の状況を伝えた。サイモンズは、一六三九年一一月、思いがけずサフォークの州知事（sheriff）に任命される。そのころ彼は、大陸にいる弟に向けて、来るべき「審判」に備えるように手紙を書いた。「サフォークの懺悔の年となる今年、私が有り難くない昇進を遂げたことに対しても、神は喜んで下さった。……スコットランドでの出来事のすべてが狂気と騒乱への速度を速めているので、私たちは悲しくも悲惨な審理を受けることになるでしょう。私たちの頭上にある未決の審判を神が直接下されることを願う祈りの列に、加わりましょう[36]」。

サイモンズ・デューズは、来るべき「審判」が間近に迫っていると考え、そのために準備する必要があることをヨーロッパ大陸にいる弟に説いている。ここで特筆すべきは、デューズが単にヨーロッパに関心をもっただけでなく、終末論的な信仰のなかで、危機意識を表明したという点であろう。千年王国論のなかに国際的な視点が内包されている例は、何もデューズに限られなかった。中部地方にあるラトランド州のピューリタン・ジェントリであるジェイムズ・ハリントン[37]（一六〇七～八〇年）は、一六四五年の著作において次のように宣言した（彼は『オシアナ共和国』の著者でなく、そのいとこにあたる）。

福音は「東方で光り輝いて開始されたが、霊的なバビロンの雲をくぐり抜け、この滅亡の最終段階においてバビロン自身に突き刺さるだろう。また福音は、私たち西方の諸教会からインドに至るまでを栄光に満たしながら、同様の他の預言が、主とキリストの王国への地上の諸王国の従属・統合によって成就されるということを照らし出すだろう[38]」。

ハリントンにとっての「主とキリストの王国」は、イングランドに限定されるのではなく、「私たち西方の諸教会からインドに至る」ものであった。このように千年王国論は、一六二〇年代末以降の迫害の時代を乗り越える展望をピューリタン・ジェントリに示唆したのである。それは、イングランド一国での克服策だけでなく、国際的な視野を彼らに提供していった。ピューリタン・ジェントリたちは、地方の有力者として活躍したが、同時に国際的な出来事にも敏感に反応する視点をもちあわせた階層であったと言えるだろう。この点は、彼らがアメリカ植民地などの入植事業と積極的に関わったことを想起すれば、さらに納得できるだろう。

4　ピューリタン・ジェントリと国際関係

(1) ジェントリとアメリカ植民

従来のジェントリ研究は、この階層を「閉鎖的な一体性」という言葉によって特徴付ける傾向があった(39)。次に掲げる、サフォーク州ジェントリの一体性を伝える史料は、そうした性格を示すものとして、地方史家アラン・エヴェリットなどによって好んで用いられてきた。サフォーク州のジェントリであるロバート・レイスは、一六一八年頃の州の様子を、一体性や団結性に力点を置いて語っている。

「サフォークのジェントリは、しばしば会って、大変親しく話し合った。こうすることによって、彼らはお互いの善意を確かめ合ったばかりではなく、貧しい人々からも尊敬を集め、近隣の人々からも真の愛情を獲得することができた。だから、もし意見の食い違いが生じても、彼らの間の愛情と親切によって和らげられた大きな思慮分別のおかげで、こうした食い違いは、間もなく鎮められた。しかし、そういうこともほとんどなかった。彼らはまた、良い行いについては、どんなことであれ一致するという宗教的にも気のあった連中であったので、一人が反対すれば、だれもが反対し、一人が賛成すれば、だれもが賛成するのであった(40)」。

たしかに、サフォーク州のみならず他地域のジェントリについても、一体的な性格を指摘することは可能である。しかし、この記述からジェントリたちが州内部で閉鎖的にまとまっていたと結論付けるのは早計であろう。幾人かのピューリタン・ジェントリの足跡をたどるならば、そこに国際的で開放的な性格を発見でき、「閉鎖性」とは対照的な特色が浮かび上がる。しかも、ピューリタン・ジェントリが中心になって進めた新大陸への入植事業などは多方面に広がる宗教的・政治的特徴を帯びており、決して州内部の「ジェントリの一体性」だけを前提にすることはできない。以下では、ピューリタン・ジェントリが行った国際的な活動に見られる特色や彼らが果たした役割について具体的に検討してみたい。

最初に指摘しなければならないのは、ジェントリたちが州のなかに閉じこもってばかりではなかったという周知の事実である。彼らは、近隣の貴族やジェントリと婚姻関係で結ばれたり、初夏を中心にした社交シーズンをロンドンで過ごしたり、庶民院議員としてウェストミンスターの議会に出席したりした。州を越えた活動は、ジェントリのなかでも上層になればなるほど頻繁になる。これらは、彼らの行動に付随する重要な側面であろう。

次に、一六二〇年代頃から、ピューリタン・ジェントリのなかには、新大陸の開拓に興味をもつ者が増加した。彼らは、ヨーロッパ情勢に関心を示すだけでなく、アメリカ植民地への入植事業にも携わり、実際に入植する者すら出現するようになった(41)。その背後には、前述したように、チャールズ一世とロード派による、ピューリタンへの弾圧政策があったことは言うまでもない。ヘリフォードシャのジェントリであるロバート・ハーリーも、新大陸に関心をいだいた一人であった。彼は、ある聖職者からアメリカ行きを進められたが、結局、一六三四年に断念した。その際、彼に渡航を促した聖職者は、ハーリーの決意が固いことを知って、次のように入植者の立場を代弁している。

「あなたのできることをしてくれるように、私はお願いするのであり、私たちは、祖国（our Native countrey）や友人たちを置き去りにしようとは思っていない。またそれ以上に、私たちすべてが、大淫婦の破滅において役割を果たしているヨーロッパという舞台のことを置き去りにする気はない(42)」。

この代弁は、アメリカに関わる者が「祖国や友人たちを置き去りに」する気はなく、ましてや「ヨーロッパという舞台」についても配慮を示しているという点を伝えており、興味深い。アメリカからの視線がイングランドやヨーロッパに注がれたように、イングランドの地方に住むピューリタン・ジェントリの視線もまた、ヨーロッパやアメリカに向けられていた。ヨークシャのピューリタン・ジェントリ（正確には「ピューリタン準男爵」）であるマシュー・ボイントンは、アメリカへの入植事業に深く関わった人物であった。彼はニューイングランドへの移住を決意して、一六三六年二月、植民地の総督となったジョン・ウィンスロップ宛に助言を求める手紙を書いている。

「私は、大家族を連れて行くでしょう。……私は、渡航までにどのようにして家を用意したらいいのか、あなたに忠告をお願いしたいのです。私の定住用の家がうまく準備できるまで、私は家族とともに、ここに留まるでしょう。さらに私は、家を造るのに、またここから送るのに、どのような荷物が、もっともふさわしいかについて、時折、あなたから助言をいただけるように願っています(43)」。

ボイントンの移住は、翌年、あえなく撤回されてしまうが、彼の決意が並々ならぬものであったことは伝わってくる。サイモンズ・デューズも、新大陸への入植を真剣に考えた一人であった。彼の自叙伝によれば、デューズは、「より高邁な摂理によって、私はキリストの御名と福音のために苦しむよう召し出され、アメリカへの旅路が用意されているかもしれないと、長い間、熟慮(44)」したのであった。

結局、デューズはアメリカ行きを思い止まることになるが、それでも新大陸への関心を失うことはなく、入植事業に協力した。「プロヴィデンス・アイランド会社」の経営に関わるある人物は、デューズに援助を懇願して、一六三七年九月、次のように述べた。「もしもこの仕事に、あなたのような人物の援助が得られるならば、この仕事が（全能の神の支援によって）神の栄光と多くの人の慰めに役立つだろうことを私は疑いません。したがって、あなたや私たちのためになされる私の仕事は、この最悪かつ最後の堕落した時代のなかで私たちを唯一守ることのできる、安全を保障する力（the safe-keeping powere）に身を委ねることなのです」[45]。

この一節は、アメリカ植民もまた「この最悪かつ最後の堕落した時代」を乗り越えるために、千年王国論的な信念によって建設されたことを想起させる。以上のハーリー、ボイントン、デューズの事例は、いずれもアメリカ移住には多大な決断を要したことを伝えているが、同時に、新大陸への関心が、一六三〇年代、ピューリタン・ジェントリの間で幅広く共有されたことを示唆するものであろう。ここで特筆すべきは、彼らが入植事業に参加することを通じて、他地域の指導者たちと知り合い、ピューリタン・ジェントリやピューリタン聖職者、さらにはロンドン商人をも巻き込んだネットワークが存在したことである[46]。

（2）ピューリタン・ジェントリとネットワーク

このネットワークについては次章でも考察するが、その中心にあったのは、一六二九年三月に国王から特許状を得て発足した「マサチュセッツ湾会社」であった。新興商人層の活動を追究したロバート・ブレナーの言葉を借りるならば、「わけてもマサチュセッツ湾会社は、アルミニウス主義者と不寛容な体制派がカルヴァン主義にますます威嚇を強めるのに対して、ロンドン市民や戦闘的聖職者、イースト・アングリアと西部地方出身の小ジェントリたちが、イデオロギー的・政治的に反発したことによって組織されたことを意味した」[47]のである。

「イデオロギー的・政治的に反発した」多様な人々は、入植事業を通してお互いを知り合い、反対派のネットワークを形成していった。この事業において指導的な役割を果たしたのが、ウォリック伯（図2－4を参照）、セイ・アンド・シール卿、ブルック卿やナサニエル・リッチといったピューリタン貴族、ピューリタン・ジェントリたちである[48]。彼らは、実際にアメリカに移住した人々、わけてもマサチュセッツ湾植民地の総督となったジョン・ウィンスロップや、植民地を代表する聖職者ジョン・コトンなどと強い絆で結ばれていた。さらに彼らは、「プロヴィデンス・アイランド会社」設立に協力したり、セイ・アンド・シール卿とブルック卿を中心にしたコネティカットへの移民事業である「セイブルック計画」にも着手していった(49)。これらの入植事業は、ロンドンの新興商人層の利害を反映する経済的側面を有しているが、それにとどまらず、ピューリタン・ジェントリや聖職者の思惑と切り離せない政治的・宗教的特色をもっており、一六四〇年代の議会派や独立派に流れ込む人材を多数提供したことでも知られている(50)。

このようにピューリタン・ジェントリたちは、州を越えた諸活動を営み、聖職者や商人層とも協力関係を築き上げ、入植などの国際的な事業を通して革命期につながる人脈を形成していった。他方で見落としてならないのは、州内部でのピューリタン・ジェントリの影響力であろう。彼らは、州内部の教区民の動向に注意を怠らず、場合によっては、彼らの信仰生活に介入することすらあった。例えば、ヘリフォードシャのロバート・ハーリーは、地元の教区民の様子に留意し、自らを「罪に対してもっともよく反応する熱血漢」になぞらえながら、安息日を守るように説いている。

「彼は、神に向けられたすべての不名誉に反撃する、あらゆる精神を宿している。彼は、悪事の抑圧者である。……わけても、彼は、いかにして安息日を軽蔑のまなざしから擁護するのだろうか。冒瀆は、その表情に現れたりはしないものである。このために、教区集会が主の日にしばしば開催され、罪深いスポーツ(51)に妨害されていた幾千人もの人々が説教を聞くことになった(52)」。

ハーリーは、「罪に対してもっともよく反応する熱血漢」を自分に重ね合わせ、教区民がスポーツなどの

図2－4　ウォリック伯ロバート・リッチ

出典：M. Ashley, *The English Civil War*, London, 1974, p. 44.

余暇に興じることがないよう、ピューリタン的なモラルを唱導したのである。ピューリタン・ジェントリによるモラル改革が、実際にどの程度まで効果を上げたかを速断することはできないが、中流階層以下の民衆に対して、ジェントリ層が様々な影響力を行使したことは確実である(53)。少なくとも、ヘリフォードシャにおいては、地域住民に対するハーリーの影響力は絶大であった。その一端は、ロバート・ハーリーが一六五六年一二月に亡くなった時の、葬送の説教において示されている。ヘリフォードシャの隣のシュロップシャに住む聖職者のトマス・フロイセルは、ハーリーの人柄を偲んで次のように語った。

「彼は、後のあらゆる世代に語り継がれるべき、すべての偉人たちの模範であった。……彼は、この地域に福音をもたらした最初の人物であった。この地方は、彼が照らし始めるまでは、暗黒のベールに覆われていた。……彼は、敬虔なる聖職者を導き入れ、彼の権威によって彼らを後援した。そうして、この世界の片隅に過ぎない小地域は、宗教的に有名になったのだ。……彼は、不動の原理原則をもつ人だった。宗教と確固たる改革は、彼が射抜いた金的のすべてであった(54)」。

この説教からは、ハーリーが、ピューリタン・ジェントリとして地域の民衆からも尊敬を集めた「名望家」であったことが伝わってくる。民衆の一部は、ピューリタニズムを信奉するようになり、ジェントリとの協力関係を取り結ぶかもしれない。彼らの一部は、革命期に兵士となり、ピューリタン・ジェントリとともに議会派の一翼を担うかもしれない。こうしたことからピューリタン・ジェントリは、自らの階層を越える影響力を行使し、ピューリタニズムを軸にした幅広い協力関係を創出したと考えられる。

以上のように、ピューリタン・ジェントリは、革命以前に、州外部でも内部でも、利害関係をともにする人々の協力関係を形成していった。彼らは、州外部では、植民地への入植事業など国際的な活動によって、他地域のジェントリや聖職者、さらにはロンドン商人などと水平的なネットワークを作り上げ、政府に不満をもつ人々との結び付きを推進していった。他方で州内部でも、彼らは、支配＝従属関係を基軸にして、地域の住民たちに影響を及ぼし、ジェントリ層にとどまらない垂直的な協力関係を創出していっただろう。ピューリタン・ジェントリは、広範で国際的なネットワークの結節点に位置し、州内部でも、地域の住民に影響を与える指導的な役割を果たしたのである。

5　宗教と階層の多様な結び付き

以上、ピューリタン・ジェントリという階層に焦点を絞って、それが初期ステュアート期から革命期にかけて、どのように形成され、どのような役割を担ったのかを検討してきた。そこで明らかになったことを、大きく三点に分けて、要約しておきたい。

第一に、ピューリタン・ジェントリは、一七世紀初頭に、ジェントリ層がピューリタニズムの影響を受けることによって形成されたものである。この時期、一方で経済的に力をつけてきた「高潔な」ジェントリがいて、他方で職にあぶれ「良心的な」保護者を求めるピューリタン聖職者が存在していた。その両者が、パトロン関係などによって結ばれたことによって、多数のピューリタン・ジェントリが成立したと言えるだろう。

第二に、ピューリタン・ジェントリたちは、一六二〇年代以降、聖職者や神学者の影響を受けて、千年王国的な意識を表明することが多かった。チャールズ一世とロード派は、一六二〇年代末からピューリタン迫害を強化したが、ピューリタン・ジェントリは、厳しい「受難」の時期を千年王国論によって耐え忍び、次の時代への確信をもつことができたように思われる。彼らの多くは、「キリストの王国」がイングランドのみならず、「西方の諸教会」にも及ぶと主張し、三十年戦争下にあるヨーロッパ大陸の情勢に深い関心を示した。この点からもわかるように、ピューリタン・ジェントリの意識は、イングランドにとどまらない国際的な広がりをもっていたと考えられる。

第三に、ピューリタン・ジェントリは、革命に向かう一六三〇年代に、国際的なネットワークや開放的な協力関係を作り上げ、そうした関係の結節点に位置していた。彼らは、植民地への入植事業などを通して、他地域のジェントリやピューリタン聖職者、ロンドン商人などとのネットワークを形成して、政府に不満をもつ人々との協調関係を推進していった。同様のことは、州内部にも当てはまり、ピューリタン・ジェントリは、支配＝従属関係に立脚しながら、地域住民に影響力を行使し、時として、ピューリタニズムを媒介とする協力関係を創出していったように思われる。彼らを中心にしたネットワークや人間関係は、政府に批判的な人々の繋がりとして革命前夜に機能したと言えるだろう。

このようにピューリタン・ジェントリは、初期ステュアート期から革命期にかけて、極めて重要な役割を果たしたと考えられる。従来の研究は、ピューリタニズムを受容したのがヨーマンで、アングリカニズムを受容したのがジェントリという二分法を採用することが多く、ピューリタン・ジェントリの重要性を看過することが往々にしてあった（前出の図2－1を参照）。しかしながら、宗教と階層の結び付きはもう少し多様で、ピューリタン・ジェントリがもった意義を想起するならば、その多様性の一端を理解することができるだろう。

そこで最後に、初期ステュアート期からピューリタン革命期にかけての宗教と階層に関する概念図を、仮説として提示しておきたい。従来の二分法的な見方には、大きく言って三つの難点が存在した。その一番目が、本章のテーマたるピューリタン・ジェントリを正当に評価できないという点であった。第二に、近年、J・モリルやA・フレッチャーによって研究されている「草の根のアングリカニズム」についても、従来の二分法は、その理解を妨げているだろう。民衆的グループがピューリタニズムを受容しやすいという従来の前提では、「草の根のアングリカニズム」という民衆とアングリカニズムの結び付きを十分に説明できないからである。しかし、一六四〇年代に国教会の共通祈禱書が禁止された後でも、依然として全国の三分の一以上の教区で祈禱書が用いられたという事実があり、多くの民衆がアングリカニズムに強い愛着を示したことは忘れてならない点であろう(55)。

第三に、一九八〇年前後からD・アンダーダウンらによって強調された中立派の存在も、従来の二分法では位置付けにくい問題である。西部地方を中心とした一六四〇年代のクラブメン運動などは、議会派にも国王派にも分類できず、ピューリタンにもアングリカンにも深く傾倒しない、中立的な民衆運動であった。彼らは、自らの生活を守ることを第一義とし、ローカリズムによって色濃く染められていた(56)。そうしたグループは、西部に限らず、イングランド全土で発見することができるだろう。

以上の難点を念頭に置くと、少なくとも一七世紀前半に関しては、宗教と階層を重ね合わせる二分法を再考する必要があるだろう。ここで考慮すべきは、一六世紀には、ピューリタニズムとアングリカニズムは、相互に重なり合う部分が多く、宗教上明確に区分できなかった点である。しかし、一七世紀前半になると、体制側によるピューリタン弾圧などによって、ピューリタニズムとアングリカニズムは次第に分極化するようになる。それでも一七世紀の人々が、ピューリタニズムを信奉するか、アングリカニズムにとどまるかは、血縁的な親族関係や地縁関係、また職能関係や地理的区分など様々な要因によって決定されていたと見るべきであろう。

さらに、ピューリタン・ジェントリの幾つかの例に即して述べたように、他地域のジェントリやロンドン商人との間にネットワークを形成したり、地域の住民に多大な影響を及ぼしたりという、地域や階層を越えた宗教的・政治的・経済的な働きかけが作用したことも念頭におく必要がある。アングリカンであるか、ピューリタンになるかの分岐は、複雑な要因の絡まりあいによって決まり、それでもなお、中立的な人々や信仰に関心のない人々が存在していたと言えるのである。

これらの点に配慮して、仮説として作成したのが図2-2である。この概念図は、州ごと、都市ごとの、いわばミクロ・レヴェルでの一体性や分裂性を正確に反映できないという問題があるが、一応、宗教と階層に関する、図2－1に代わる新しい概念を提示したものである。そこでは、ピューリタニズムとアングリカニズムが、それぞれ多様な階層によって受容されたという縦割りの構造が前提とされており、これに中立的な人々の存在を組み込んでいる。縦割りの構造を取らないならば、貴族・ジェントリからヨーマンなどの中流層にまで及ぶピューリタニズムの幅広い担い手が浮かび上がってこないのである。(57) 同様のことは、一七世紀初頭には確立されていたアングリカニズムについても言える。アングリカニズムは国王や貴族、ジェントリに信奉されただけではなく、「草の根の民衆」にも受容されたのであった。

この概念図は、一七世紀前半における宗教と階層との関係を示したものであるが、革命期における議会派と国王派の分裂とも関連する。ピューリタンとアングリカンの対立が、多少なりとも議会派と国王派の分裂に影響していたことは、ピューリタンの聖職者リチャード・バクスターの次の見解にも暗示されている。「たしかに公的な安全と自由という問題が、多くの人々、とくに議会に忠実な貴族やジェントリを強く動かしたことは認めなければならないが、議会軍に充満し、兵士たちに決断と勇気を与えたのは、主に宗教的問題に関する意見の相違であった。この点が、傭兵などとは異なって、兵士たちを突き動かしたのである(58)」。

だが、新しい概念図は、なお不十分な点をかかえている。本章で取り上げたピューリタン・ジェントリの例だけでは、史料的根拠が弱いかもしれない。また「草の根のアングリカニズム」や中立派グループについて実証的な研究を重ねて、これらを概念図のなかに矛盾なく位置付けるといった作業が残されているだろう。ピューリタンとアングリカンという宗教的な対立が、革命期の党派分裂にどのように作用し、影響を与えたのかという問題もある。これらの具体的な検討は、今後の課題としたい。

註

(1) M. Weber, "Die protestantische Ethik und der》Geist《des Kapitalismus", *Gesammelte Aufsätze zur Religionssoziologie*, Bd.1, Tübingen, 1920, S. 20〔大塚久雄訳『プロテスタンティズムの倫理と資本主義の精神』岩波文庫、一九八九年、一八〜一九頁〕.

(2) 前掲邦訳「訳者解説」三八五頁。『大塚久雄著作集　第八巻』（岩波書店、一九六九年）に収められた著作と論文も参照。

(3) 今関恒夫『ピューリタニズムと近代市民社会——リチャード・バクスター研究』（みすず書房、一九八九年）、梅津順一『近代経済人の宗教的根源——ヴェーバー、バクスター、スミス』（みすず書房、一九八九年）、常行敏夫『市民革命前夜のイギリス社会——ピューリタニズムの社会経済史』（岩波書店、一九九〇年）。この三著作については、岩井淳「ピューリタニズム研究の新展開」（『歴史学研究』六二九号、一九九二年）を参照されたい。

(4) 越智武臣『近代英国の起源』（ミネルヴァ書房、一九六六年）、三頁。

(5) 「再検討派」なる名称は、一九七一年の史学会大会・西洋史部会のシンポジウムを発展させた論文集、柴田三千雄・松浦高嶺編『近代イギリス史の再検討』（御茶の水書房、一九七二年）に由来する。

(6) 岸田紀「絶対王政からピューリタン革命へ」（村岡健次・川北稔編『イギリス近代史』ミネルヴァ書房、一九八六年）、三七頁。

(7) 「草の根のアングリカニズム」については、John Morrill and John Walter, "Order and Disorder in the English Revolution", in A. Fletcher and J. Stevenson (eds.), *Order and Disorder in Early Modern England*, Cambridge, 1985 ; J. Morrill, "The Church in England, 1642–49", in Morrill, *The Nature of the English Revolution*, Harlow, 1993 ; A. Fletcher, "Oliver Cromwell and the Godly Nation", in J. Morrill (ed.), *Oliver Cromwell and the English Revolution*, Harlow, 1990 を参照。

(8) 筆者は、すでにクロムウェル研究との関連で「ピューリタン・ジェントリ」の重要性に論及した。これについては、「オリヴァー・クロムウェル生誕四百年記念シンポジウム　クロムウェルと現代」（『聖学院大学総合研究所紀要』一七号、二〇〇〇年）、一五一頁を参照されたい。

(9) Christopher Hill, *Society and Puritanism in Pre-Revolutionary England*, London, 1964, p. 133. 他方、思想史の観点から、ピューリタニズムとジェントリ層の結び付きを先駆的に説いたものが、Michael Walzer, *The Revolution of the Saints*,

Cambridge, Mass., 1965 である。ウォルツァーの書物の研究史上の位置付けについては、岩井淳「ピューリタニズム研究の変遷」（『静岡大学人文論集』四二号、一九九二年）を参照されたい。

（10）Alan Everitt, *Suffolk and the Great Rebellion, 1640–60*, Leicester, 1960; do., *The Community of Kent and the Great Rebellion, 1640–60*, Leicester, 1966; do., *Change in the Provinces: the Seventeenth Century*, Leicester, 1969.

（11）Clive Holmes, *The Eastern Association in the English Civil War*, Cambridge, 1974; do., "The County Community in Stuart Historiography", *Journal of British Studies*, 19, 1980; A. Hughes, *Politics, Society and Civil War: Warwickshire, 1620–60*, Cambridge, 1987; do., "Local History and the Origins of the English Civil War", in R. Cust and A. Hughes (eds.), *Conflict in Early Stuart England*, London, 1989; do., *The Causes of the English Civil War*, Basingstoke, 1991, 2nd ed. 1998; J. Eales, *Puritans and Roundheads: The Harleys of Brampton Bryan and the Outbreak of the English Civil War*, Cambridge, 1990.

（12）J. T. Cliffe, *The Puritan Gentry: The Great Puritan Families of Early Stuart England*, London, 1984; do., *Puritans in Conflict: The Puritan Gentry during and after the Civil Wars*, London, 1988; do., *The Puritan Gentry Besieged, 1650–1700*, London, 1993.

（13）今井宏『イギリス革命の政治過程』（未来社、一九八四年）、一八頁。

（14）野田宣雄『ドイツ教養市民層の歴史』（講談社学術文庫、一九九七年）、六九頁。また田中豊治氏も、ヴェーバー研究の脈絡から「ピューリタン・ジェントルマン」の意義を次のように指摘している。「ウェーバーは、近世初頭、ピューリタニズムの広汎な浸透と影響のもとに『ピューリタン・ジェントルマン』が生まれ、そのことが後に、ジェントリの『近代的類型』の成立に深い影響を及ぼしたとみているのですが、特に、ピューリタン革命を惹き起こした指導層、これはジェントリ層に求められると彼は考えているようなのです。もちろん、特定の信仰と特定の社会層との親和的結合と言いますか『選択的親和性』という面で言えば、後になるほどジェントリはアングリカンになるわけです。ただ、ウェーバーによりますと変革期、激動期には、この社会層はこの教派という対応関係ではなくなりまして、つまり諸階層を縦断する縦割りになってくるのですね。そうすると、変革期にはピューリタニズムを熱烈に信奉するジェントリもいるし、あるいは部分的ないし例外的ながらアリストクラシーもそしてまた逆に下の方の層も含まれている。これは、内乱期を通じてイギリス革命においては、ジェントリに限らず、たえずあらゆる階層が両方の陣営に属している。こうした縦割りの状況で、対立が起きるのです」。前掲『聖学院大学総合研究所紀要』一七号、一七六～一七七頁を参照。田中氏のこの指摘は、本章の末尾で掲げる宗教と階層に関する筆者の提言と非常に類似したものである。

(15) E. W. Ives (ed.), *The English Revolution, 1600-60*, London, 1968, pp. 3-5〔越智武臣監訳『英国革命』ミネルヴァ書房、一九七四年、五～八頁〕.

(16) *Ibid.*, p. 58〔邦訳 一〇六～一〇七頁〕. 訳文は、必ずしも邦訳に拠っていない。以下同様。

(17) *Ibid.*, pp. 51-52〔邦訳 九五頁〕.

(18) アン・ヒューズは、初期ステュアート期に「生まれながらの指導者」と認められるには、「富と由緒正しい家系では不十分であった。熱心なプロテスタントであり『地方』の自由の擁護者と見なされることが、多くの州で必要であった」と述べている（A. Hughes, *The Causes of the English Civil War*, 2nd ed., p. 70）。このようにジェントリが「名望家」として尊敬されるには、経済力や家柄だけでなく、宗教に裏打ちされた威信が不可欠だったのであり、彼女は、多数のジェントリがピューリタニズムを受け入れた背景を示唆している。

(19) この点については、S. Adams, “Foreign Policy and the Parliaments of 1621 and 1624”, in Kevin Sharpe (ed.), *Faction and Parliament*, Oxford, 1978：本書第1章を参照されたい。

(20) この点については、G. F. Lytle and S. Orgel (eds.), *Patronage in the Renaissance*, Princeton, 1981〔有路雍子・成沢和子・舟木茂子訳『ルネサンスのパトロン制度』松柏社、二〇〇〇年〕を参照。

(21) *Ibid.*, pp. 82-83〔邦訳 一一四頁〕.

(22) *Ibid.*, p. 103〔邦訳 一四〇頁〕.

(23) *Ibid.*, p. 103〔邦訳 一四〇～一四一頁〕.

(24) Henry Burton, *A Censure of Simonie*, London, 1624, author's conclusion〔前掲『ルネサンスのパトロン制度』、一三九頁〕.

(25) この点については、本書の第1章を参照されたい。

(26) Cliffe, *The Puritan Gentry*, p. 197.

(27) *Ibid.*, p. 195.

(28) ロード派については、Peter Lake, "Calvinism and the English Church, 1570–1635", *Past and Present*, 114, 1987 ; do., "The Laudian Style : Order, Uniformity and the Pursuit of Holiness in the 1630s" ; Anthony Milton, "The Church of England, Rome and the True Church" ; Nicholas Tyacke, "Archbishop Laud", all in K. Fincham (ed.), *The Early Stuart Church, 1603–42*, Basingstoke, 1993 を参照。

(29) 千年王国論や終末論については、W. M. Lamont, *Godly Rule : Politics and Religion, 1603–60*, London, 1969 ; J. F. Wilson, *Pulpit in Parliament*, Princeton, 1969 ; P. Toon (ed.), *Puritans, the Millennium and the Future of Israel*, Cambridge and London, 1970 ; T. Liu, *Discord in Zion : The Puritan Divines and the Puritan Revolution, 1640–60*, The Hague, 1973 ; 田村秀夫編『イギリス革命と千年王国』（同文舘、一九九〇年）、同編『千年王国論』（研究社出版、二〇〇〇年）、岩井淳『千年王国を夢みた革命――一七世紀英米のピューリタン』（講談社、一九九五年）を参照。

(30) ブライトマンとミードについては、P. Toon (ed.), *op.cit.*, pp. 26–32, 56–61 ; 岩井淳『千年王国を夢みた革命』第一章を参照。研究動向については、岩井淳・前掲「ピューリタニズム研究の変遷」を参照されたい。

(31) Cliffe, *The Puritan Gentry*, p. 210.

(32) ヘリフォードシャのピューリタン・ジェントリ家族であるハーリー家については、J. Eales, *op.cit.* を参照。

(33) Cliffe, *The Puritan Gentry*, p. 209.

(34) *Ibid.*, pp. 212–213.

(35) *Ibid.*, p. 197.

(36) *Ibid.*, p. 212.

(37) このジェイムズ・ハリントン（一六〇七～八〇年）は、『オシアナ共和国』を書いたジェイムズ・ハリントン（一六一一～七七年）の親族（いとこ）であり、両者は別人である。ハリントン家の系図については、浅沼和典『ハリントン物語』（人間の科学社、一九九六年）、二二頁を参照。

(38) Cliffe, *The Puritan Gentry*, p. 208.

(39) 例えば、ケント州やサフォーク州に即してジェントリを考察したエヴェリットは、一七世紀の地方社会の性格を「多様性」「孤立性」「連続性」といった概念によって特徴付けており（Alan Everitt, *Change in the Provinces*, pp. 6–15)、ジェントリについてもその保守的で一体的な性格を強調している。

(40) E. W. Ives (ed.), *op.cit.*, pp. 56–57〔邦訳 一〇四頁〕.

(41) ピューリタン革命前後のイングランドとアメリカ植民地を繋ぐネットワークについては、J. F. Maclear, "New England and the Fifth Monarchy", *William and Mary Quarterly*, 3rd Ser., 32-2, 1975 ; D. Cressy, *Coming Over : Migration and Communication between England and New England in the Seventeenth Century*, Cambridge, 1987 ; F. J. Bremer, *Puritan Crisis : New England and the English Civil Wars, 1630–70*, New York, 1989 ; R. M. Bliss, *Revolution and Empire : English Politics and the American Colonies in the Seventeenth Century*, Manchester, 1990 ; 岩井淳『千年王国を夢みた革命』の第二章などを参照。

(42) Cliffe, *The Puritan Gentry*, p. 201.

(43) *Ibid.*, p. 202.

(44) *Ibid.*, p. 203.

(45) *Ibid.*, p. 204.

(46) ここでの「ネットワーク」概念については、F. J. Bremer, *Congregational Communion : Clerical Friendship in the Anglo-American Puritan Community, 1610–92*, Boston, 1994, pp. 9–15を参照。ブレマーは、新旧イングランドにまたがる、ケンブリッジ大学出身の聖職者を中心にした「ネットワーク」に注目しているが、本書では、聖職者にジェントリや商人を加えた「ネットワーク」を想定している。

(47) R. Brenner, *Merchants and Revolution*, Princeton, 1993, p. 272.

(48) J. T. Peacey, "Seasonable Treatises : A Godly Project of the 1630s", *English Historical Review*, 452, 1998, pp. 668–669.

(49) Ibid., p. 669 ; M. Tolmie, *The Triumph of the Saints*, Cambridge, 1977, p. 45〔大西晴樹・浜林正夫訳『ピューリタン革命の担い手たち』ヨルダン社、一九八三年、九四頁〕.

(50) M. Tolmie, *op.cit.*, pp. 106–107〔邦訳 二〇一頁〕：大西晴樹「『市民革命』と『商業革命』」（岩井淳・指昭博編『イギリス史の新潮流』彩流社、二〇〇〇年）を参照。

(51)「罪深いスポーツ」とは、一六一七年にジェイムズ一世が公布し、三三年にチャールズ一世が再公布した「スポーツ令」を意味している。この布告は、ピューリタンが週一回の安息日を遵守するよう主張したのに対して、ダンス、五月祭の遊び、モリス・ダンスなどを安息日に行う「合法的な遊び」として奨励したものである。一六三三年の布告については、"The Declaration of Sports", in S. R. Gardiner (ed.), *Constitutional Documents of the Puritan Revolution, 1625–60*, 3rd ed., Oxford, 1906, pp. 99–103を参照。

(52) Cliffe, *The Puritan Gentry*, p. 199.

(53) 教区民に対するピューリタニズムの影響を再検討したものに、Judith Maltby, "'By this Book': Parishioners, the Prayer Book and the Established Church", in K. Fincham (ed.), *op.cit.* がある。他方で、ピューリタニズムを受容した職人層については、Paul S. Seaver, *Wallington's World : A Puritan Artisan in Seventeenth Century London*, London, 1985を参照。

(54) Thomas Froysell, *The Beloved Disciple*, London, 1658, quoted in A. Fletcher, "Oliver Cromwell and the Godly Nation", p. 227.

(55)「草の根のアングリカニズム」については、J. Morrill, "The Church in England, 1642–49"; A. Fletcher, "Oliver Cromwell and the Godly Nation"; 山田園子「クロムウェル教会体制への批判」(田村秀夫編『クロムウェルとイギリス革命』聖学院大学出版会、一九九九年)を参照。

(56) David Underdown, "The Chalk and the Cheese: Contrasts among the English Clubmen", *Past and Present*, 85, 1979; do., *Revel, Riot and Rebellion : Popular Politics and Culture in England, 1603–60*, Oxford, 1985.

(57) M・スパフォードも、革命前後の非国教徒を主たる対象にしながら、その構成員が、特定の階層に限られず、ジェントリから商工業者、職人に至るまで様々な階層に属していたことを論じて、階層縦断的な縦割り構造を提示している。この点については、M. Spufford, "The Importance of Religion in the Sixteenth and Seventeenth Centuries", Spufford (ed.), *The World of Rural Dissenters, 1520–1725*, Cambridge, 1995; M・スパフォード著、大西晴樹訳「一六、一七世紀における宗教の重要性」(鵜川馨編『立教大学国際学術交流報告書』一三輯、一九九六年)、菅原秀二「民衆文化とその変容」(岩井・指編『イギリス史の新潮流』)を参照。

(58) R. Baxter, *The Autobiography of Richard Baxter*, London, 1931, p. 34.

第3章　独立派とピューリタン・ネットワーク

1　英米を結ぶネットワーク

前章では、地方社会の指導者であったジェントリの国際的な視野を強調しながら、ピューリタン・ジェントリの形成や思想を示してきた。ここで注目すべきは、実際に海を渡った人々の活動であろう。わけても独立派は、一七世紀前半に起源をもち、その一部が亡命や移住によって海を渡り、帰国してピューリタン革命期に重要な役割を果たした宗教グループである。本章は、独立派（会衆派）というピューリタンの一派に焦点を合わせ、このグループが、いつ誕生し、なぜ海を渡り、どのようにオランダやアメリカに拠点を築き、ネットワークを形成したかを探ることにしたい(1)。

研究史を振り返ると、イングランドとアメリカのピューリタン研究は、別々に進められる傾向にあった。ピューリタンは、一部の例外を除き、イングランドなり、アメリカなりの一国史的な文脈で語られることが多かったのである。その例外に当たるのが、一七世紀初頭のピルグリム・ファーザーズ（巡礼始祖）であろう。彼らは、一六二

図3−1　17世紀のニューイングランド植民地

〇年にイングランドからオランダを経由して、北米大陸に渡り、プリマス植民地を建設した。国教会の迫害から逃れた彼らは、指導者の宗教的卓越性にも恵まれ、アメリカ建国の「父祖」と讃えられてきた。こうした点から、ピューリタン移民というテーマには、優れた聖職者に率いられた傑出した個人が、イングランドを逃れてアメリカに渡り、そのまま定着してアメリカの基盤を作ったというイメージが付与された。

しかし、今では「ピルグリム・ファーザーズの神話」は後世の創作という側面が強調され、そのイメージが大きく変貌したことを忘れてはならない[2]。史実としてのピルグリム・ファーザーズは、一〇二名の移住者のうち、約半数が翌年の春までに亡くなったこともあって、アメリカで大きな勢力となることはできなかった。プリマス植民地にしても、人口は伸び悩み、順調に発展した隣のマサチュセッツ湾植民地の人口が、一六六〇年に約二万人だったのに対して、わずか一九八〇人ほどにとどまっていた。しかも、一六九一年にはマサチュセッツ湾植民地に併合されてしまう。プリマス植民地よりも、後発のマサチュセッツ湾植民地のほうが、規模からも系譜からも、ニューイングランドの代表的植民地になったと言ってよいだろう(3)（図3-1を参照）。

こうしたイメージの変貌につれて、研究史上でも、注目すべき視点が提出されている。それは、アメリカだけでなくイングランドのピューリタン研究にも当てはまるのであるが、第一に、高名で英雄的なピューリタンを追うだけでなく、諸個人の集合体であるピューリタン・グループを結社としてとらえ(4)、第二に、宗教的指導者だけでなく、世俗の後援者、とくに貴族やジェントリ、商人などとの関係にも着目することである(5)。そして第三に、イングランドからニューイングランドに渡って、アメリカの基盤を築いたという、しばしばアメリカ史研究に見られる一方向のイメージに代わって、新旧イングランドのあいだを媒介するネットワークが一七世紀以来あったという双方向の視点が打ち出されている(6)。三番目の点は、イギリス史上では、国内の宗教結社が、個人と国家の中間に位置すると想定され、宗教史が、国際的なレヴェルで、あまり論じられなかったという一国史的な問題点とも絡んでいよう。

以下では、ピューリタン革命前夜に誕生した独立派に焦点を絞り、このグループが海を渡り、オランダやアメリカに拠点を築き、イングランドだけでなくニューイングランドでも広がったことを検討したい(7)。その際、ポイントになるのは、第一に、宗教結社としての独立派の起源を、一七世紀前半の政治的・宗教的状況のなかでとらえること、第二に、一六三〇年代のマサチュセッツ湾会社などを通して、ピューリタンを支援した貴族やジェントリ、商人といった世俗の人々の動向を重視すること、第三に、独立派の思想と行動を、オランダからアメリカに至る国際的ネットワークのなかで位置付け、新旧イングランドの交流史という双方向の関係を明らかにすることである。こうした順序で、独立派の足跡をたどってみたい。

2　独立派の起源とケンブリッジ・コネクション

独立派は、長老派とともにピューリタンの一派である。ピューリタンは、メアリ女王時代の迫害を受けてヨーロッパ大陸に逃れた人々が、カルヴァン主義の影響を受け、一六世紀後半のエリザベス女王時代に帰国したところから始まる。彼らは、国教会からカトリック的な要素を一掃し、教会改革を徹底するように求めた。彼らの大半は、当初、国教会の内部にとどまっていたが、やがて国教会からの分離を主張するグループもあらわれた。

一七世紀になると、ピューリタンは、長老派、独立派、分離派へと分化していった。彼らは、それぞれ長老教会主義、独立教会主義、分離主義を説いた。これらのグループは、政治的グループとも提携し、正式にはピューリタン革命初期に形成されたが、その起源は革命前まで遡ることができる。長老派は、カルヴァン主義の流れをくみ、スコットランド長老教会主義の影響も受け、末端の教会を統轄する長老会の役割を重視していたが、さらに全国的な教会組織を考えることによって、国教会と類似する側面をもっていた。

これに対して独立派は、同じくカルヴァン主義の流れにあったが、信者集団からなる末端の教会（コングリゲーション）を基本単位と考え、下から教会組織全体を純化しようと構想した。(8) 分離派も、やはり信者集団からなる教会を基本単位としたが、カルヴァン主義の救済予定説に批判的な立場をとることが多かった。一七世紀では、ピューリタン革命期に誕生したバプティスト派やクェイカー派が、その代表である。

さて、独立派の起源は、一六二〇年代まで遡ることができる。イングランドでステュアート朝を開いたジェイムズ一世が一六二五年に死去すると、息子のチャールズが即位した。チャールズ一世の宗教政策は、独立派の起源を探るにあたっても重要である。彼は、フランスからカトリックの王妃アンリエッタ・マリアを迎え、カトリックの俗人を政府高官に登用し、明らかに親スペイン的で、反プロテスタント的と思われる外交政策を追求するなど、様々な親カトリック政策を展開した。こうした政策は、当然、チャールズが、ピューリタンを弾圧し、カトリックの復活を意図しているとの疑惑を高めた。この疑惑を決定付けたのが、ウィリアム・ロードのロンドン主教への登用（一六二八年）、さらにカンタベリ大主教への登用（一六三三年）だった。

ロードを中心とした国教会の聖職者たちは、ロード派と呼ばれた。ロード自身は、決してカトリックの復活を意図したのではなく、カトリックと国教会の並存を目指したようであるが、ロード派が、ピューリタンを弾圧し、国教会の儀式や教義の改変を促進したことは、カトリック復活を思わせるのに十分であった。教義では、カルヴァン主義を批判するアルミニウス主義が有力となった。これは、オランダの神学者アルミニウスによって唱えられた反カルヴァン主義の教えで、救済予定説に反対し、あらゆる人間の救済や人間の自由意志を尊重した。

こうした動向に反発した人は多数存在したが、わけてもケンブリッジ大学を中心とする聖職者と学生のグループは見逃すことができない。そこでは、ウィリアム・パーキンズやウィリアム・エイムズといったピューリタン聖職者が、カルヴァン主義の原点に立ち返り、回心体験を重視し、神との契約関係を強調する神学を説いて、学生に多大な影響を与えていた。そこで学ぶ彼らは、後に「ケンブリッジ・コネクション」と呼ばれる緊密な人間関係を築くことになった(9)。

一六二〇年前後にケンブリッジで学生生活を送った人々のなかには、後に聖職者となり、独立派のリーダーとなる者が多数含まれていた。例えば、一六一三年にクライスツ・カレッジに入学し、一七年に卒業したトマス・グッドウィンについては次章で詳しく扱うが、彼は一九年にセント・キャサリンズ・カレッジに移り、翌年修士号を得た。彼は、一時期、アルミニウス主義に接近するなど宗教的迷いを示したが、一六二〇年の回心体験をへて正式にピューリタンとなり、特別研究員をへて大学内のトリニティ・チャーチの説教師や牧師となり、三四年頃までケン

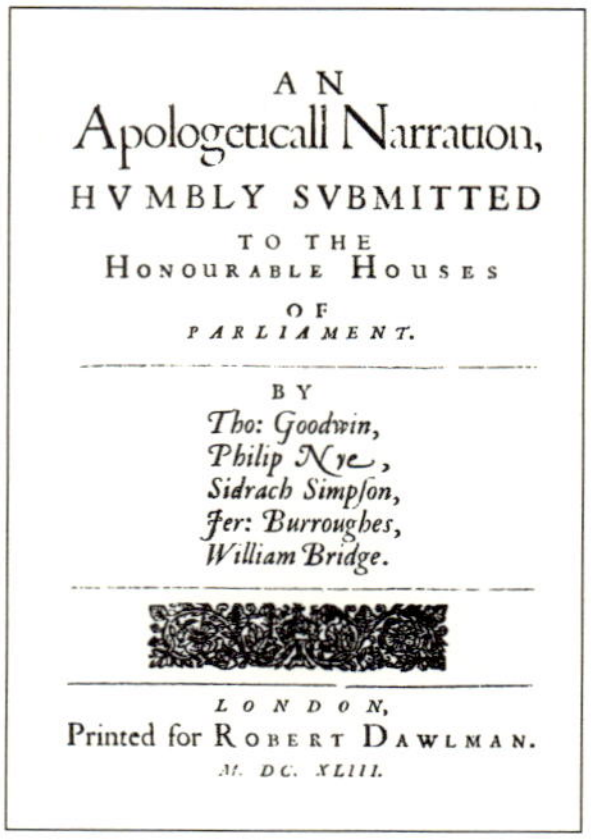
AN
Apologeticall Narration,
HUMBLY SUBMITTED
TO THE
HONOURABLE HOUSES
OF
PARLIAMENT.
BY
Tho: Goodwin,
Philip Nye,
Sidrach Simpson,
Jer: Burroughes,
William Bridge.
LONDON,
Printed for ROBERT DAWLMAN.
M. DC. XLIII.

図3−2　トマス・グッドウィンら独立派聖職者による『弁明の言葉』(1644年)

出典：Thomas Goodwin, P. Nye, S. Simpson, J. Burroughes and W. Bridge, *An Apologeticall Narration*..., London, 1644, title page.

ブリッジを拠点にしていた[10]。

同じくウィリアム・ブリッジは、一六一九年にイマニュエル・カレッジに入学し、二六年に修士号を得たのち、特別研究員として大学に残った。ブリッジについては、本書の第5章で改めて論じる。ジェリマイア・バローズは、一六一七年に同カレッジに入学し、二四年に修士号を得るまで在学した[11]。サイドラック・シンプソンも、一六一六年に同カレッジに入学したが、翌年クィーンズ・カレッジに転学して、そこで二五年まで学んだ。

彼らは、学生時代から盛んに交流し、同じような回心体験を経験して、ピューリタンの信仰に目覚めた。例えば、グッドウィンとブリッジとバローズの三人は、学生時代に「その州の聖職者たちを検分するため」一緒にエセックス州まで出かけたという記録が残っている[12]。この三人にシンプソンを加え、さらにオクスフォード大学のモードリン・ホール・カレッジを一六二二年に修了したフィリップ・ナイを加えた五人組は、独立派の中心人物となる。彼ら五人は、一六三〇年代後半にオランダへの亡命を経験し、帰国後「独立派が一つの党派として形成される最初の意志表示」[13]と言われる『弁明の言葉』(一六四四年)の起草に関わったのである[14](図3−2を参照)。

彼ら以外にも、渡米して独立派に決定的な影響を与えたジョン・コトンやジョン・エリオットが一六一〇年代後半から二〇年代前半にケンブリッジ大学で学んでいる。エリオットについては本書の第6章で改めて論じるので、参照していただきたい。また一六一三年にケンブリッジ大学トリニティ・カレッジに入学し、一八年に卒業したのが、ヒュー・ピーターである。オランダ亡命後に渡米したピーターは、帰国後、ピューリタン革命で活躍することになるが、彼については本書の第7章で改めて論じる。ケンブリッジで学んだ彼らは、後にオランダへ亡命する者も、アメリカへ移住する者もいるが、学生時代からの知り合いが多く、ピューリタンとして歩み始め、いくつかの共通体験をもち、それぞれ国教会の聖職者に叙任された。実際に教区牧師となった者も多い。彼らは、当初、国教会内部に潜むピューリタンだったわけである(15)。

だが一六三〇年頃から、彼らはロード派から迫害を受け、「ニューイングランド方式」と呼ばれる独立教会主義を信奉するようになる。この過程に、宗教結社としての独立派が実際に成立するプロセスを見出すことができる。長老派のロバート・ベイリーは、一六三〇年代を回顧して、ジョン・コトンが、一六三三年の渡米直前からグッドウィンに多大な影響を与えたと述べている。

コトンは、「イングランドから出発する前に、ロンドンの会合で、ダヴェンポート師とグッドウィン師をイングランド〔国教会〕の儀式から救い出した。だが、その時点では、この二人やコトン自身ですら、少しも分離（Separation）について考えていなかった。けれども、コトンがニューイングランドの雰囲気にふれるやいなや、彼はそこで見つけた宗教に情熱的な愛情を注ぎ込んだ。その結果、彼は以前に反対していたにもかかわらず、無節操にも、多大な熱意と成果をもって分離を説くことを始めたのであった。彼が、非常に繊細で気難しい人物グッドウィン師を、あっけなく回心させたことは、ニューイングランドからの手紙によって実現した。それは、グッドウィン師を彼の歩みと同じ方向に従わせるためであった(16)」。

長老派のベイリーは、独立派の批判者だったので、もちろん史料を吟味しなければならないが、コトンがグッドウィンに多大な影響を与え、ニューイングランドの宗教的指導者となった後も、手紙を通してグッドウィンを独立教会主義に変えたというエピソードは、他の史料に照らしても信頼できる点であろう。「ダヴェンポート師」とは、グッドウィンと親しかったジョン・ダヴェンポートで、彼はロンドンで教区牧師を務めていたが、一六三三年に渡米した。他の聖職者も、様々な機会に「ニューイングランド方式」の影響を受け、独立教会主義の実践者になっていった。例えば、前出の「フィリップ・ナイは、グッドウィンやダヴェンポートと同じく、ジョン・コトンによって会衆主義（Congregationalism）に改宗した[17]」と言われる。会衆主義は、独立教会主義と同義である。

しかし、なぜ「ニューイングランド方式」がイングランドで意味をもったのであろうか。以下では、マサチュセッツ湾会社の事業などを通し、ピューリタンを支援した貴族やジェントリ、商人といった世俗の人々の動きを見たのち、独立派聖職者がくぐり抜けた亡命体験や、アメリカとオランダで最初に広がった「ニューイングランド方式」を検討してみたい。

3　貴族・ジェントリ・商人の動向

ピューリタンを支持した世俗の人々は、貴族、ジェントリから、商人、中流の人々に至るまで様々な階層に及んでいた。そのなかでも一部の貴族やジェントリは、比較的早い時期からピューリタン聖職者のパトロンとなり、彼らを経済的に支えた。

一七世紀の前半、ケンブリッジ大学やオクスフォード大学で学び、聖職者の資格を得ながらも、実際には聖職禄に与れない者が多数いた。独立派のリーダーたちの若かりし頃も、そうした職を求める聖職者に他ならなかった。彼らは、主として一六三〇年代、ウォリック伯ロバート・リッチやホラント伯ヘンリ・リッチといった人々の保護を受けていたことが知られる。政治的、宗教的な理由から政府やロード派の政策に不満をもつ貴族やジェントリの一部は、職に就けないピューリタン聖職者を、彼らの影響の及ぶ教区牧師職に推挙したり、私的な礼拝堂付きの牧師としてかかえたりした。そうしたジェントリは、ピューリタン的な信仰を積極的に表明することもあり、

「ピューリタン・ジェントリ」と呼ばれた。

しかし、貴族やジェントリがピューリタン聖職者の保護者となるにあたり、ある問題が存在した。それは、聖職者でなく俗人が牧師職への推挙権を握ると、高位聖職者が軽視される恐れがあり、金銭で聖職禄が売買されるかもしれないという懸念であった。これらの心配を、ジェントリも、ピューリタン聖職者も承知していた。ジェントリの側も、ただ受け身になって、誰でも推挙したのではなく、慎重に相手を選ぶ傾向にあった。ピューリタン・ジェントリの一人として知られるサフォーク州のサイモンズ・デューズは賄賂を使って売り込もうとした「金銭ずくの聖職者」を排除する一方で、敬虔なピューリタン聖職者に対しては、「良心的なパトロン」として援助を惜しまなかった。ピューリタン聖職者の側でも、後に独立派となるヘンリ・バートンは、一六二四年の著作で、ジェントリがピューリタンのパトロンとなることは、間違っているどころか、むしろ歓迎すべきだと力説した。

「真に寛大な貴族、そして真に高潔なジェントリは少なからず存在する。……彼らには聖職を売るという堕落した行為は、まったく見られない。……私の知る限りでは、多くのパトロンたちは、自分が推挙権を握る聖職禄の受領者がいなくなると、人に懇願されるのをじっと待っているのではなくて……自ら行動し、大学に使者を送り、もっともふさわしい人物を捜し回る。……こうやって慎重に求め、思慮深い方法で見いだした人物に進んで聖職禄を与えるのである。……こういう所にこそ、イングランドの世俗の信徒と聖職者の間にある、使徒行伝が言うところの、すばらしい競争心……父と子の競争心があるのだと思う(18)」。

バートンは「真に高潔なジェントリ」がパトロンとなることは、堕落どころか「イングランドの世俗の信徒と聖職者の間にある……すばらしい競争心」であると誇らしげに語った。このように、一方で経済的に実力をもちながらも、政治的に不満をもつ「高潔なジェントリ」がおり、他方で職にあぶれ「良心的な」保護者を求めるピューリタン聖職者がいた。その両者が、一七世紀の前半にパトロン関係によって盛んに結ばれたのである(19)。

次に注目すべきは、一七世紀前半に興隆してきた新興貿易商人の存在である。彼らは、ロンドンを拠点に植民地貿易を中心に勢力を拡大してきたが、まだ政治的実力をもつまでには至らなかった。ロンドン市政を牛耳っていたのは、東インド貿易やレヴァント（東方）貿易で奢侈品を中心に商っている特権商人で、彼らは王権と癒着し、そこから利益を引き出していた。

新興貿易商人は、一六二〇年代頃からアメリカに日常品を輸出し、プランテーションで作られる商品作物を持ち帰ることを模索していた。そのためアメリカの開拓事業や移民事業は、彼らにとって好都合で、ぜひとも進めたいものであった。[20] 他方、ピューリタン信徒にとっても、植民地は、宗教的迫害を逃れて移住する絶好の地であった。アメリカまで行けば、国王や大主教といえども、追及の手を伸ばせないと考えたのは当然であろう。新興貿易商人とピューリタン信徒という両者を媒介したのが、ピューリタン・ジェントリであった。彼らは、ピューリタンの保護者であると同時に、新興貿易商人への投資者となったのである。

こうして一六二〇年代末頃、アメリカ大陸への移住は、ピューリタン信徒だけでなく、ピューリタン・ジェントリや新興貿易商人にとっても大きな関心事となっていた。一六二九年三月に国王から特許状を得て発足したマサチュセッツ湾会社は、三者の思惑が一致した事業に他ならない。会社は、役員を中心とした総会議という組織をもち、本国政府の干渉をほとんど受けずに自治権を行使することができた。会社の総会議が植民地議会のような性格をもち、事実上の自治権をもってマサチュセッツ湾植民地は開拓・統治されたのである。

この会社は、一六二九年から植民活動を始め、翌年には新たな総督としてピューリタンの指導者ジョン・ウィンスロップを迎え、ボストンへの入植事業に着手した。それ以降、マサチュセッツ湾植民地を中心とするニューイングランド植民地（マサチュセッツ湾植民地に、コネティカット、ロード・アイランド、ニューハンプシャを加える）が本格的に発展する（前出の図3－1を参照）。一六三〇年代にニューイングランドを目指した人々の移動は「大移住」と呼ばれ、約一〇年間でおよそ二万一〇〇〇人の人たちが大西洋を横断したのである。[21]

新興貿易商人の活動を解き明かした最近の書物は、マサチュセッツ湾会社の意義を次のように説明している。「わけてもマサチュセッツ湾会社は、アルミニウス主義者と不寛容な体制派がカルヴァン主義にますます威嚇を強めるのに対して、ロンドン市民や戦闘的聖職者、〔イングランド南東部の〕イースト・アングリアと西部地方出身の小ジェントリたちが、イデオロギー的・政治的に反発したことによって組織されたことを意味した」のである。[22]

「イデオロギー的・政治的に反発した」多様な人々は、入植事業を通してお互いを知り合い、ロード派や政府に批判的な人々からなるネットワークを形成していった。この事業において指導的な役割を果たしたのが、ウォリック伯、セイ・アンド・シール卿、ブルック卿やナサニエル・リッチといったピューリタン貴族やピューリタン・ジェントリたちである。彼らは、新興貿易商人と協力する一方で、アメリカに移住したピューリタンたち、わけてもマサチュセッツ湾植民地の総督になったジョン・ウィンスロップや、植民地を代表する聖職者となったジョン・コトンなどと連絡を取り合っていた。

また彼らは、別口の「プロヴィデンス・アイランド会社」設立に資金を提供し、セイ・アンド・シール卿やブルック卿を中心にしたコネティカットへの移民事業である「セイブルック計画」にも着手していった。これらの入植事業は、ロンドンの新興商人層の利害を反映する経済的側面を有していたが、それにとどまらず、ピューリタン・ジェントリや聖職者の意向とも切り離せない政治的・宗教的特徴をもっていた。これらの事業に関わった人々のなかから、一六四〇年代の議会派や独立派に流れ込む多数の人材が輩出したことが知られている。[23]

4　海を渡る独立派と「ニューイングランド方式」

一六三〇年代になるとロード派によるピューリタン迫害は激しさを増し、国教会内にいたピューリタン牧師も、その職を維持することが難しくなった。例えば、ジョン・コトンは、ケンブリッジ大学で修士号を得、聖職者に叙任されたあと、一六一二年からリンカンシャのボストンで教区牧師を務めていた。しかし、二〇年間をへた一六三二年、彼は、高等宗務官裁判所から召喚をうけ、身に迫る危険を感じて、友人を頼りロンドンへ逃亡した。一六三三年に、彼は停職処分をうけ、牧師職を失った。コトンは、その年、妻や仲間のピューリタンとともに渡米したのである。

コトンと同様に、イングランドの政治的・宗教的状況に絶望した多くの聖職者や俗人信徒が、一六三〇年代にアメリカへ渡り、「大移住」の一翼を担った。マサチュセッツ湾植民地を中心としてピューリタンが実践した教会統治の方法こそ、教会を信者集団の集まりとみる「ニューイングランド方式」であった。ピューリタン聖職者は、アメリカで個別の教会を運営しただけでなく、イングランドの友人たちに手紙を送り、「ニューイングランド方式」のメリットを説いた。前述したように、トマス・グッドウィンは、コトンから影響を受けた一人であった。

ウィリアム・ブリッジとジェリマイア・バローズも、一六四〇年代初めには、「ニューイングランド方式」の実践者と認められていた。長老派のトマス・エドワーズは、一六四四年の著作で独立派に対し、「ニューイングランド方式が、一般的にあなた方のやり方として受け取られている」[24]と述べ、とくにブリッジとバローズについて、彼らの発言を引き合いに出しながら説明した。

「この〔長期〕議会が公然とそれ〔ニューイングランド方式〕を認めて以来、私は、ブリッジ氏が次のように語るのを聞いた。それは、彼や仲間たちが、ニューイングランドの人々および彼らの教会方式と見解を同じくしているというものである。またバローズ氏も、そのように言っていた」[25]。エドワーズの記録を信じれば、ブリッジとバローズは、グッドウィンと同じく、ニューイングランドから多大な影響を受け、とくにその教会論をイングランドで実践したことになる。ここから分かるように、ピューリタンの移民や聖職者は、渡米してイングランドから隔絶されたのではなく、手紙や書籍の草稿などを通して、本国に影響力を行使したと見るべきだろう。本国と植民地は、双方向のコミュニケーションを営んだのである[26]。

さて、本国に残っていたグッドウィンたちにも、迫害の手は及んだ。グッドウィンやブリッジは、アメリカからの手紙に心を動かされ、何度か渡米を考えたようであるが、結局、彼らが選んだ亡命の地は、より近いオランダであった。一七世紀前半のオランダは、ヨーロッパ大陸にあってプロテスタントの信仰の自由を保障した貴重な避難所であった。ケンブリッジ大学の神学者であったウィリアム・エイムズが一六一〇年に亡命し、二八年にはエイムズを師と仰ぐヒュー・ピーターが亡命した。ピーターは、エイムズの助言を得ながら、一六二九年にロッテルダムでイングランド人を集めた独立派教会を設立し、その牧師を務めた[27]。だが、ピーターは、オランダに定着することなく、一六三五年に「ニューイングランド方式」の本場であるマサチュセッツ湾植民地に向かった。ところが、一六四〇年以降、本国の情勢が変化すると、アメリカにいたピーターは、四一年に帰国の途に就き、再び大西洋を船で渡り、帰国した人物である（図3－3を参照）。

独立派のリーダーとなる五人組は、やや遅れて一六三〇年代後半にオランダに向かった。ブリッジは一六三六年頃、バローズとシンプソンは三八年頃に亡命し、ロッテルダムに落ち着いた。彼らは、そこでピーターが設立した独立派教会を引き継ぎ、牧師や教師を務めた[28]。グッドウィンとナイは、一六三九年にオランダに亡命し、東部の都市アルネムまで行き、そこで独立派教会を設立して、牧師を務めた[29]。彼らの大半は、すでに「ニューイングランド

図3－3　独立派聖職者ヒュー・ピーター
この絵は，もちろん批判者側からのものである。
出典：J. Morrill (ed.), *The Impact of the English Civil War*, London, 1991, p. 89.

方式」の影響を受けていたが、オランダに亡命し、実際にそれを実践したのである。オランダでは、イングランドの新興貿易商人と結び付いた商人が存在し、彼らが亡命してきた独立派聖職者の世話をし、教会員ともなり、独立派の支持者となったことが知られている[30]。

しかし、独立派聖職者の亡命生活は長く続かなかった。一六四〇年になり、長期議会が開会されるなどして、彼らを亡命に追いやった要因が取り除かれたのである。オランダに亡命していた聖職者たちは、一六四〇年から翌年にかけて、教会員とともに帰国した。少なくともグッドウィンとシンプソンはそうしており、オランダで設立・維持した独立派教会をロンドンに持ち帰ったことになる。その後も、独立派は影響力を増し、多数の聖職者がロンドンや地方で、「ニューイングランド方式」による教会を樹立していった[31]（図3－4を参照）。

さらに彼らの一部は、「ニューイングランド方式」を普及させるため、アメリカに移住して活躍する聖職者から草稿を送ってもらい、それをロンドンで書物にする仕事に従事した。当時アメリカでは、印刷技術が十分でなく、ロンドンでの書籍化を目指したのである。ヒュー・ピーターは、リチャード・マザーの著作を自らの序文を付して出版し、その翌年、グッドウィンとナイは、コトンの著作を彼らの序文入りで出版した。グッドウィンとナイは、『天国の王国への鍵』と題された書物の序文で、独立派教会のあるべき姿について語り、「この偉大で思慮深い著者が、この論文で追求した目的」を説明したのである[32]。

ニューイングランドとの結び付きは、ピューリタン革命の中心地であるロンドンに限られなかった。ロンドンから離れたウェールズでも、一六三〇年代からニューイングランドに渡り、その地の教会に所属する者がいたことが知られている。例えば、ウェールズ南部のガウアーを後にしたグリフィス・ボウエンの一家は、マサチュセッツ湾植民地に到着し、一六三八年末にはボストンの教会に所属したことが記録されている[33]。また一六三九年の教会記録も、「良き特徴をもつ幾人かのウェールズ・ジェントルマン」がニューイングランドの教会に所属したことを伝える[34]。

ニューイングランドの教会論は、おそらくウェールズかイングランドの出身である移民がもたらす情報によって、かなり早くからウェールズに伝えられたと考えられる。ウェールズで最初の「ニューイングランド方式」の教会、つまり独立派教会は、一六三九年にモンマスシャで設立された[35]。それは、「ニューイングランド方式に従った」ものと言われるが、ウェールズでの独立派教会の設立はイングランドよりも先行していたことになるだろう。この点については、本書の第8章で述べることにしたい。

このようにニューイングランドやオランダは、イングランドやウェールズにとって、ある時は避難所として、ある時は知識の供給源として、またある時は貿易相手として機能した。イングランドとニューイングランドとオランダの三地域は、ピューリタン・ネットワークによって、幾重にも結ばれていたと言えるだろう。

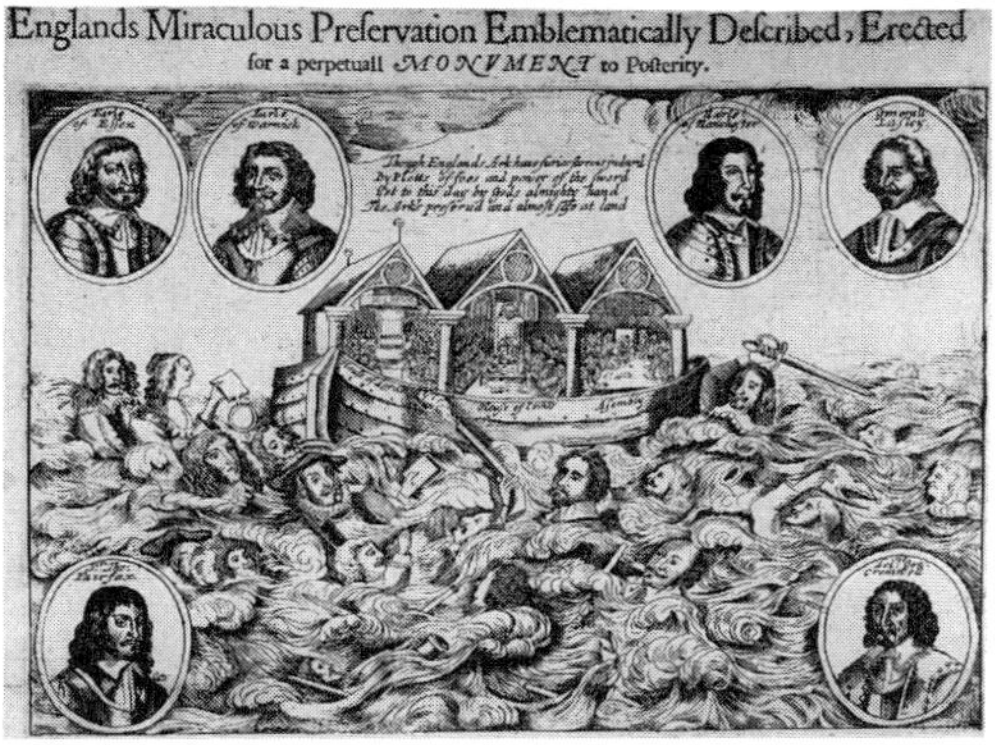

図3－4　逆巻く海を進む船に喩えられた長期議会（1646年）

出典：J. Morrill (ed.), *The Impact of the English Civil War*, London, 1991, p. 137.

5　アメリカとオランダから学ぶ

以上、独立派が、新旧イングランドからオランダまで広がっていたことを示してきた。その教会は、当初ニューイングランドで普及し、これがイングランドの聖職者にも影響を与え、「ニューイングランド方式」という名称で知られた。それが亡命した独立派聖職者によってオランダで実施され、帰国者によってイングランドに持ち込まれたり、ウェールズのように、直接アメリカから伝播したりと複雑な過程をへて拡大した。宗教結社としての独立派は、海を越えたネットワークを形成しており、到底、イングランド国内にとどまるものではなかった。その中心的担い手は、一六二〇年代からケンブリッジ大学などで知り合ったピューリタン聖職者であった。また彼らに惜しみない援助を与えたのは、ピューリタン的信仰を共有する貴族やジェントリ、そしてアメリカ入植事業などで利害を共にする新興貿易商人であった。

こうした文脈から考えると、国王チャールズ一世が処刑された後、オリヴァ・クロムウェルに従って共和国の運営を任されたヒュー・ピーターが、「敬虔なジェントリ」と新興商人の役割を高く評価したことは、十分に納得できるものである。ピーターは、新共和国を「神聖な国家」と規定しつつ、それを「豊かな国家」にしなければならないと考え、一六五一年の著作『よき為政者の善政』[36]で、前者の役割を敬虔な「ピューリタン・ジェントリ」に、後者の役割を新興商人に求めたのである。この点は、本書の第7章で詳述するが、オランダ経験も、ニューイングランド経験も有するピーターは、空間的にもイングランドを越える認識を提示した。彼は、宗教において「ニューイングランド方式」から学ぶことを強調するとともに、経済においては繁栄するオランダから多くを学び、新国家でも「アムステルダムのように、銀行が設立されるべきであろう」と力説した[37]。こうしてオランダからアメリカに及ぶ一七世紀前半のネットワークは、新生イングランド国家の構想においても確実に生かされたのである。

註

（1）ここでの「ネットワーク」概念については、F. J. Bremer, *Congregational Communion: Clerical Friendship in the Anglo-American Puritan Community, 1610–92*, Boston, 1994, pp. 9–15を参照。ブレマーは、新旧イングランドにまたがる、ケンブリッジ大学出身の聖職者を中心にした「ネットワーク」に注目しているが、本書では、聖職者にジェントリや商人を加えた「ネットワーク」を想定している。

（2）大西直樹『ピルグリム・ファーザーズという神話』（講談社、一九九八年）、五〜一三、一〇八〜一四三頁。

（3）岩井淳『千年王国を夢みた革命』（講談社、一九九五年）、五四〜五五頁。

（4）この視点はG. Yule, *The Independents in the English Civil War*, Cambridge, 1958によって先駆的に提示され、M. Tolmie, *The Triumph of the Saints: The Separate Churches of London, 1616–1649*, Cambridge, 1977〔大西晴樹・浜林正夫訳『ピューリタン革命の担い手たち』ヨルダン社、一九八三年〕によって発展させられた。

（5）地方史研究の成果を集約したクリフは「ピューリタン・ジェントリ」論を提起した。J. T. Cliffe, *The Puritan Gentry: The Great Puritan Families of Early Stuart England*, London, 1984; do., *Puritans in Conflict: The Puritan Gentry during and after the Civil Wars*, London, 1988. ブレナーは、新興貿易商人とピューリタンの結び付きを強調した。R. Brenner, *Merchants and Revolution*, Princeton, 1993.

（6）J. F. Maclear, "New England and the Fifth Monarchy", *William and Mary Quarterly*, 3rd Ser., 32-2, 1975; D. Cressy, *Coming Over: Migration and Communication between England and New England in the Seventeenth Century*, Cambridge, 1987; F. J. Bremer, *Puritan Crisis: New England and the English Civil Wars, 1630–70*, New York, 1989; R. M. Bliss, *Revolution and Empire: English Politics and the American Colonies in the Seventeenth Century*, Manchester, 1990.

（7）イングランドとオランダの関係についてはE. J. Sprunger, *Dutch Puritanism: A History of English and Scottish Churches of the Netherlands in the Sixteenth and Seventeenth Centuries*, Leiden, 1982が有益である。

（8）岩井淳『千年王国を夢みた革命』七〜八頁。
（9）「ケンブリッジ・コネクション」については、F. J. Bremer, *Congregational Communion*, pp. 17–40を参照。
（10）*Oxford Dictionary of National Biography*〔以下 *ODNB* と略記〕, Vol. 22, Oxford, 2004, pp. 823–824.
（11）バローズについては、岩井淳「千年王国論とイギリス革命（4）——独立派聖職者J・バローズの場合」（『社会思想史の窓』六六号、一九八九年）を参照。
（12）*ODNB*, Vol. 8, 2004, p. 1010.
（13）浜林正夫『イギリス革命の思想構造』（未来社、一九六六年）、一九頁。
（14）岩井淳『千年王国を夢みた革命』の第三章を参照。
（15）F. J. Bremer, *Congregational Communion*, pp. 19–40.
（16）Robert Baillie, *A Dissuasive from the Errours of the Time*, London, 1645, p. 56.
（17）F. J. Bremer, *Puritan Crisis*, p. 209.
（18）Henry Burton, *A Censure of Simonie*, London, 1624, author's conclusion. G. F. Lytle and S. Orgel (eds.), *Patronage in the Renaissance*, Princeton, 1981〔有路雍子・成沢和子・舟木茂子訳『ルネサンスのパトロン制度』松柏社、二〇〇〇年、一三九頁〕も参照。
（19）この点については、本書の第2章を参照。
（20）R. Brenner, *op.cit.*, pp. 92–159.
（21）岩井淳『千年王国を夢みた革命』、五二〜五三頁。
（22）R. Brenner, *op.cit.*, p. 272.
（23）M. Tolmie, *op.cit.*, pp. 45, 106–107 ; R. Brenner, *op.cit.*, pp. 101–103.
（24）Thomas Edwards, *Antapologia*, London, 1644, p. 11.
（25）*Ibid.*, pp. 11–12.
（26）この点については、岩井淳『千年王国を夢みた革命』の第二章を参照されたい。
（27）E. J. Sprunger, *op.cit.*, pp. 237–239.

(28) *Ibid.*, pp. 163, 167–173.
(29) *Ibid.*, pp. 228–232.
(30) R. Brenner, *op.cit.*, pp. 93–100.
(31) M. Tolmie, *op.cit.*, pp. 91–93, 122.
(32) John Cotton, *The Keyes of the Kingdom of Heaven*, London, 1644, preface.
(33) A. H. Dodd, "New England Influences in Early Welsh Puritanism", *The Bulletin of the Board of Celtic Studies*, 16, 1956, p. 31.
(34) Ibid., p. 30.
(35) W. S. K. Thomas, *Stuart Wales, 1603–1714*, Llandysul, 1988, pp. 61–62.
(36) Hugh Peter, *Good Work for a Good Magistrate*, London, 1651.
(37) *Ibid.*, p. 92.

第Ⅱ部　独立派千年王国論の展開

第4章　独立派の千年王国論と教会論
――トマス・グッドウィン――

1　独立派の積極的側面

第I部では、初期ステュアート期を舞台に、中央政府の外交政策が展開するなか、地方社会ではピューリタン・ジェントリが台頭し、海外でもアメリカへの入植事業が進み、新旧イングランドとオランダを結ぶピューリタン・ネットワークが形成されたことを見た。第II部は、このネットワークの中心にいた独立派の思想、わけても千年王国論の歴史的意義を考えてみたい。本章は、ピューリタン革命期（一六四〇～六〇年）の独立派を千年王国論の視角から考察する。従来の独立派研究は、政治思想や教会論の視角からなされることが多く、その際、独立派の妥協的・折衷的側面が強調されてきたように思われる。これに対して本章は、千年王国論の視角から独立派を検討し、その積極的・急進的側面に着目するものである。

最初に研究史を概観しよう。独立派は、主として政治思想や教会論の視角から研究されてきた。政治思想的視角からなされた代表的研究には、A・S・P・ウッドハウス、W・ハラー、P・ザゴリンらの著作がある(1)。これらの研究を摂取しつつ、日本において、史料に立脚した独立派研究を開拓したのは今井宏氏である。氏は一九五八年の「独立派の政治理念」という論文で、[2]独立派を政治思想の視角から分析して、「独立派の政治理念の、基本的な分析視角は、近代的な民主主義・立憲主義の定着過程をあきらかにすることである」[3]と述べている。この分析視角から、「独立派のこのような本質的に現状維持的で妥協的であった性格」が導き出される点は注目に値するだろう。独立派が「現状維持的で妥協的であった」ことの理由は、「彼らに見られた契約理念が個人権に立つ合理主義的な『社会契約』の理念からは遠く離れて」いる点、「平等な個人権に立脚する人間相互間の契約は、未だ考えられていない」[4]点に求められる。つまり今井氏は、近代的政治思想を基準として、独立派の不徹底性・妥協性を指摘していると言えよう。

他方、教会論的視角からなされた代表的研究には、E・トレルチ、M・ヴェーバー、G・ユールらの文献[5]がある。これらの研究を摂取しつつ、日本において教会論の視角から本格的に独立派を研究したのは、松浦高嶺氏である。[6]松浦氏は、一九六二年の「清教徒革命における『宗教上の独立派』」という論文で、[7]独立派を次のように位置付けた。独立派の「『中道』政策はまさに文字通りセクト型とチャーチ型、あるいは分離主義と非分離主義の中間を行く、すこぶる適応性に富んだ、しかしそれだけに理念としての主体的推進力に欠けるものだったといわねばならない」[8]。松浦氏は、トレルチが提唱したセクト型とチャーチ型という教会組織上の区別を用いて、独立派を評価している。独立派は、教会組織においてセクト型（分離主義）とチャーチ型（非分離主義）との中間をとった。この点から、独立派の「中道理論が、その折衷論的性格の故に新秩序を切り開いてゆくポジティヴな迫力に乏しく、権力依存的な傾向を脱しきれなかった」[9]と特徴付けられる。松浦氏の研究は、今井氏の場合と同様に、独立派の妥協的・折衷的性格を強調している。しかし、独立派はピューリタン革命の主導勢力である。この独立派に、独立派の独自の積極的側面は発見できないだろうか。本章は、今井氏や松浦氏の先駆的研究に学び、独立派の思想や教会論を検討しつつも、両氏の把握と異なり、独立派の積極的・急進的側面を指摘することになる。

ところで、独立派の急進的側面に着目したのは浜林正夫氏である。氏は、一九六六年に上梓された『イギリス革命の思想構造』[10]において、独立派の政治思想ではなく、宗教思想に即して「革命の思想」を追求している。では、「革命の思想」とは、どのようなものだろうか。浜林氏の著作の序章は、「思想の革命と革命の思想」と題されている。浜林氏によれば、「思想の革命」とは、イギリス思想史上の革命、つまり近代思想の成立を意味し、その画期は、象徴的に言って、トマス・ホッブズの『リヴァイアサン』が出版された一六五一年に求められる（図4－1を参照）。ホッブズによって原型が与えられた近代思想は、ジョン・ロックに引き継がれる。

だが、ここで特筆すべきは、ホッブズ自身が革命に対して批判的であり、「決して革命の思想家ではなかった」という点である[11]。それに対して「革命の思想」とは、ピューリタニズムの思想、わけても独立派の宗教思想に求められる。換言すれば、近代思想の成立は政治思想的視角から主に論じられたテーマであり、独立派の宗教思想は、そうした視角では十分にとらえられない意義をもつと言えよう。浜林氏は、前掲書の第一章において、宗教的独立派のリーダー、ジョン・オウエンの思想を取り上げ、とくにオウエンの救済予定説に注目して、これを「革命の思想」の核心にすえている[12]。

図4－1　1651年に出版されたホッブズの『リヴァイアサン』の扉絵

出典：J. Morrill (ed.), *The Impact of the English Civil War*, London, 1991, p. 83.

本章では、浜林氏の研究から多大の示唆を受け、独立派の宗教思想を分析し、その急進的性格を追究する。しかし、本章は、次の二点において浜林氏の研究と異なっている。それは第一に、分析する史料(著作)の時期に関する問題である。氏が「ただ一つ難点」と述べるのは、「オウエンの著作活動は多く王政復古以後の時期に属し、時期的にピューリタン革命とずれを生じている」[13]点である。「革命の思想」を検討するためには、革命期の史料、わけても興隆期である一六四〇年代の史料を用いるのが適切であろう。従って本章では、主として四〇年代の史料を用いる。第二に、宗教思想の内容に関する問題がある。浜林氏は、独立派の宗教思想のうち、とくに救済予定説に着目したのであるが、それは、独立派と長老派、両派によって共有されていた。革命の進展と共に、長老派が反革命勢力へ傾斜したことを考えれば、救済予定説のみから「革命の思想」を説明するのは無理があるように思われる。これに対して最近の研究は、千年王国論が、長老派よりも独立派の思想の特徴であることを示している[14]。従って本章は、独立派の宗教思想として千年王国論に注目し、この視角から独立派を検討することにしたい。

それでは、千年王国論に関する最近の研究とは、どういうものだろうか。欧米において、ピューリタン革命期の千年王国論は、近代思想の起源をたどる研究が主流を占めるなかで、多少の例外[15]はあれ、概して軽視されてきた。しかしながら、一九七〇年前後から、革命期の宗教思想に内在する形で、千年王国論研究が本格化する。それを象徴的に示すのは、一九六九年という年にJ・F・ウィルソンとW・M・ラモントが、それぞれ千年王国論の研究書[16]を出版したことである。両書の出版以後も、革命期の千年王国論研究は、P・トゥーン、B・S・キャップ、Ch・ヒル、T・リュウ、P・クリスチャンソン、B・W・ボール、K・R・ファースらの研究[17]によって追究されている。それぞれの内容を、ここで紹介する余裕はないけれども、以上にほぼ共通する見解として次の二点を指摘しておきたい。それは第一に、革命期千年王国論の最盛期が一六五〇年代ではなくて、四〇年代にあり、第二に、四〇年代における千年王国論の担い手が分離派セクトではなくて、独立派であるという二点である[18]。従来の研究は、千年王国論の担い手を、一六五〇年代に登場した第五王国派やクェイカー派に求め、千年王国論を「貧しい者や卑しい者の絶望」[19]と見なす傾向にあった。これに対して、最近の千年王国論研究は、その担い手を革命の主導勢力である独立派としたのである。

このように千年王国論は、独立派研究に新視角を提示している。従って本章は、千年王国論を軸に、主として一六四〇年代の独立派の思想を明らかにする。具体的には、第一に、独立派の千年王国論を考察し、第二に、その教会論を千年王国論との関連で検討し、第三に、独立派の千年王国論を一七世紀の文脈において「革命思想」と位置付ける。最後に、革命思想と近代思想との関係について言及してみたい。これが本章の課題となる。

以下では、史料として宗教的独立派のリーダー、トマス・グッドウィン（Thomas Goodwin, 一六〇〇～八〇年）の著作やパンフレットを主に使用する。[20]独立派は、宗教的独立派と政治的独立派に大別できるが、グッドウィンは宗教的独立派を代表するだけでなく、政治的独立派とも歩調を共にした人物である。[21]また、彼は、浜林氏が取り上げたジョン・オウエン（John Owen, 一六一六～八三年）と比較して、やや年長であり、その分、革命の初期から一貫して活躍した人物である。それでは、グッドウィンは独立派のリーダーと呼ぶにふさわしい人物であろうか。この点を念頭において、次に彼の生涯を見てみよう。

2　グッドウィンの生涯

トマス・グッドウィンは、日本において本格的に取り上げられたことがない。それ故、グッドウィンの生涯を、やや詳しく紹介することは無駄ではあるまい。以下では、彼の生涯を、誕生から大学を去るまでの第一期（一六〇〇～三四年）、独立派の牧師として活躍した第二期（一六三四～四九年）、共和政府成立から王政復古までの第三期

（一六四九～六〇年）、王政復古から死去までの第四期（一六六〇～八〇年）という形で、全四期に区分して、紹介しよう。[22]

グッドウィンは、一六〇〇年一〇月、ノーフォーク州ロールズビー（Rollesby）で生まれた。両親によって聖書に導かれ、教養を授けられて育った彼は、グラマー・スクールに進んでラテン語やギリシア語を学習した。[23] グッドウィンは、一六一三年、ケンブリッジ大学のクライスツ・カレッジに入学し、一七年に卒業した。当時のケンブリッジ大学は、ウィリアム・パーキンズ（William Perkins）やウィリアム・エイムズ（William Ames）の影響下、[24] ピューリタン的傾向の強い大学として有名であった。[25] 在学中の彼は、リチャード・シッブズ（Richard Sibbes）やジョン・プレストン（John Preston）といったピューリタン神学者の講義を受け、ピューリタニズムへ接近していった。しかし、その後、グッドウィンは、指導教員と意見が衝突したり、思想的には人間の自由意志を強調するアルミニウス主義に接近するなど、一時精神的動揺を示した。[26] この動揺に終止符を打つのは、彼が大学を卒業してから数年後のことである。一六二〇年に修士号を得た彼は、トマス・ベインブリッグ（Thomas Bainbrigg）の説教を聞いて感激し、回心体験をへてピューリタンとなる決意を固めた。ピューリタンになったグッドウィンは、特別研究員（fellow）を経て、一六二八年、ケンブリッジ大学内のトリニティ・チャーチの説教師（lecturer）に選出され、三二年には同チャーチの牧師職（vicarage）につく。しかし、一六三三年八月にウィリアム・ロードがカンタベリ大主教へ就任するに及び、ピューリタン弾圧に拍車がかかる。ロードの支配下、グッドウィンは「国教遵守（Conformity）という条件」に満足できなくなり、一六三四年、トリニティ・チャーチの牧師職を辞任した。[27] こうして彼は、国教会から離反することになるが、長年滞在したケンブリッジをすぐに離れたかどうかは説が分かれている。以上が第一期である。

国教会から離反したグッドウィンは、一六三四～三九年の間、ロンドンで分離派の指導者と交流をもちながら、独立派の聖職者として活動を始めたようである。この間の経緯は、いわば非公式のものであり、従来あまり知られていなかったけれども、近年、M・トルミーの著作によって、その一部が解明された。[28] また、グッドウィンは、一六三八年にロンドン市参事会員の娘エリザベスと結婚している。[29] その後、彼は、大主教ロードの迫害が激しくなるなか、一六三九年、オランダのアルネム（Arnhein）へ亡命した。オランダへの亡命は、多くの独立派牧師が共通に体験している。[30] 彼は、アルネムで、同じく独立派の聖職者であるフィリップ・ナイ（Philip Nye, 一五九六?～一六七二年）と共に、亡命イングランド人教会の牧師（pastor）を務めた。しかし、長期議会開会後の一六四一年、彼は帰国し、ロンドンに独立派会衆教会（Independent gathered church）を設立した。[31] 以後、彼は、この会衆教会を基盤に活動する。一六四〇年代における彼の主要な活動は、次の三点にまとめることができる。それは、第一にロンドンの会衆教会を維持して、そこで説教活動を続けたこと（一六四一～五〇年）[32]（図4－2を参照）、第二に長期議会において断続的に説教したこと（一六四二～五二年）[33]、第三にウェストミンスター神学者会議に出席したこと（一六四二～四六?年）[34] である。この三点については、以下で敷衍する。

図4－2　ピューリタン聖職者による説教の風景を描いた扉絵（1623年）

出典：M. Ashley, *The English Civil War*, London, 1974, p. 20.

ともあれ、グッドウィンは、一六四〇年代の諸活動を通じて、当初は国教会と、やがては長老派と対抗しながら、独立派のリーダーとして確固たる地位を築いていった。以上が、第二期である。

一六四九年、ピューリタン革命は大きく旋

回する。国王チャールズ一世が処刑され、平等派が弾圧され、共和政政府が成立するのである。こうして、独立派が革命の勝利者となった。この独立派にあって、オリヴァ・クロムウェルが政治的・軍事的指導者であったことは周知であるけれども、グッドウィンは、独立派の宗教的・精神的指導者と呼ぶにふさわしい人物である。一六四九年、国務会議（the Council of State）付の牧師となったグッドウィンは、翌年一月、オクスフォード大学モードリン・カレッジの学長に任命された。彼は、一六四一年の教会設立以来、基盤としていたロンドンをはなれ、オクスフォードへ移った[35]。彼は、国王派の牙城であったオクスフォード大学の再建に参加した。しかし、グッドウィンは、オクスフォードでも、独立派教会を設立し、恒常的に説教活動を続けたようである[36]。一六五〇年、彼は、ミルトン（John Milton）と共にウェストミンスター神学者会議の記録を整備する委員に任命された。また、彼は、一六五三年に公的説教者（public preachers）を認可する委員となり、翌年には、オクスフォードシャで「堕落した聖職者（scandalous ministers）」を除去する仕事に従事している。これらの活動は、共和政政府の宗教政策と関連する公的活動である。さらに、グッドウィンは、クロムウェルの承認をえて、一六五八年一〇月、サヴォイ宗教会議を開催し、ジョン・オウエンと共に、この会議の指導的役割を果たした。この宗教会議で起草されたものが、「独立派の信仰箇条ともいうべきサヴォイ宣言[37]」である。以上、第三期のグッドウィンの活動を特徴付けるのは、独立派のみならず、共和政政府をも代表する指導的な立場である。第二期に、少数派である独立派を代表し、国教会や長老派と対抗したグッドウィンは、革命の展開によって、第三期には共和政政府の宗教的指導者へと上り詰めたのである。

ところが、グッドウィンは、一六六〇年五月、モードリン・カレッジの学長の座から追放されてしまう。何故なら、彼は、王政復古によって公的地位を失うからである。失意の彼はロンドンへ戻り、数人の仲間と共に、独立派教会を設立した。この教会は大きな妨害にあわず、数年間維持されたようである[38]。しかし、晩年の彼の生活は、主として研究活動に向けられた。一六六六年のロンドン大火に際して、グッドウィンは、蔵書の半分以上を焼失するという不幸に見舞われた。その後の足跡は定かでないけれども、一六八〇年二月、彼は病気により世を去った。享年七九歳であった。これが第四期である。

以上、グッドウィンの生涯は、革命前、ケンブリッジ大学においてピューリタンとなった第一期、独立派の聖職者として活動を始め、迫害・亡命・帰国・内戦と目まぐるしく転変した第二期、共和政政府の宗教的指導者として活躍した第三期、王政復古とともに指導的地位から転落した第四期という全四期に区分できる。こうして見ると、彼の生涯は、ピューリタン革命の流れに沿っていることが理解できる。第二期と第三期は、革命との関連においてとくに重要であり、また著作・パンフレットを多く残している時期でもある。要するに、グッドウィンは、一六四〇年代から五〇年代を通して、独立派の指導者として活躍した。従って、彼はピューリタン革命期における独立派のリーダーと呼ぶことができるのである。以下では、第一節の視角と課題に従って、一六四〇年代を中心に独立派の思想、わけてもグッドウィンの千年王国論を検討する。

3　グッドウィンの千年王国論

（1）千年王国論の系譜

千年王国論とは、キリストの再臨によって、近い未来に地上でキリストの王国が実現するという教義である。最初に千年王国論の系譜を概観しておこう。千年王国論は、殉教者ユスティノス（Justinos ho Martys, 一一五～一六五年）やラクタンティウス（Lactantius, ?～三一七年）といった古代教父にその起源を有する。[39] 千年王国論は、長い間、異端的教義にとどまっていた。たしかに中世の民衆運動は、ノーマン・コーンが描いたように、しばしば千年王国論をその原動力にしていた。[40] しかし、アウグスティヌス（Augustinus, 三五四～四三〇年）らの正統的神学者は、千年王国論を異端視したのである。ルターやカルヴァンに至っても千年王国論は正式に取り入れられず、宗教改革期には依然として異端的教説にとどまっていた[41]。

ところが、千年王国論は、一七世紀のイングランドで再生し、有力な教義となった。P・トゥーンは、千年王国論再生の背景として学問的条件と社会的条件をあげている。学問的条件とは、第一に、ルター以後、聖書の『ヨハネの黙示録』が歴史的に解釈されたこと、第二に、イングランドでヘブライ学が成長し、ユダヤのラビ文献がさかんに研究されたことである[42]。社会的条件とは、第一に、三十年戦争に代表される、カトリックとプロテスタントの国際的対立が激化したこと、第二に、ロード体制下、イングランドでピューリタンが迫害されたことである[43]。こうした条件を背景に、千年王国論は再生した。それに寄与したのは、トマス・ブライトマン[44]（Thomas Brightman, 一五六二～一六〇七年）、J・H・アルステッド（Johann Heinrich Alsted, 一五八八～一六三八年）、ジョゼフ・ミード[45]（Joseph Mede, 一五八六～一六六八年）という三人の神学者である。彼らの著作は、ピューリタン革命期に繰り返し読まれた。彼らの研究によって再生した千年王国論は、「あらゆるピューリタン・グループの抱負を特徴づけた[46]」。わけても独立派は、千年王国論の中心的担い手であった。千年王国論は、「おそらく、一六四〇年代の独立派の最も強烈な信念であったように思われる[47]」。独立派は、一六四〇年代に千年王国論を主張し、これを議会や軍隊、一般信徒へと普及させていった。

独立派のリーダー、グッドウィンは、一六三〇年代末、たぶんオランダ亡命を契機にして、千年王国論を形成したと思われる[48]。ここでは、グッドウィンの三つの著作、第一に『国家と王国の大きな関心事』（一六四六年）、第二に『第五王国に関する説教』（一六五四年）（図4-3を参照）、第三に『来たるべき世界』（一六五五年）を用い、これらに、グッドウィンの著作と推定される『シオンの栄光のきらめき』（一六四一年）を補足的に加えて、彼の千年王国論を考察する[49]。第一のものは、一六四六年二月二五日、月例の断食日に長期議会で説教されており、議会の命によって印刷物となった。[50] 第二と第三のものは、一六五〇年代に出版されているけれども、出版者の序文等から、両者が四〇年代に説教されたことはほぼ確実である。[51]『シオンの栄光のきらめき』は、一六四一年初めオランダで説教されており、匿名のパンフレットとして出版された。しかし、それがグッドウィンの著作であることは、ウィルソンとダリソンの二論文によって説得的に立証されている。[52] 従って、以上から、四〇年代のグッドウィンの思想を再構成して、問題ないと考える。

（2）近い未来のキリストの王国実現

千年王国論は、長い間、異端的教義であった。それ故、グッドウィンは、キリストの王国に関する諸説を批判し、それが近い未来に地上で実現すること、つまり千年王国論の立証に多大の労力を注いでいる。キリストの王国をめぐる最大の課題は、千年間続くキリストの王国をどのように設定するかという点にある。キリストの王国は、過去のものか、現在のものか、近い未来のものか、遠い未来のものかということが問題になる。この内、千年王国論は、キリストの王国が近い未来に実現するという立場をとる。それでは、キリストの王国に関する過去説、現在説、遠未来説は、グッドウィンによって、どのように批判されたのだろうか。初めに、過去説批判から見よう。

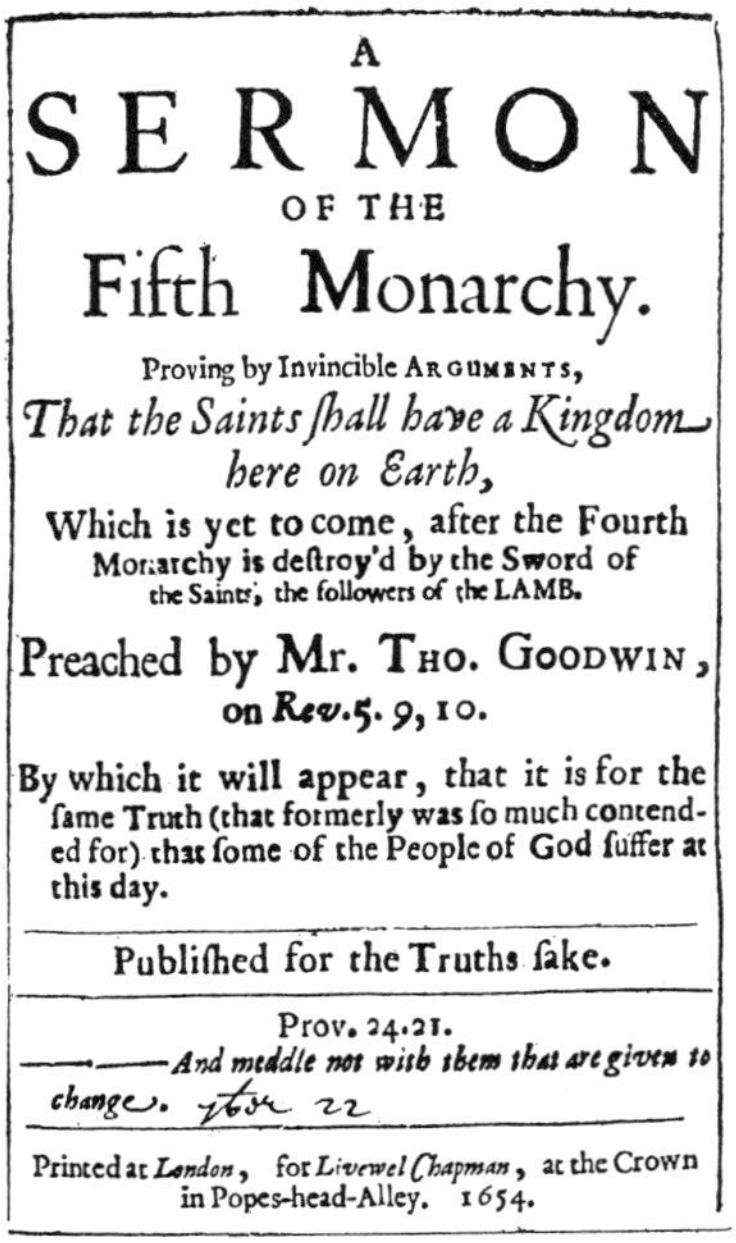
A
SERMON
OF THE
Fifth Monarchy.
Proving by Invincible ARGUMENTS,
That the Saints ſhall have a Kingdom here on Earth,
Which is yet to come, after the Fourth Monarchy is deſtroy'd by the Sword of the Saints, the followers of the LAMB.
Preached by Mr. THO. GOODWIN, on Rev.5. 9, 10.
By which it will appear, that it is for the ſame Truth (that formerly was ſo much contended for) that ſome of the People of God ſuffer at this day.
Publiſhed for the Truths ſake.
Prov. 24.21.
——And meddle not with them that are given to change.
Printed at London, for Livewel Chapman, at the Crown in Popes-head-Alley. 1654.

図4－3　トマス・グッドウィンの『第五王国に関する説教』（1654年）

出典：Thomas Goodwin, *A Sermon of the fifth Monarchy*, London, 1654, title page.

グッドウィンは、過去説を次のように紹介している。「このことは、すでに完了したという人々が存在した。すなわち、原始期に殺害された天国の聖徒は、千年の間、彼らに与えられた大きな名誉をもち、地上の聖徒は、大きな安寧を得た時期があったという人々が存在した。彼らは、〔ローマ皇帝――引用者、以下同様〕テオドシウス帝の時から教皇と反キリスト党による新たな迫害までの時期を数えている。そして、彼らは、その時期を約千年とみなすのである」[53]。過去説を主張する人々は、おそらくテオドシウス帝によるローマ帝国のキリスト教国教化（三九一年）から千年を数えているのだろう。しかし、グッドウィンは、過去説を採用しない。彼は、次のような理由から、それを斥けている。「教皇の支配した時期ほど、悪魔が偶像崇拝と迷信によって人々を惑わし、聖徒に対して戦争と迫害をおこした時期は他にない。たしかに聖徒は、カトリックの列聖（Canonizing）その他によって多くの名誉を与えられてきた。しかし、それは全く偽りの名誉であった。それは、キリストとの千年支配が聖徒に与えるような名誉と特権ではない」[54]。グッドウィンは、過去説の言う千年間が、カトリック支配の時期であることを強調している。カトリック支配の千年間は、キリストの王国から程遠いものであった。彼は、カトリックが没落し、教皇が滅亡した後に、キリストの王国が実現すると考えた。こうして、過去説は斥けられる。

それでは、現在説と遠未来説は、どうであろうか。グッドウィンは、この両説を「来たるべき世界」との関連で検討している。彼によれば、「現在あるこの世界の国家と、神がすべてを治めるだろう最後の審判後の国家との間に、来たるべき世界がある。そこでは、意図的に、より特別な仕方でイエス・キリストが国王に任命される。そこにおいてキリストは、より卓越した支配を行うだろう」[55]。「来たるべき世界」とは、キリストの王国である。そして、キリストの王国は、現在ある国家と、神が支配者となる最後の審判後の国家との間に設定されている。つまりキリストの王国は、現在でなく、また遠い未来でもなくて、近い未来に実現し、最後の審判まで存続するのである。この点を示すために、グッドウィンは、現在説と遠未来説を検討し、子細に批判している。しかし、ここでは、キリストの王国が「来たるべき世界」であり、近い未来に実現することを確認すれば十分であろう。

以上、過去説、現在説、遠未来説を批判したグッドウィンは、もう一つ重要な課題を残していた。それは、キリストの王国が象徴的に天国を意味するという説を批判することであった。グッドウィンは、聖書を文字通りに解釈することによって、キリストの王国は「この地上における王国として理解されるべき」と述べる。千年王国論の主要な典拠は『ダニエル書』や『黙示録』にあり、「その王国は、天国ではなくて、全天下（under the whole heaven）にあるだろうとダニエルが言っている」[56]のである。さらに、『シオンの栄光のきらめき』によれば、キリストの支配は「イエス・キリストの来臨と、この地上での千年に及ぶ輝かしい支配を意味しなければならない。この見解は奇妙に思われるかもしれない。しかし、以前には奇妙と見なされなかった。この見解は、原始期において受容された真理であった。ヨハネの後、程なく生まれた殉教者ユスティノスは、あらゆるクリスチャンが周知のこととして、この見解に言及していた。同様に、ラクタンティウスは、彼の七番目の著作の様々な箇所で、この見解を表明していた」[57]。

このようにキリストの王国は、天国ではなく地上で実現する。この見解は、古代教父ユスティノスやラクタンティウスに起源を有するもの、つまり千年王国論である。グッドウィンは、キリストの王国が近い未来に地上で実現するという説の立証を通じて、疑問視されていた千年王国論を擁護したのである。

（3）第五王国としてのキリストの王国

かくして立証された千年王国論は、次のような特色をもっている。それは、第一に、キリストの王国を歴史的に位置付け、これを第五王国と規定した点、第二に、キリストの王国完成までに諸段階を設定した点、第三に、キリストの王国実現の担い手を聖徒と考えた点である。この三つの特色について、順に検討しよう。

第一に、グッドウィンは、キリストの王国を歴史的に第五王国と規定する第五王国論を展開している。第五王国論は、過去の歴史を素材にしながら、未来を展望するものである。この第五王国論は、ピューリタン革命の後半になって第五王国派によって継承された。グッドウィンは、『第五王国に関する説教』のなかで、『ダニエル書』に依拠しつつ、第五王国に先行する四つの王国を描いている。「ダニエルは、これら大王国の交替期に生きていた。つまり、アッシリアからバビロニアへの、バビロニアからペルシアへの交替期である。神は、ダニエルによって自らを啓示した。あなた方は、ダニエルの預言が、世界に存在したはずの四王国を記述することに、ほとんど費やされたことに気づくだろう。あなた方は、その記述が〔『ダニエル書』の〕第七章で示されていることに気づくだろう。そこでは、最初の三王国が記述されていた。ダニエルは、二三節で第四の王国へ移る。第四の獣（Beast）とは地上での第四の王国であり、他のあらゆる王国と異なって全地上を併合し、それを踏みつけ、こなごなに打ち砕くだろうとダニエルが言っている。それは、ローマ帝国がしたことであり、ローマ帝国の遺産は、今日まで、トルコと教皇に残存している」[58]。

第五王国に先行する四つの王国とは、アッシリア、バビロニア、ペルシア、ローマ帝国である。この内、第四王国であるローマ帝国は、他の王国と異なり、一層強大で、その「遺産は、今日まで、トルコと教皇に残存している」。しかし、第五王国は「四つの王国滅亡後に、聖徒がもつであろう王国である」[59]。第五王国実現のためには、四王国が滅亡するのみならず、ローマ帝国の影響が払拭されねばならない。従って、トルコやローマ教皇、カトリックといった反キリスト勢力の打倒が大きな課題となる。ここで興味深いのは、グッドウィンが、イングランドの歴史を『黙示録』の記述に求めている点である[60]。イングランドは、ローマ帝国分裂後に出現した一〇の小国の一つと説明される。『黙示録』一七章には、一〇の小国が小羊＝キリストによって征服されるとある。しかし、イングランドは「荒廃（desolation）によってではなくて、改革と改宗という、より幸福な方法によって征服される」[61]。従って、この国は、さらなる宗教改革によってローマ教皇の支配から脱することができる[62]。そして、グッドウィンは、間もなくイングランドで第五王国、つまりキリストの王国が実現されると考えた[63]。「我々は、キリストが以前の数百年間にしなかったことを、数年以内に行なうということを見てきた。何故なら、キリストは諸王の王であり、聖徒の王であるからだ。キリストは彼の関心事を追求しており、彼の王国はますます近いものになっている。キリストは、彼の王国を力ずくで（with violence）手に入れる。我々は、現在そのうねりの渦中に（within the whirle of it）いるのである[64]」。以上が第五王国論の内容である。

第二に、キリストの王国完成までの諸段階に移ろう。それは、大きく四段階に区分できる。グッドウィンは、『来たるべき世界』のなかで、各段階の特徴を説明している。第一段階の仕事は、「現在のこの邪悪な世界から、我々を救い出すこと」、「反キリストと教皇主義者が世界にもたらした、あらゆるボロ、すべてのクズと汚れを打倒する[65]」ことである。グッドウィンは、現在がこの段階にあると考え、カトリック勢力の打倒を訴えた。第二段階は、人類の大多数を意味するユダヤ教徒と異教徒が、キリスト教に改宗する時期である。彼によれば、「人類の大多数、つまりユダヤ教徒と異教徒がキリストの下に来るだろう[66]」段階がある。その時、キリスト教は、すべての国民に普及する。第三段階において、キリストの王国は地上に実現する。彼は、この段階が『黙示録』一九・二〇章の記述に従って進行すると考えた。一九章には、「獣」と「にせ預言者」が登場する。両者は、ローマ教皇とトルコ人を意味する。そして、「この両者とも、生きながら、硫黄の燃えている火の池に投げ込まれ」滅亡する[67]。次いで、二〇章にあるように、古代や中世の殉教者が蘇生する。生き返った過去の殉教者と一七世紀の聖徒は「キリストと共に千年の間、支配」するのである[68]。こうしてキリストの千年支配が始まる。しかし注目すべきは、グッドウィンが、キリストの王国実現とその完成を区別していることである。キリストの王国が実現した千年後に、最後の審判が行われるだろう。この時、反キリスト勢力が再度打倒され、キリストの王国は完成する（第四段階）。「今や、この来たるべき世界は完成するだろう。人間の欲望の下に苦しんできた被造物は、完全に神の子の輝かしい自由を取り戻すだろう」[69]。ここに至ってキリストは、完成した王国を父なる神に手渡すことになる。以上がキリストの王国完成までの四つの段階である。

第三に、キリストの王国実現の担い手について考えよう。王国実現の担い手は、来臨したキリストを助ける聖徒たちである。『シオンの栄光のきらめき』によれば、「キリストが来臨して、王国を手に収める時、彼は『黙示録』一九章において、血に染まった衣をまとっていると記されている。……そして、彼と共に凱歌をあげながら出現する聖徒は、白衣を身につけ、白馬に乗っていた」[70]。このように聖徒は、キリスト来臨時に、王国実現のために戦う。ここで留意したいのは、聖徒の状況である。聖徒は、「最も貧しい者」と等置された。「聖徒は、現在この世界においてわずかしか所有しておらず、最も貧しい、最も卑しい者である。しかし、彼らが完全に神の子として選ばれた時、世界は彼らのものとなるだろう」[71]。聖徒は、近い未来に、キリストと共に支配者となる。そのため現在「最も貧しい、最も卑しい者」だからといって、彼らを軽視してはならない。グッドウィンは、聖徒を保護しなかった国家が、ことごとく悲惨な目にあってきたことを例示する。『国家と王国の大きな関心事』によれば、「神の聖徒を良く扱うか悪く扱うかということが、国王と王国の最大かつ最高の関心事である。そのことによって、国王と王国の繁栄か滅亡かが決定される」[72]のである。このようにグッドウィンは、聖徒が支配者となることを前提にして、聖徒の保護を訴えた。しかも、その聖徒は「貧しい者」であった。彼の千年王国論は、貧しい者の救済を射程に収めていると言えよう。

以上、グッドウィンの千年王国論の特色を、第五王国論という歴史的思考、キリストの王国完成までの諸段階、キリストの王国実現の担い手という三点において論じてきた。ここまで、神学的で抽象的とも言うべき彼の議論は、教会論を加味することによって、より具体的になるだろう。何故なら、グッドウィンは、独立派の教会論においてキリストの王国が実現される場を考えているからである。次に、彼の教会論を検討しよう。

4 グッドウィンの教会論

従来の独立派研究は、ウェストミンスター神学者会議のなかで、グッドウィンら五人の独立派聖職者が提出した『弁明の言葉』[73]という文書を重視してきた。『弁明の言葉』は独立派の教会論を示したものであり、従来の研究は、この文書に依拠して、独立派の教会論を考察してきた[74]。そこで、最初に神学者会議と『弁明の言葉』について概観しておこう。

ウェストミンスター神学者会議は、一六四三年七月、国教会体制廃棄後の教会体制を議論するために開催された。この神学者会議には、多数のイングランド代表と少数のスコットランド代表が出席した。イングランドからは聖職者一二一名と平信徒三〇名が出席し、スコットランドからは聖職者五名と平信徒三名が出席した。合計一五九名である。メンバーの大半は長老派であり、彼らはスコットランド型の長老教会体制をイングランドへ導入しようと考えていた[75]。それに対して、独立派は約一二名と推定され、少数派であった。この少数派のリーダーがグッドウィンである。彼は、ケンブリッジシャの代表として、神学者会議に参加した[76]。グッドウィンら五人の独立派聖職者は、一六四四年一月、長老派に対抗するため、『弁明の言葉』という文書を起草して、神学者会議の出席者に配布した。五人の独立派聖職者とは、グッドウィンを筆頭に、フィリップ・ナイ、サイドラック・シンプソン（Sidrach Simpson, 一六〇〇?～五五年）、ジェリマイア・バローズ（Jeremaiah Burroughes, 一五九九～一六四六年）、ウィリアム・ブリッジ（William Bridge, 一六〇〇?～七〇年）である。

『弁明の言葉』は、長老派と独立派との間に結ばれた、一六四一年以来の宗教同盟を最初に破った文書であった[77]。

両派は、お互いに攻撃しないことを約束していたが、『弁明の言葉』以後、公然たる論争が開始された[78]。ところが、『弁明の言葉』の内容自体は、非常に穏和であいまいなものだった。独立派の立場は、「誤って我々に浴びせられたブラウニズム〔分離主義〕と今日主張されている権威的長老教会統治との中道（a middle way）に存する[79]」と言われる。『弁明の言葉』において独立派は、分離派と長老派の中間的立場を主張しているのである。こうした教会論から、従来の研究は、独立派の立場を、分離派と長老派との折衷的「中道」と考えてきた。しかしながら、『弁明の言葉』は「長老派支配に対抗しようとするいわば防衛的な姿勢のものであって、独立派の思想の積極的体系的な展開ではなく、またもっぱら教会組織論に力点をおくものであって、教義にたちいったものではない[80]」。従って、以下では、『弁明の言葉』ではなくて、グッドウィンの著作から教会論を析出し、千年王国論という教義との関連で、彼の教会論の積極的側面を提示することにしたい。

この点に関して、一六四五年、グッドウィンら七人の独立派牧師が、長老派との論争に際して次のように述べている点は興味をひかれる。「聖書で述べられた福音の下に、諸教会の統治の基礎がある。……我々が統治とはどういうものかを判断する際の、確固たる方法は、聖書に示されている。聖書は、継続中のあらゆる論争の基礎であったはずである[81]」。独立派は、聖書のなかに、教会論の基礎を求めている。そして、この作業を実際に行ったものこそ、グッドウィンの『神の宮を完成するゼルバベルの励まし』（一六四二年）という著作であった[82]。この著作は、一六四二年四月二七日、月例の断食日に長期議会で説教されたものであり、議会の命によって印刷物となった[83]。「ゼルバベル」とは、旧約聖書の『ゼカリヤ書』に登場し、「神の宮」つまり教会を完成する人物の名である。

グッドウィンは、この説教の目的を、次のように議員に述べている。「私は、あなた方の命によって機会が与えられたので、あえて、あなた方に教会改革を要求し、これを奨励することにした。（それが、この説教の主要な目的である）[84]」。この説教の目的は、教会改革の要求にある。ここで注目すべきは、グッドウィンが教会改革を独自の聖書

表4－1　『神の宮を完成するゼルバベルの励まし』の構成

	type（旧約・アダム）	antitype（新約・キリスト）
過去	モーセの幕屋（最初の神の宮） バビロン（神の敵） バビロンからの脱出 第２の神の宮の基礎〔エズラ記〕 サマリヤ人（神の敵）〔エズラ記〕	12使徒の諸教会（最初の神の宮） ローマ教皇〔黙13章の獣〕 カトリックからの解放・３人の御使い （ワルド派・ウィクリフ・フス） 宗教改革〔黙14章〕 our Innovators（ロード派）
現在	金の燭台と２本のオリーブ〔ゼカリヤ４－２・３〕 神の宮の完成，ゼルバベルとヨシュア ゼルバベルの手の下げ振りを見て，喜ぶ人々 〔ゼカリヤ４－10〕	２つの燭台と２本のオリーブ〔黙11章－４〕 17世紀の諸教会と行政官・牧師 第７のラッパとともにキリストの王国へ （聖徒の王・諸国の王）〔黙11章－15〕

出典：Thomas Goodwin, *Zerubbabels Encouragement to Finish the Temple*, London, 1642から作成。

観によって基礎付けている点である。その聖書観とは、予型論（typology）によって聖書を統一的に理解することであった。予型論とは、typeとして旧約聖書の内容を考え、これをantitypeである新約聖書の内容と対応させ、新約中の記述が、すでに旧約において予示されているとする見方である[85]。『神の宮を完成するゼルバベルの励まし』の内容は、表４－１で示したように、予型論の観点から整理することができる。

表４－１の左右を対比しながら説明しよう。typeとは旧約聖書（主人公アダム）の記述を、antitypeとは新約聖書（主人公キリスト）[86]の記述を意味している。typeに記された預言は、antitypeにおいて実現される。グッドウィンは、聖書の記述に特定の歴史的事件を読み込み、一七世紀の出来事をも組み込んで説教を進めた。最初に、モーセの幕屋と一二使徒の諸教会があった。両者は、最初の「神の宮」である[87]。しかし、神の敵であるバビロンが登場し、同様にローマ教皇（『黙示録』一三章の「獣」がこれに相当する）が出現する[88]。これに対して、バビロンからの脱出がなり、『エズラ記』にあるように、第二の「神の宮」の基礎ができる。他方、カトリックからの解放は、『黙示録』一四章に記されたように、三人の御使い（ワルド派・ウィクリフ・フスを意味する）によって始められ、宗教改革に至る[89]。これも「神の宮」の基礎である。ところが、再び神の敵であるサマリヤ人が登場し、同様に、ロード派を示すであろう「新奇なもの（our

Innovators)」が出現する。[90]

それに対して、『ゼカリヤ書』の金の燭台は「神の宮」の完成を意味する。その担い手は、二本のオリーブによって示されたゼルバベルとヨシュアである。[91] 他方、『黙示録』一一章にも、燭台と二本のオリーブが登場する。これは、一七世紀イングランドの諸教会による「神の宮」の完成を意味し、その担い手は、「行政官と聖職者(Magistrates and Ministers)」である。[92]『ゼカリヤ書』には「ゼルバベルの手に、下げ振りのあるのを見て、喜ぶ」とある。これと対応するのが、『黙示録』の第七のラッパと共に「この世の国は、われらの主とそのキリストとの国になった」という箇所である。[93] キリストは「諸国の王であり、聖徒の王である」[94]。そのキリストの王国が、一七世紀のイングランドで実現することになる。要するに、最終的なゴールとしてキリストの王国が設定されており、この王国において一七世紀の教会改革が完成するのである。

以上、グッドウィンは、予型論を用い、ゴールにキリストの王国を置き、教会改革を主張した。彼の教会改革論は、聖書に裏付けられ、千年王国論を前提にしたものであった。従って、千年王国論という支柱をもった彼の教会論からすると、長期議会への要求は、次のように厳しいものとなる。「過去数百年間の好機といえども、ほとんど今のような機会を与えてこなかった。この議会は、そのような時期のために神によって召集されたように思われる。そして、もしあなた方がそれをしないのなら、神は、あなた方を除いて、それをするだろう。……キリストは、十字架にかけられることを知っていた。しかし、彼は、両替人(the money-changers)を神の宮から追放した。同様に、あなた方は、たとえ、そのために滅びようとも、神の宮を浄化し、改革しなさい」[95]。

グッドウィンによる教会改革の要求は、強烈である。その理由の一つは、教会改革が聖書や千年王国論に支えられた必然かつ正当なものであるという彼の認識に求められる。ここで想起されるのは、グッドウィンが「神の宮」完成の場として一七世紀の諸教会を考え、そこでのキリストの王国実現を期待したことである。教会改革は、全国レヴェルというよりも、個々の独立派教会から開始される。彼自身、一六四一年に独立派教会を設立し、教会改革の一端を実践していた。彼は、独立派教会をキリストの王国実現の場と考え、『シオンの栄光のきらめき』のなかでは、教会員に次のように述べた。「あなた方は、この軽蔑された仕事を開始しつつあり、神がたたえる方法で共に教会へ結集しつつある。確実に神は、聖徒の交わり（the Communion of Saints）や各個教会（Congregations）の独立をたたえるだろう。そして、この仕事は、神がもつあふれる栄光の基礎となり、キリストの来臨まで続くだろう[96]」。

グッドウィンは、このように独立派教会への結集を呼びかけた。会衆教会への結集は、これまで国教会や長老派によって「軽蔑された」かもしれない。しかし、それは聖徒にとって積極的な意味があり、「キリストの来臨まで」続けられる。何故なら、独立派教会は、キリストの王国を待望する場所だからである。「キリストは彼の教会の王である。そして、キリストは、この権力を彼の教会に与える。彼の教会とは、階層制教会ではなく、国家的長老教会でもなくて、会衆的方式（a Congregationall Way）による聖徒の集まりである[97]」。このように、独立派教会には特別な意味が与えられ、そこへの結集は、キリストの王国実現の前提となったのである。

以上、グッドウィンの教会論を検討してきた。そこでは、予型論による聖書観に裏付けられた教会改革論が展開されていた。さらに、グッドウィンの教会論は、独立派教会への聖徒結集を訴えるものであった。この背景には、近い未来にキリストの王国が独立派教会を基盤に実現するという歴史認識があった。彼の教会論は、千年王国論と密接に関連しており、これによって積極的意味が付与されていた[98]。千年王国論に裏打ちされた彼の教会論は、議会に対する教会改革要求に見られたように、強烈なものであり、妥協的・折衷的とは言い難いのである。

5　革命思想としての千年王国論

（1）体制を批判する千年王国論

ここでは、グッドウィンの千年王国論と教会論をふまえつつ、もう少し対象を広げて、独立派の千年王国論の意義を考えてみたい。独立派千年王国論の意義は、大きく二点にまとめられるだろう。それは、第一に、キリストの王国が近い未来に実現されるという主張が、既存の体制を批判し、権力者を攻撃することにつながり、国王派打倒に貢献したという点である。独立派聖職者が千年王国論を主張したのは、主として長期議会の議員向けになされた説教であった。第二に、キリストの王国は独立派教会を基盤に実現されると説かれたが、その教会が一六四〇年代に多数設立され、これまで維持された国家教会体制に深刻な打撃を与えたという点である。この二点を合わせることによって、千年王国論は一七世紀の文脈における革命思想として評価できるように思われる(99)。

図4－4　ストラフォード伯の処刑（1641年5月）

出典：M. Ashley, *The English Civil War*, London, 1974, p. 53.

まず第一点から検討しよう。長期議会は、一六四〇年一一月三日に開会された。開会後、議会は大主教ロードを逮捕し、ロードと共に国王親政を支えたストラフォード伯（Earl of Strafford）を処刑し（図4－4を参照）、専制支配の基盤となった諸制度を撤廃する一連の改革立法を制定した。この長期議会が最初に着手した仕事こそ、公的説教日を設けて、ピューリタンの著名な聖職者を招き、説教を聞く制度の確立であった。この説教制度は、一六四〇年一一月一七日に開始され、長期議会が解散される五三年四月まで一三年間に渡り続けられた(100)。ピューリタンの聖職

表4－2　長期議会における説教の概数

	年度	'40	'41	'42	'43	'44	'45	'46	'47	'48	'49	'50	'51	'52	'53	計
	説教機会	2	3	12	19	21	20	24	16	18	9	5	6	4	3	162
	説教数	4	6	23	39	54	70	75	53	57	21	10	12	7	9	440
	出版点数	3	5	22	36	44	40	39	26	14	6	2	2	1	0	240
長老派	R.ベイリー					1(1)	1(1)									2(2)
	E.カラミー		1(1)	1(1)	1(1)	2(2)	1									6(5)
独立派	T.グッドウィン			1(1)				2(1)		2	2		1	1		9(2)
	P.ナイ				1		1		1	1		1			2	7(0)
	S.シンプソン				1(1)				2	1						4(1)
	J.バローズ		1(1)				1(1)	1(1)	(1646年に死去)							3(3)
	W.ブリッジ		1(1)		2(1)			1(1)	1(1)	1(1)		1				7(5)
独立派	J.オウエン							1(1)			3(2)	2(1)	3(1)	1(1)		10(6)
	W.カーター			1(1)					1(1)	2	1					5(2)
	W.グリーンヒル				1(1)		1			1	2					5(1)

注：括弧内は出版点数を示す。
出典：J. F. Wilson, *Pulpit in Parliament*, Princeton, 1969, Appendixesから作成。

者は、長期議会の説教壇から、継続的に議員向けの説教を行った。わけても独立派聖職者は、千年王国的な説教を行い、議員に対して、内戦が「神の摂理」による聖戦であることを力説した[101]。議会派を構成した人々は、説教を聞くことによって結束し、国王派打倒の精神的支柱を獲得したと言えよう。

　長期議会における説教は、大きく三種の説教、つまり月例の断食日の説教（Monthly Fast Sermon）、感謝の説教（Thanksgiving Sermon）、反省の説教（Humiliation Sermon）に分けられる。この内、最も多くなされたのは、一六四二年二月から四九年二月まで続けられた月例の断食日の説教である。この説教は、毎月最終水曜日に二人の聖職者が招かれ、行われた。感謝の説教は、例えば、議会軍の戦勝を神に感謝してなされ、反省の説教は、異端の増大を警戒して行われたりした[102]。この三種類以外にも、様々な機会を設け[103]、多様な説教がなされた。表4－2で示したように、一六四〇年から五三年の間に、説教機会は、全種類あわせて一六二回設けられた。一回に二～三人の聖職者が説教したので、説教数は合計四四〇にも達した。説教数を時系列で見ると、一六四四年から四八年の間が最も多く、説教制度のピークは、一六四〇年代中期にあると言える。また、多くの説教が、長期議会の命によって、すぐに出版物となった。出版点数の合計は二四〇であり、全説教中、半数以上が出版物になったことが分かる。(104)従って、説教の社会的影響力は、甚大であったと思われる。

表4－2では、長老派と独立派の代表的聖職者が、説教した数を掲げておいた。括弧内は、出版点数である。『弁明の言葉』を起草した独立派の五人組では、グッドウィンが最も多く、九回説教を行っている。この点からも、彼のリーダーシップが窺える。彼の説教中、出版物になったのが、前出の二著作、つまり『神の宮を完成するゼルバベルの励まし』と『国家と王国の大きな関心事』である。前者は、一六四二年四月の月例の断食日の説教であり、キリストの王国実現が近いという前提の下に、教会改革を要求した。後者は、一六四六年二月の月例の断食日の説教であり、キリストと共に王国の支配者となる聖徒の保護を訴えていた。注目すべきは、後者の説教で「神が聖徒に与えた配慮と保護」を根拠に、「聖徒が、国王や国家よりも神に愛されている(105)」ことを主張している点である。この考え方は、「反王権神授説」とでも言うべきもので、議会派に対し国王派打倒の理論的支柱の一つを与えたと考えられる。

グッドウィン以外の独立派聖職者も、千年王国的な説教を行った。例えば、ジェリマイア・バローズは、一六四一年の『シオンの喜び』という説教で、「かつて反キリストの統治に与えられた中で最大の打撃が」、今や加えられていると考え、次のように述べた。「神は、完成に至るまで決して放置されることがないだろう仕事を開始した。反キリストは、かつてのように栄えることが決して再びないだろう(106)」。ウィリアム・ブリッジは、一六四八年の『キリストの来臨』という説教で、千年王国論を主張した。「キリストが、彼の王国到来の道を歩むには多くの段階」がある。しかし「イングランドは、特別な方法で、王なるキリストの王国となるであろう(107)」。さらに、ジョン・オウエンは、国王処刑後間もない一六四九年四月に、『天地の大変動』という説教を行い、次のように述べた。「主と敵対して戦うことは、空しいことではないか。ある者は怒り、ある者は悩み、ある者は暗きにあり、またある者は恨みに満ちている。しかし、人々が耳を傾けるか否かにかかわらず、実際、バビロンは没落し、地上のすべての栄光は汚され、地上の王国はイエス・キリストの王国となるだろう[108]」。

こうした千年王国的説教は、おそらく議会から一般兵士へと浸透していっただろう。例えば、一六四五年、国王軍の捕虜となった兵士は、議会軍に参加した理由を問われて、次のように答えた。「バビロンの淫婦が、火と剣によって滅ぼされるだろうと『黙示録』に預言されている。あなたが知っているように、今こそ彼女の破滅の時であり、我々は彼女を打倒するために力を貸すべき者なのだ[109]」。千年王国的発想は、一六五〇年の『スコットランドに駐留するイングランド軍の宣言』において、一層はっきりと表明されている。「我々は、財産目当ての兵士ではないし、単なる人間の召使でもない。我々は、聖徒の王であるイエス・キリストを、我々の王として宣言するのみならず、キリストの要求通りに彼に服従し、我々の心における彼の王権の行使を認め、彼の行く所にはどこへでも従うことを願う者である。キリストは、彼自身の善意によって、貧しい聖徒と恩恵の契約（a Covenant of Grace）を結んで下さった。……我々の主イエスは、金属精錬工の火と毛織物縮絨工の石けんを通じて、あなた方の間に来臨しつつある[110]」。このような軍隊は、反キリスト勢力を打倒し、キリスト到来に向けて戦うにふさわしい軍隊と言えるかもしれない。しかも、彼らは、聖徒を「貧しい者」＝民衆と見たグッドウィンの思想を継承していた。グッドウィンら独立派によって主張された千年王国論は、議会や軍隊に浸透し、国王派打倒にも大きく貢献したのである。

（2）教会を基盤とする千年王国論

次に、第二の意義を検討しよう。独立派会衆教会は、一六四〇年代を通じて多数設立された。まず一六四一年に、オランダから帰国したグッドウィンとサイドラック・シンプソンが、それぞれロンドンで教会を設立した[111]。長老派のトマス・エドワーズ（Thomas Edwards）は、一六四一年末の『各個教会による独立派の統治に反対する理由』という著作において、「これらの分離した会衆の集会」がロンドンにおいてすっかり確立したことを示唆し、「日々その道へ転落する者が大勢」いると訴えた。(112) こうした批判にもかかわらず、多くの独立派聖職者が教会を設立し、一六四六年までにロンドンで一三の会衆教会が確認された。独立派教会以外の分離教会（特殊バプティスト派、普遍バプティスト派、セパラティストの諸教会）も次々に設立され、四六年までロンドンで合計二一の教会が確認される。(113) そして、独立派と特殊バプティスト派、セパラティストの代表者は、四〇年代に何度か会合をもち、独立派を中心にした宗教的同盟が形成されたのである。(114)

独立派会衆教会は、ロンドン以外でも設立され、各地に簇生していった。こうした会衆教会設立の意義を、トルミーは、次のように指摘している。「会衆教会を支持する決定は、おそらく独立派によって下された決定の内で最も重要なものであった。何故なら、その決定が、独立派をイングランド社会におけるプロテスタント複数主義に踏み切らせたからである。このプロテスタント複数主義は、従来イングランド国教会によって慎重に維持されると同時に、大多数のピューリタンによっても受容されてきた普遍性と統一性の原則を、永遠に破壊するものであった」。(115)「普遍性と統一性の原則」とは、国家教会体制の原則と言い換えることができる。国家教会体制は、国教会によって維持され、長老派によっても容認されてきた。それは、イングランド絶対王政の支柱となり、末端の教区教会を基礎単位にしていた。しかし、独立派は、教区教会の境界を無視して、会衆教会を設立したのであり、結果的に絶対王政の基礎を掘りくずすことになった。こうして独立派は、国家教会体制に打撃を与え、複数の宗派共存を認める自由教会体制への道を開いたのである。

ここで注目すべきは、独立派聖職者が教区教会を攻撃するに際して、千年王国的発想を用いたことである。ウィリアム・カーター（William Carter）は、一六四四年に会衆教会を設立した独立派聖職者である。そのカーターに対して、長老派のエドワーズは、次のような苦情を呈した。「カーター師の独立派教会がある。彼は、私たちの公的集会に反対して、聖書の『黙示録』一七章五節の『大いなるバビロン、淫婦どもの母』をしばしば引用して、その箇所を次のように解釈する。すなわち、彼は『ローマが母教会であり、イングランドのすべての教区教会はその娘、淫婦である』と解釈するのである」[116]。カーターは『黙示録』に依拠して、教区教会を攻撃したのである。また、同じく一六四四年に会衆教会を設立したジョン・グッドウィン（John Goodwin）は、教区教会をローマ教皇の考案物と見なし、「最初、盲人の手で引かれた目に見えない境界線」に拘束されないようにと訴えている[117]。独立派会衆教会は、教区教会と異なり、入会に際して審査を行い、教会契約を結び、それによって入会を許可した[118]。この前提には「諸教会は、教区境界線や教区域によって作られるべきでなく、この世から召され、分離した人々の交わりで構成されるべきである」[119]という考え方があった。つまり、独立派教会は、選ばれた聖徒のみから構成されるべきという原則をもっていた。

独立派教会への聖徒の結集は、トマス・グッドウィンの教会論で見たように、キリストの王国を待望する行為であった。教区教会に対する独立派の批判は、千年王国論に裏付けられていたのであり、「独立派による『会衆教会』の設立は……基本的にキリストのより広範な支配への特殊な期待として理解されねばならない」[120]のである。以上、独立派の千年王国論は、国王派打倒に貢献し、また会衆教会の設立を促進することによって、絶対王政の基礎を掘りくずし、革命思想として機能したと考えられる。ところで、この考察は、一六四〇年代に関するものであった。五〇年代に至ると、独立派の千年王国論は、どのようになるのだろうか。最後に、この点を展望しておきたい。

6　一六五〇年代の変化

一六五〇年代のグッドウィンには、大きな思想変化が見られた。それは、彼が千年王国論に関して沈黙したことである。いくつか事例をあげよう。第一に、グッドウィンの『普遍的平和形成者キリスト』という一六五一年の著作では、キリストは「過去と未来、両方にわたり徹底的かつ完全な平和の確立者」と呼ばれる。しかし、この著作では、未来の千年王国については語られず、現在の「聖徒自身の間での和解」がテーマとなっている(121)。

第二に、グッドウィンら独立派聖職者が、一六五四年に共同で教義論を表明した『信仰の諸原則』を見よう。この文書は、神・キリスト・人間に関する諸規定を示しており、「イエス・キリストは、神と人間の間の唯一の仲介者である(122)」と述べているが、近い未来のキリストの王国には言及していない。むしろ、ここには、「ある者が永遠の生に至り、他の者が永遠の罪に至ることが、すべて明らかになるだろう最後の審判が存在する(123)」とあり、救済予定説が説かれている。

こうした傾向は、第三に、一六五七年のグッドウィンの著作『亡くなった義人の魂に対する栄光の状態』にも見出せる。この著作で、彼は「亡くなった時、魂がどうなるのかということが、聖徒にとって最大の慰め(124)」になると考え、死後の個人の救済に関心を向けている。彼は、永遠の救済と死滅について次のように述べた。「あなた方は、肉体から離れて、もう一つの世界へ行く。そこで、あなた方すべては、もう一つのよりよい都を、すなわち、神が作り建設した天国の都を求めることを告白する。……さもなければ、我々は、永遠に死滅するのである(125)」。グッドウィンによれば、このことは「摂理であり、私の意図ではない」。このように彼は、永遠の救済か否かが神の「摂理」によるものと述べ、救済予定説を主張した。

何故、グッドウィンは、一六五〇年代になると千年王国論に関して沈黙し、救済予定説に力点を移したのであろうか。ここで、彼の思想変化の理由を推測してみたい。独立派は、一六四八年末に長老派議員を長期議会から追放し、四九年一月に国王を処刑する一方、平等派を弾圧し、革命の勝利者となる。グッドウィンも、この勝利の結果、一六五〇年、ロンドンの会衆教会をはなれて、オクスフォード大学へ行き、カレッジ長となった。独立派の勝利によって、千年王国が到来したと説かれてもよいはずである。しかしながら、実際には彼は、千年王国論に関して沈黙した。

その理由の第一は、一六五〇年代の独立派の宗教政策に求められよう。四〇年代の独立派は、会衆教会を足場にしており、そこには、選ばれた聖徒のみが結集していた。この原則は、一六五八年の『サヴォイ宣言』の「各個教会は、役員と会員から成り立っている。……これらの教会の会員は召しによる聖徒」[126]であるという条項に見られるように、五〇年代に至っても維持されていた。しかし他方で、勝利した独立派は、国教会に代わって、全国的教会体制を構想しなければならなかった[127]。独立派は、会衆教会の自立性を保ちながら全国的教会体制を樹立しようとしたが、全国的教会には、聖徒以外の人、つまり選ばれない人も含まれる。ここで、独立派は現実の矛盾にぶつかる。原則的に千年王国は聖徒のみから構成されるべきなのに、現実はそうなっていない。そこで、グッドウィンら独立派聖職者は、一六五二年に『謙虚な提案』という文書を議会に提出した。この文書は、牧師の審査、不適格牧師の資格剝奪、独立派教会を正式の教会として保護すること等を要求している[128]。この文書に基づいて、一六五四年に審査官（Triers）制、資格剝奪官（Ejectors）制が成立した[129]。グッドウィン自身、牧師の審査、不適格牧師の資格剝奪といった仕事に従事した。彼にとって、現実の国家は、千年王国と呼ぶには、あまりに不純な要素を内包していた。それ故、グッドウィンら独立派聖職者は、安易に千年王国論を主張せず、現実の国家を千年王国に近づけるべく努力したと考えられないだろうか。グッドウィンが、地上における千年王国への言及をさけ、死後の個人的救済に力点を移した背景には、以上のような独立派の宗教政策があると思われる。

第二の理由は、プロテクター政府成立後、第五王国派の政府批判が激化したことである。そもそも千年王国論とは反体制思想であった。この千年王国論は、五〇年代の体制派＝独立派によってではなくて、第五王国派によって主張された[130]。一六五三年に召集された指名議会は、千年王国論者によって支持されていた。しかし、クロムウェルが、この議会を解散して、五三年一二月、プロテクターに就任するに及び、第五王国派は反体制勢力として登場する。彼らは、現体制を「第四王国の一部[131]」と呼んで攻撃し、今や体制側にあるグッドウィンら独立派聖職者の「変節・背教」をも批判の対象とした。その中で第五王国派は、グッドウィンのかつての思想を暴露するという意図もあって、彼の以前の説教を印刷・出版したのである。グッドウィンの『第五王国に関する説教』の出版者は、序文で次のように述べている。「地上における聖徒の支配という教義は、来たるべき日に示されるであろう栄光の故に、神の民にとっては大きな慰めである。キリストの王国（聖徒の地上支配）という真理は、以前にその真理を主張し、告白した人々によってさえも今日、冒瀆され、反論されている。そうした時に、私はこの説教を入手した。そして、人々が嘲笑者（Scoffers）となった時に、『第五王国派』という言葉は、不名誉と非難の印にされつつある。私は、真理が擁護され、聖徒がこの邪悪な時代に慰められんことを、汝ら（読者）に伝えることが、私の義務だと考えた。このすぐれた人物は、かつて、この真理を否定しがたい論証によって示したのである[132]」。

出版者は、グッドウィンに敬意を払いつつも、現在の千年王国論軽視に憤慨している。一六五〇年代に第五王国派は、政府批判の武器として千年王国論を主張した[133]。そのために、かつての独立派の思想をも動員したのである。こうした状況下で、体制側にあったグッドウィンは、千年王国論に関して沈黙せざるをえなかったと考えられる。他方、彼は五〇年代になると救済予定説に力点をおいた。救済予定説は、死後の救済の問題が「神の摂理」によって決定されることを前提にしている。それは、救済の問題を知りたくても知りえない人間の心を不安にし、不安を解消させるべく人間を規律化した生活、わけても「神の栄光を増すため」の合理的な職業労働に向かわせたかもしれない[134]。しかしながら、救済予定説から、グッドウィンの思想を「資本主義の精神」に結びつけることは、ここでは慎みたい。むしろ、本章の意図したところは、グッドウィンの千年王国論の歴史的意義を問うことにあったからである。

ここで以上の議論をまとめておこう。本章はグッドウィンの思想に即して、一六四〇年代の独立派の千年王国論を考察し、その意義と五〇年代における変容に論及してきた。グッドウィンの千年王国論は、独立派教会の設立と密接に関連していた。そして、千年王国論は、他の独立派聖職者によっても共有され、国王派打倒に少なからず貢献した。同時に、会衆教会の設立は、教区教会の枠組みに打撃を与え、絶対王政の基礎を掘り崩すものであった。こうした文脈において、千年王国論は、革命思想と位置付けられるのである。

この革命思想は、どのような思想的位置にあるだろうか。革命思想としての千年王国論は、単なる伝統思想の復古ではない。それは、聖書主義と反カトリック主義を支柱としており、疑いなくプロテスタンティズムの流れに立つものであった。他方で、千年王国論は、近代思想とも異なっている。グッドウィンの千年王国論は、もっぱら聖書に依拠して、反キリスト勢力の打倒を厳しく訴えた。それは、選ばれた聖徒を担い手とする不寛容な思想であり、近代思想とは言い難い。千年王国論の前近代性は、近代思想成立のメルクマールとされ、信仰の自由や政治的自由を主張した、ジョン・ロックの後期の思想と比較すれば、明白である。[135] にもかかわらず、独立派の千年王国論は、とくに一六四〇年代において信仰の自由・政治的自由が保障される前提として、国王派や国家教会体制の打倒に寄与したのであり、革命思想として評価できるだろう。この千年王国論は、五〇年代に変容したけれども、革命思想としての意義は重視しなければならない。その意味で、グッドウィンら独立派の千年王国論は、近代思想成立の前提、しかも、その不可欠の前提に位置付けることができるのではないか。

註

（1）　A. S. P. Woodhouse (ed.), *Puritanism and Liberty*, London, 1938 ; W. Haller, *The Rise of Puritanism*, New York, 1938 ; P. Zagorin, *A History of Political Thought in the English Revolution*, London, 1954.

（2）今井宏「独立派の政治理念」（水田洋編『イギリス革命』御茶の水書房、一九五八年）。この論文は、ほとんど同じ形で今井宏『イギリス革命の政治過程』（未来社、一九八四年）の第Ⅱ部第一章に収録された。以下の引用頁数は、水田洋編『イギリス革命』によっている。
（3）今井宏・前掲論文、一三五頁。
（4）今井宏・前掲論文、一六八頁。
（5）E. Troeltsch, *Die Soziallehren der christlichen Kirchen und Gruppen*, Tübingen, 1912 ; M. Weber, "Die protestantischen Sekten und der Geist des Kapitalismus," *Gesammelte Aufsätze zur Religionssoziologie*, Bd.1, Tübingen, 1920〔中村貞二訳「プロテスタンティズムの教派と資本主義の精神」『ウェーバー宗教・社会論集』河出書房、一九六八年〕; G. Yule, *The Independents in the English Civil War*, Cambridge, 1958.
（6）松浦氏以前に、教会論の視角から独立派を取り上げたものに、竹内幹敏「ピュウリタンの教会規律と資本主義の精神」（水田洋編・前掲書所収）がある。竹内論文は、独立派だけを考察の対象としていないが、「ピュウリタニズム諸教会の教会観念と教会規律が、いかにして資本主義的人間の育成に貢献したか」（七頁）を論じており、興味深い。
（7）松浦高嶺「清教徒革命における『宗教上の独立派』」（立教大学『史苑』二三巻一号、一九六二年）。この論文は、ほとんど同じ形で松浦高嶺『イギリス近代史論集』（山川出版社、二〇〇五年）の第Ⅱ部第二章に収録された。
（8）松浦高嶺・前掲論文、二一頁。
（9）松浦高嶺・前掲論文、二三頁。
（10）浜林正夫『イギリス革命の思想構造』（未来社、一九六六年）。
（11）浜林正夫・前掲書、七～九頁。
（12）浜林正夫・前掲書、第一章「ピュウリタニズムの思想」。
（13）浜林正夫・前掲書、一九～二〇頁。
（14）例えば、P. Toon, "Der Englische Puritanismus" *Historische Zeitschrift*, 214, 1972, S. 37, 40を参照。
（15）先駆的に千年王国論を論じた著作に、L. F. Brown, *The Political Activities of the Baptists and Fifth Monarchy Men in England during the Interregnum*, Washington, 1912 ; G. F. Nuttall, *Visible Saints*, Oxford, 1957 ; L. F. Solt, *Saints in Arms*,

Oxford, 1959 ; M. Walzer, *The Revolution of the Saints*, Cambridge, Mass., 1965 がある。

(16) J. F. Wilson, *Pulpit in Parliament*, Princeton, 1969 ; W. M. Lamont, *Godly Rule*, London, 1969. 他に、W. M. Lamont, "Debate : Puritanism as History and Historiography", *Past and Present*, 44, 1969 ; do., *Richard Baxter and the Millennium*, Croom Helm, 1979 も参照。

(17) P. Toon (ed.), *Puritans, the Millennium and the Future of Israel*, Cambridge & London, 1970 ; B. S. Capp, *The Fifth Monarchy Men*, London, 1972 ; Ch. Hill, *Antichrist in Seventeenth-Century England*, London, 1971 ; do., *The World Turned Upside Down*, London, 1972 ; do., *The Experience of Defeat*, London, 1984 ; T. Liu, *Discord in Zion*, The Hague, 1973 ; P. Christianson, "From Expectation to Militance", *Journal of Ecclesiastical History*, 24-3, 1973 ; do., *Reformers and Babylon*, Toronto, 1978 ; B. W. Ball, *A Great Expectation*, Leiden, 1975 ; K. R. Firth, *The Apocalyptic Tradition in Reformation Britain, 1530-1645*, Oxford, 1979. これらの研究を紹介した邦語文献として、安藤哲「ピューリタン革命と千年王国説」(『西洋史学』一〇五号、一九七七年)および山本通「イギリス革命と千年王国主義」上、下(思想とキリスト教研究会『途上』八、九号、一九七七、七八年)がある。

(18) 例えば、J. F. Wilson, "Comment on 'Two Roads to the Puritan Millennium'", *Church History*, 32, 1963, p. 340 ; B. S. Capp, "Godly Rule and English Millenarianism", *Past and Present*, 52, 1971, pp. 116-117. この点については、岩井淳「ピューリタン革命期の千年王国論――トマス・グッドウィンの思想」(『イギリス哲学研究』九号、一九八六年)、六頁を参照。

(19) W. Haller, *op.cit.*, p. 271.

(20) 独立派の思想を検討するには、時事的発言の多い政治的独立派よりも、体系的思想を表明した宗教的独立派の方が、対象として適切であろう。従って以下では、宗教的独立派を中心に取り上げ、「独立派」という言葉を主として宗教的に用いることにしたい。宗教的独立派とは、さしあたり、独立派教会に結集した人々および彼らと密接に関連した人々の集合体と定義しておきたい。

(21) J. F. Wilson, *Pulpit in Parliament*, p. 117. 宗教的独立派と政治的独立派が一致するか否かについては、周知のように、J. H. Hexter, "The Problem of the Presbyterian Independent", *American Historical Review*, XLIV, 1938 以来、長い論争

がある。この論争については、青木道彦「長老派・独立派をめぐる諸問題」（『専修人文論集』二〇号、一九七八年）を参照。

(22) グッドウィンの生涯については、主として *Dictionary of National Biography*, vol. XI, Oxford, 1917, pp. 148–150 に依拠し、これに加えて若干の文献を参照した。以下では *DNB* に依拠した点は、特別な場合を除いて記さず、これ以外に参照した文献のみを註記する。

(23) L. J. Holley, "The Divines of the Westminster Assembly", Ph. D. thesis, Yale University, 1979, pp. 305–306.

(24) エイムズやパーキンスについては、大木英夫『ピューリタニズムの倫理思想』（新教出版社、一九六六年）および小泉徹「エリザベス朝聖職者の思考様式」（『史学雑誌』八九編三号、一九八〇年）を参照。

(25) A. Simpson, *Puritanism in Old and New England*, Chicago, 1955〔大下尚一・秋山健訳『英米におけるピューリタンの伝統』未来社、一九六六年、一〇頁〕.

(26) A・シンプソン・前掲書、一〇～一一頁。

(27) L. J. Holley, op.cit., p. 306.

(28) M. Tolmie, *The Triumph of the Saints*, Cambridge, 1977, pp. 42–46〔大西晴樹・浜林正夫訳『ピューリタン革命の担い手たち』ヨルダン社、一九八三年、九一～九六頁〕. トルミーの著作に対する著者の見解は、《史料・文献紹介》（『歴史学研究』五四一号、一九八五年、六二～六三頁）を参照していただきたい。

(29) M・ウォルツァーは、グッドウィンの結婚を一例にあげ、独立派と都市上層階級との結び付きを説明している（M. Walzer, *The Revolution of the Saints*, pp. 137–138）。

(30) オランダ亡命時代の独立派牧師については、B. Gustafsson, *The Five Dissenting Brethren*, Lund, 1955 ; E. J. Sprunger, *Dutch Puritanism : A History of English and Scottish Churches of the Netherlands in the Sixteenth and Seventeenth Centuries*, Leiden, 1982 を参照。

(31) M. Tolmie, *op.cit.*, pp. 91–92〔邦訳 一七六～一七七頁〕; W. K. Jordan, *The Development of Religious Toleration in England*, Vol. III, Cambridge, Mass., 1938, p. 372. グッドウィンの設立した教会は、東部の聖ダンスタン教会（St. Dunstan's-in-the-East）の教区中にあると考えられてきた。しかしトルミーは、この見解に批判的である（M. Tolmie, *op.cit.*,

p. 221. 邦訳 三九五頁）。
(32) M. Tolmie, *op.cit.*, pp. 105–106〔邦訳 一九八～二〇〇頁〕.
(33) J. F. Wilson, *Pulpit in Parliament*, pp. 239–253.
(34) *DNB*, Vol. XI, p. 148.
(35) M. Tolmie, *op.cit.*, p. 106〔邦訳 二〇〇頁〕.
(36) *DNB*, Vol. XI, p. 149.
(37) 浜林正夫『イギリス革命の思想構造』、二二頁。
(38) W. K. Jordan, *op.cit.*, p. 372.
(39) P. Toon (ed.), *Puritans, the Millennium and the Future of Israel*, pp. 10–13. ユスティノスやラクタンティウス以外に千年王国論を説いた古代教父には、モンタヌス（Montanus）、テルテュリアン（Tertullian）、イレナエウス（Irenaeusu）といった人々がいる。
(40) N. Cohn, *The Pursuit of the Millennium*, London, 1957〔江河徹訳『千年王国の追求』紀伊國屋書店、一九七八年〕.
(41) P. Toon, "Der Englische Puritanisumus", a. a. O., S. 37, 40.
(42) ebd., S. 37–39.
(43) ebd., S. 40.
(44) ブライトマンについては、P. Toon, "The Latter-Day Glory", in P. Toon (ed.), *op.cit.*, pp. 26–32 を参照。
(45) アルステッドとミードについては、R. G. Clouse, "The Rebirth of Millenarianism", in *Ibid.*, pp. 42–61 を参照。
(46) T. Liu, *Discord in Zion*, p. 3.
(47) M. Tolmie, *The Triumph of the Saints*, p. 85〔前掲邦訳 一六五頁。ただし訳文は、必ずしも邦訳に依っていない。以下同様〕.
(48) 一六三〇年代後半のグッドウィンの著作を見ると、千年王国論は表明されていないものの、後の思想に連なる、聖書主義、キリストの卓越性、キリストとアダムの対比、聖徒の優位性といった特徴が見受けられる（例えば、T. Goodwin, *The Vanity of Thoughts* [1st ed, 1637], Thomason Collection（以下 T. C. と略記), E. 57(4), pp. 1–6, 12, 19, 34, 42–43 を参照)。

(49) T. Goodwin, *The Great Interest of States and Kingdomes*, 1646, T. C., E. 325 (4) ; do., *A Sermon of the fifth Monarchy, Proving by Invincible Arguments, That the Saints shall have a Kingdom here on Earth*..., 1654, T. C., E. 812 (9) ; do., *The World to Come, or The Kingdome of Christ*..., 1655, T. C., E. 838 (13) ; [do.], *A Glimpse of Sions Glory*, 1641, T. C., E. 175 (5).

(50) J. F. Wilson, *Pulpit in Parliament*, pp. 246, 268.

(51) *Ibid*., p. 226. なお、本章の第六節を参照。

(52) J. F. Wilson, "A Glimpse of Syons Glory", *Church History*, 31, 1962 ; A. R. Dallison, "The Authorship of 'A Glimpse of Syons Glory'", in P. Toon (ed.), *op.cit*. W・ハラーは、『シオンの栄光のきらめき』の著者をハンザード・ノールズ（Hanserd Knollys）としている（W. Haller, *The Rise of Puritanism*, pp. 270–271, 396–397）。しかしながら、ハラーの見解は、ウィルソンとダリソンの二論文によって批判されており、ノールズ説は、もはや支持し難い。現在では、ウィルソンとダリソンが示したように、グッドウィン説がもっとも有力である。この点については、岩井淳「独立派は千年王国論を主張したか――『シオンの栄光のきらめき』（一六四一年）の著者をめぐって」（『歴史学研究』五七七号、一九八八年）を参照。

(53) *A Sermon of the fifth Monarchy*, pp. 15–16.

(54) *Ibid*., p. 16.

(55) *The World to Come*, p. 9.

(56) *A Sermon of the fifth Monarchy*, pp. 21, 22.

(57) *A Glimpse of Sions Glory*, pp. 14–15.

(58) *A Sermon of the fifth Monarchy*, pp. 21–22.

(59) *Ibid*., p. 22.

(60) *The Great Interest of States and Kingdomes*, pp. 47–52.

(61) *Ibid*., p. 47.

(62) *Ibid.*, p. 49.
(63) 『シオンの栄光のきらめき』では、トマス・ブライトマンに依拠して、キリストの王国が一六五〇年に開始されるという予言すら行っている（*A Glimpse of Sions Glory*, p. 32）。
(64) *The Great Interest of States and Kingdomes*, p. 46.
(65) *The World to Come*, p. 28.
(66) *Ibid.*, p. 29.
(67) *Ibid.*, p. 30.
(68) *Ibid.*, pp. 31–32.
(69) *Ibid.*, p. 38.
(70) *A Glimpse of Sions Glory*, p. 21.
(71) *Ibid.*, p. 28.
(72) *The Great Interest of States and Kingdomes*, p. 7.
(73) T. Goodwin, P. Nye, S. Simpson, J. Burroughes and W. Bridge, *An Apologeticall Narration...*, 1644, rep. in W. Haller (ed.), *Tracts on Liberty in the Puritan Revolution, 1638–47*, Vol. 2, New York, 1934.
(74) 例えば、G. Yule, *The Independents in the English Civil War*；松浦高嶺・前掲論文を参照。
(75) 浜林正夫『イギリス市民革命史』（未来社、一九五九年、増補版一九七一年）、一五一〜一五二頁。
(76) L. J. Holley, "The Divines of the Westminster Assembly", p. 305.
(77) L. Kaplan, "Presbyterians and Independents in 1643", *English Historical Review*, 84, 1969, pp. 247–248.
(78) W. K. Jordan, *The Development of Religious Toleration in England*, Vol. Ⅲ, p. 369.
(79) *An Apologeticall Narration*, p. 24.
(80) 浜林正夫『イギリス革命の思想構造』、一九頁。
(81) T. Goodwin, J. Burroughes, W. Greenhill, W. Bridge, P. Nye, S. Simpson and W. Carter, *A Copy of a Remonstrance*, 1645, p. 5, quoted in D. Walker, "Thomas Goodwin and the Debate on Church Government", *Journal of Ecclesiastical*

History, 34-1, 1983, p. 90.

(82) T. Goodwin, *Zerubbabels Encouragement to Finish the Temple*, 1642, rep. in R. Jeffs (ed.), *The English Revolution, I. Fast Sermons to Parliament*, Vol. 2, London, 1970.

(83) J. F. Wilson, *Pulpit in Parliament*, pp. 239, 257.

(84) *Zerubbabels Encouragement to Finish the Temple*, To the Honorable House of Commons.

(85) D. Walker, *op.cit.*, p. 88.

(86) グッドウィンは、アダムをキリストのtypeと言い、キリストを第二のアダムと呼んでいる。(*The World to Come*, pp. 9, 14, 18, 25)。

(87) *Zerubbabels Encouragement to Finish the Temple*, pp. 12, 18.

(88) *Ibid.*, pp. 3, 47–48, 54.

(89) *Ibid.*, pp. 12–15, 54.

(90) グッドウィンによれば、「サマリヤ人は、聖霊によって次のような人々のtypeに作られている。それは、our Innovatorsがやったように、偶像崇拝や教皇主義的迷信を混入することにより、いつの時代にも神への礼拝を堕落させるだろう人々である」(*Ibid.*, p. 54)。また、グッドウィンの同僚であるジェリマイア・バローズは、次のように述べている。「我々は今や隷属状態から宗教におけるInnovationsから解放されている」(J. Burroughes, *Sions Joy*, 1641, p. 19)。

(91) *Zerubbabels Encouragement to Finish the Temple*, pp. 1–2, 7–10.

(92) *Ibid.*, p. 55.

(93) *Ibid.*, pp. 56–57.

(94) *Ibid.*, p. 32.

(95) *Ibid.*, pp. 52, 58.

(96) *A Glimpse of Sions Glory*, p. 33.

(97) *Ibid*, The Epistle to the Reader. この部分を執筆したのは、その末尾にW. K. のイニシャルがあることから、グッドウィンではなくて、ウィリアム・キッフィン(William Kiffin)であると思われる。

(98) こうした視角からグッドウィンの思想を論じたものに、R. B. Carter, "The Presbyterian-Independent Controversy with Special Reference to Dr. Thomas Goodwin and the Years, 1640–60", Ph. D. thesis, University of Edinburgh, 1961, esp. p. 5; D. Walker, *op.cit.*, esp. pp. 87–88 がある。

(99) もちろん、これ以外の革命思想として、平等派などの思想が存在する。

(100) J. F. Wilson, *Pulpit in Parliament*, pp. 239–254.

(101) *Ibid.*, pp. 223–229.

(102) 例えば、感謝の説教は、一六四四年七月、マーストン・ムアの戦勝後や四五年六月、ネーズビーの戦勝後になされ、反省の説教は、四七年三月、異端の増大を反省して行われた（*Ibid.*, pp. 243, 245, 248）。

(103) 例えば、一六四三年一二月には、議会派の指導者ジョン・ピム（John Pym）の葬儀に際して説教がなされた（*Ibid.*, p. 242）。

(104) この出版リストは、*Ibid.*, Appendix Two にある。この出版物は、史料集 R. Jeffs（ed.）, *The English Revolution, I. Fast Sermons to Parliament*, Vol. 1–34, London, 1970–71 にほとんど収められ、残された説教の全貌を知ることが可能になった。本章でも、この史料集に負う所が大きい。

(105) *The Great Interest of States and Kingdomes*, pp. 5–7.

(106) J. Burroughes, *Sions Joy*, 1641（rep. in R. Jeffs（ed.）, *op.cit.*, Vol. 1）, pp. 44, 57.

(107) W. Bridge, *Christs coming Opened in a Sermon*, 1648（rep. in R. Jeffs（ed.）, *op.cit.*, Vol. 30）, To the Honorable House of Commons, p. 5.

(108) J. Owen, *Οὐρανῶν οὐρανία : The Shaking and Translating of Heaven and Earth*, 1649（rep. in R. Jeffs（ed.）, *op.cit.*, Vol. 32）, p. 42.

(109) E. Symmons, *Scripture Vindicated*……, 1645, preface, quoted in W. M. Lamont, *Godly Rule*, p. 97.

(110) *A Declaration of the English Army now in Scotland*, 1650, mostly rep. in A. S. P. Woodhouse（ed.）, *Puritanism and Liberty*, p. 478.

(111) M. Tolmie, *op.cit.*, pp. 91–93〔邦訳　一七六～一七八頁〕.

(112) T. Edwards, *Reasons against the Independent Government of Particular Congregations*, 1641, preface, introduction, p. 39, quoted in M. Tolmie, *op.cit.*, pp. 92–93〔邦訳 一七八頁〕.

(113) M. Tolmie, *op.cit.*, p. 122〔邦訳 二二六頁〕. 特殊バプティスト派と普遍バプティスト派の相違は、前者が救済予定説を信奉したのに対して、後者が普遍恩恵説を採用した点にある。独立派聖職者のほとんどが救済予定説を信奉していたので、彼らは普遍バプティスト派とは提携することができなかった。

(114) *Ibid.*, pp. 120–123〔邦訳 二二四〜二二九頁〕.

(115) *Ibid.*, p. 93〔邦訳 一七八〜一七九頁〕.

(116) T. Edwards, *The Second Part of Gangraena*, 1646, p. 13.

(117) J. Goodwin, *Anapologesiates Antapologias*, 1646, p. 185, quoted in M. Tolmie, *op.cit.*, p. 100〔邦訳 一九〇〜一九一頁〕. ジョン・グッドウィンについては、山田園子『イギリス革命の宗教思想』（御茶の水書房、一九九四年）を参照。

(118) トマス・グッドウィンの教会契約には、「未来の全ての新しい光」に従うことが含まれていたらしい。彼の教会契約については、J. Bastwick, *The Utter Routing of the Whole Army of Sectaries*, 1646, pp. 306–307, quoted in M. Tolmie, *op. cit.*, p. 196〔邦訳 三四八〜三五〇頁〕を参照。

(119) *A Copie of two writings sent to the Parliament*, 1641, quoted in M. Tolmie, *op.cit.*, p. 92〔邦訳 一七八頁〕.

(120) J. F. Wilson, *op.cit.*, p. 229.

(121) T. Goodwin, *Christ the Universall Peace-maker*, 1651, T. C. E. 626 (1), pp. 11, 23.

(122) *The Principles of Faith, presented by Mr. Tho. Goodwin, Mr. Nye, Mr. Sydrach Simpson, and other Ministers*, 1654, T. C. E. 234 (5), p. 3.

(123) *Ibid.*, p. 8.

(124) T. Goodwin, *A State of Glory for Spirits of Just Men upon Dissolution*, 1657, T. C. E. 928 (2), p. 1.

(125) *Ibid.*, The Epistle Dedicatory.

(126) 「サヴォイ宣言」（キリスト教古典双書Ⅱ『信條集後篇』新教出版社、一九五七年）、二一七頁。

(127) この点については、T. Liu, *Discord in Zion*, Ch. 4 参照。

(128) *The Humble Proposals of Mr. Owen, Mr. Tho. Goodwin, Mr. Nye, Mr. Sympson, and other Ministers*, 1652, T. C., E. 658（12）.

(129) C. H. Firth and R. S. Rait（eds.）, *Acts and Ordinances of the Interregnum, 1642–60*, Vol. II, London, 1911, pp. 855–858, 968–990 ; F. J. Powicke, "The Independents of 1652", *Transactions of Congregational Historical Society*, 9, 1924, p. 21.

(130) 第五王国派については、B. S. Capp, *The Fifth Monarchy Men* ; 田村秀夫『イギリス革命思想史』（創文社、一九六一年）、渋谷浩『ピューリタニズムの革命思想』（御茶の水書房、一九七八年）、岩井淳『千年王国論を夢みた革命』（講談社、一九九五年）を参照。

(131) J. Owen, T. Goodwin, P. Nye and S. Simpson, "To the Congregational Churches", Bodleian MS. Carte, 81, ff. 16r–17r, quoted in T. Liu, *op.cit.*, p. 119.

(132) *A Sermon of the Fifth Monarchy*, To the Reader.

(133) その後、第五王国派は、指導者の逮捕・転向や武装蜂起の失敗もあって、次第に衰退した。それと共に、革命期の千年王国論は、主張者を失い、影響力をなくしていった。

(134) M. Weber, "Die protestantische Ethik und der》Geist《des Kapitalismus", a. a. O.〔大塚久雄訳『プロテスタンティズムの倫理と資本主義の精神』岩波文庫、一九八九年〕を参照。

(135) 例えば、『寛容についての書簡』（一六八九年）や『統治二論』（一六八九年）を参照。

第5章　独立派の権力論と千年王国論

——ウィリアム・ブリッジ——

1　独立派の再評価

前章では、トマス・グッドウィンの千年王国論と教会論の解明を通して、独立派の積極的意義を考察した。しかし、千年王国論を主張した独立派聖職者は、グッドウィンだけではなかった。本章は、もう一人の独立派聖職者ウィリアム・ブリッジ（一六〇〇?～七〇年）に即して、ピューリタン革命期の政治思想と宗教思想の関連を追究する（図5－1を参照）。その際、彼の権力論と千年王国論を中心にすえて、政治思想と宗教思想を探ることにしたい。

ブリッジは、独立派の教会論を示した『弁明の言葉』[1]（一六四四年）を、トマス・グッドウィンら[2]と起草したことで、その名が知られる。彼は、グッドウィンが中央の宗教的指導者として活躍したのと比べ、革命期のほとんどの時期をノーフォーク州の独立派教会の牧師として過ごした。だが彼が、時折、ロンドンに招かれて千年王国的な説教をしたことは、ほとんど注目されなかった。この点が掘り下げられなかっただけでなく、ブリッジ個人に関する研究は日本では存在せず、欧米でも部分的言及にとどまり、管見の限り、非常に低調だったように思われる。その

図５－１　ウィリアム・ブリッジ
出典：B. Green and R. Young, *Norwich*, Hunstanton, 1981, p. 24.

理由の一端は、従来の研究視角に求められるので、最初に、ブリッジに論及したものを中心に従来の独立派研究を概観しておきたい(3)。

従来の独立派研究の主流は、近代的宗教思想や近代的政治思想の視角からなされてきた(4)。近代的宗教思想の視角とは、寛容思想の達成や国家教会からのセクトの分離といった近代的な「信教の自由」の原則を想定して、そこから独立派の寛容論や教会論の限界性・妥協性を指摘するものである。例えば、一六・一七世紀の寛容思想を丹念に追究したW・K・ジョーダンの古典的研究（一九三八年）は、ブリッジらが起草した『弁明の言葉』を、次のように位置付けている。「『弁明の言葉』は、長老派の国家教会体制の下にある会衆教会主義（Congregationalism）の権利の主張に、その要求を限定した。それは、宗教的寛容の一般的原理への支持を特に放棄しており、セクト主義の高まる脅威に反対する正統派の情熱でもって語られていた(5)」。

このようにジョーダンは、宗教的寛容への独立派の貢献を認めつつも、寛容の一般的原理を基準にして、彼らの限界性を示した。また、日本では、松浦高嶺氏の論文（一九六二年）が、同じく『弁明の言葉』を中心史料にして、独立派の教会論を分析している。この論文は、独立派の教会論が「文字通りセクト型とチャーチ型、あるいは分離主義と非分離主義の中間を行く、すこぶる適応性に富んだ、しかしそれだけに理念としての主体的推進力に欠けるものだった(6)」と評しており、やはり独立派の妥協性を指摘している。

こうした動向は、近代的政治思想からの研究でも共有されている。近代的政治思想の視角とは、ロックにおいて成立するとされる近代的な政治思想（社会契約論や自然権論、人民主権論、抵抗権論など）を基準にし、そこから独立派の妥協性・限界性を説くものである。例えば、今井宏氏は、一九五八年の論文において、「独立派の政治理念の、基本的な分析視角は、近代的な民主主義・立憲主義の定着過程をあきらかにすることである」[7]と述べる。そして、氏は、独立派の「契約理念が個人権に立つ合理主義的な『社会契約』の理念からは遠く離れており、それは全く神学的に構成された神と人との間の契約なのであり、そこにおいては平等な個人権に立脚する人間相互間の契約は、未だ考えられていないこと」を強調し、「独立派のこのような本質的に現状維持的で妥協的であった性格」[8]を指摘するのである。

松浦氏や今井氏の独立派研究は、日本における先駆的研究であり、一九六〇年前後の問題意識に導かれて独立派を検討した論文として重要な意義を認めることができる。しかし、問題は、消極的な独立派評価が近年の政治思想史研究でも見られる点である。人民主権論の成立過程を追跡したJ・H・フランクリンは、彼の著作（一九七八年）の目的を「ロックを経て近代的伝統となっていった主権理論における根本的転換を記述し、説明することである」[9]と述べている。そうした彼の著作のなかで、ブリッジらの思想は低い評価しか与えられていない。ブリッジらは「国王の神聖不可侵性を強調し、人民と議会双方における制憲権力を否定した」のであり、「何故議会には、国王の廃位とまではいかなくとも抵抗しうる正当な権利があるのか、に関して何らの根拠も見出すことができなかった」[10]と言われる。フランクリンの説明は、政治思想から見たブリッジの評価を端的に示すものであろう。[11]

このような評価を見る限り、ブリッジの思想に積極的な意義を認めることは困難であろう。要するに、宗教思想であれ、政治思想であれ、近代的視角からする研究は、独立派やブリッジの思想を、それほど高く評価してこなかったのであり、この点にブリッジ研究が低調であった一因を求めることができる。だが、革命の主導勢力である独立派に属するブリッジの思想は、それほどまでに妥協的で、取るに足らないものだろうか。本章は、このような疑問を出発点にして、ブリッジの政治思想と宗教思想を再評価することを意図している。その際、本章の分析視角となるのは、千年王国論——近代的宗教思想とは言い難い千年王国論——である。この千年王国論を手がかりに、「国王の神聖不可侵性を強調し」たと言われるブリッジの思想が、いかにして国王派の打倒に貢献したのかを検討することにしたい。

ピューリタン革命期の千年王国論研究は、一九七〇年前後から本格的に開始され、現在に至るまで多くの研究成果を生み出している。それらは、「一六四〇年代に大半の独立派（会衆教会主義者たち）が、未来の千年王国に関する教義を受け入れた」[12]と考え、独立派を革命期千年王国論の中心的担い手に位置付けた。そして、ブリッジもまた、千年王国論の主張者の一人として注目を集めている。彼を千年王国論者として見る流れは、一九六〇年代後半に、M・ウォルツァー、J・F・ウィルソン、W・M・ラモントらによって始められた[13]。この流れは、一九七〇年代になっても勢いを失わず、Ch・ヒル、T・リュウ、B・W・ボール、M・トルミーらによってブリッジの千年王国的見解に言及が続けられている[14]。彼らの研究は、必ずしもブリッジ個人の思想を深めるものではなく、部分的言及にとどまっているが、新しいブリッジ研究の方向を示唆するものと言える。

本章では、こうした研究動向を念頭において、ブリッジの千年王国論を中心に彼の政治思想と宗教思想を解明し、その独自の意義を追究したいと考える。その際、従来の研究では掘り下げられなかったブリッジ個人の思想について、わけても政治思想と宗教思想の関連に留意しつつ、分析を進めることになろう。手順としては、まずブリッジの生涯と時代背景を概観し、次に彼の政治思想を考察し、最後に彼の宗教思想を、千年王国論を中心に検討する。なお、本章では、ブリッジ個人の思想を追究する目的上、『弁明の言葉』などの共同著作は分析の対象から外し、パンフレットを含むブリッジ単独の著作[15]を検討対象とすることにしたい。

2　ブリッジの生涯

ブリッジの思想を論じる前に、彼の生涯を概観しよう。彼の生涯を時代背景と共に見ることは、議論の前提として無駄ではあるまい[16]。ブリッジは、一六〇〇年頃、イングランド南東部のケンブリッジシャで誕生した。彼は、一六一九年に、ケンブリッジ大学イマニュエル・カレッジに給費生（sizer）として入学した。当時のケンブリッジ大学は、ウィリアム・パーキンズやウィリアム・エイムズといった神学者の影響下、ピューリタン的色彩が濃厚で、後に独立派となる多くの人物を輩出した[17]。一六二三年にイマニュエル・カレッジを卒業したブリッジは、二六年に同校を修了し、特別研究員（fellow）となった。彼は、一六二七年頃、国教会の聖職者に叙任され、以後しばらくの間、国教会内部のピューリタンとして牧師職を求め続けることになる。

しかし、教区牧師の席はすぐに用意されておらず、ブリッジは各地で聖書講師（lecturer）を務めながら生計を維持した。彼は、一六三〇～三一年の間、ロンドンの聖ピーターズ教区で講師を務め、三一～三三年の間は、エセックス州のコルチェスターで聖書を講じていた。一六三三年に、ノーフォーク州ノリッジの聖ジョージズ・タムランドで毎週金曜日の聖書講師となった彼は、ノリッジ市当局から給与を得て、生計を立てていたようである。そして、ようやく一六三六年に至り、ブリッジはノリッジの聖ピーターズ・ハンゲイト教区の教区牧師（rector）となることができた。当時のノリッジは毛織物工業で栄えており、毛織物業関係者の多くはピューリタンであった[18]。このピューリタンたちが、ブリッジを教区牧師として迎え入れたことは充分に予想できる。しかし、この教区の聖職禄は年に二二ポンドにすぎず、彼は副次的に聖書講師を続けたようである。

このように苦労して教区牧師となったブリッジではあるが、彼の行く手に立ちふさがったのは、ロード派による迫害であった。ここで革命前の時代状況を知るために、チャールズ一世の親政（一六二九〜四〇年）を支えたロード派について述べておこう。[19] ロード派によるピューリタン迫害は、ウィリアム・ロードがカンタベリ大主教に就任した一六三三年以降、一層激しさを増した。ロードらは、ピューリタンを迫害すると同時に、礼拝面と教義面において国教会の改変をおし進めた。礼拝面では、明らかにカトリック的な変化が現れ、「六〇年以上も見られなかったやり方で、神聖な儀式と目に訴える装飾の復活に重点がおかれた。聖餐台は教会の東隅に戻され、欄干で囲まれた。オルガンとステンドグラスをはめた窓の設置が奨励された。牧師は白衣の着用を命じられ、俗人は、サクラメントを受けるのに聖餐台欄干の所で跪くように命じられた[20]」。このような改変は、ピューリタンによって、「迷信の復活、カトリックの導入」と見なされ、批判を招くに至った。また、教義面では、ほとんどのピューリタンが信奉していたカルヴァン主義の救済予定説が斥けられ、普遍恩恵説をとなえるアルミニウス的見解が有力になった。[21]

地域の状況に目を転じよう。ノーフォーク州とサフォーク州をおおうノリッジ主教管区では、ロードの片腕となったマシュー・レンが、一六三五年に主教へ着任した。レンは、三八年に隣のイリー主教管区へ転出するまで、徹底したピューリタン弾圧政策を行った。彼は、一六三六年初頭から管区内の公式巡回を始め、教会委員や牧師を厳しく審査した。[22] その結果、進んで聖職禄を放棄する者がいる一方で、ロード派への服従を拒否したために多くの牧師が聖職禄を停止されたり、剝奪されたりした。さらにレンは、説教の統制や礼拝面でのカトリック化（聖餐台をローマの方角である東隅に移し、欄干で囲むなど）を実施した。[23] こうしたレンの政策は、「チャールズ一世親政の後半期にイースト・アングリア［ノーフォーク州とサフォーク州を中心とするイングランド南東部——引用者、以下同様］の世論を離反させるのに大きな役割をはたした[24]」と言われる。

ブリッジもまた、レンによる迫害の犠牲者であった。教区牧師職についていたブリッジは、レンによって一六三六年に聖職禄を停止され、破門に付された。ブリッジは、彼に対する逮捕状が出されるなか、亡命を余儀なくされ、三六年頃に逃れ、オランダのロッテルダムに落ち着いた。当時のオランダは、スペインから独立後、経済的発展が著しく、またプロテスタントの中心地として思想・信仰の自由を広く享受していた。他方、イースト・アングリア地域は、一六世紀後半にオランダから多くの新教徒移民を受け入れており、移民は毛織物工業の新技術をもたらした。オランダとイースト・アングリアは、宗教と毛織物工業を通じて交流が密接であり、ロード派の迫害に際しては、一六三七～三九年の間に、ノリッジだけで三二五人がオランダへ亡命していた(25)。

ブリッジは、当初、ロッテルダムで亡命イングランド人教会の教師を務めていた(26)。オランダで、彼は国教会の叙任を放棄し、牧師ジョン・ウォードの手によって独立派聖職者として叙任をやり直したと言う。こうして正式に国教会から離反したブリッジは、亡命イングランド人教会の牧師（pastor）となった。ロッテルダムで、彼は、独立派の同僚、ジェリマイア・バローズやサイドラック・シンプソンと共に活動したが、シンプソンとは不仲だったようである(27)。一六四〇年一一月、長期議会が開会されると、ブリッジは、四一年に帰国の途についた。彼は、ノリッジに短期間滞在した後、ノリッジ近郊の港町グレイト・ヤーマスに落ち着き、ここで独立派教会を設立した(28)。同時に、彼は、ヤーマスに居をかまえ、この町の商人兼ベイリフの寡婦と再婚している(29)。

ブリッジの革命中の拠点は、もっぱらノーフォーク州のヤーマスであり、多くの独立派牧師がロンドンを拠点にしたのとは対照的であった。革命期における彼の活動は、大別すれば、ヤーマスでの独立派教会を維持し続けたこと、長期議会に招かれて説教したこと、ウェストミンスター神学者会議に出席したことである。長期議会で彼は、一六四一年、四三年（二回）、四六年、四七年、四八年、五〇年と計七回説教しており、一六四〇年から五三年まで続いた説教制度のなかで、比較的多く説教している(30)（図5－2を参照）。これらの説教は、議会の命によって印刷物となっており、後の思想分析で用いられる。また、彼は、一六四三年に開会されたウェストミンスター神学者会議に選出され、国教会廃棄後の教会体制をめぐる議論に加わった。ブリッジは、この会議において、グッドウィン、

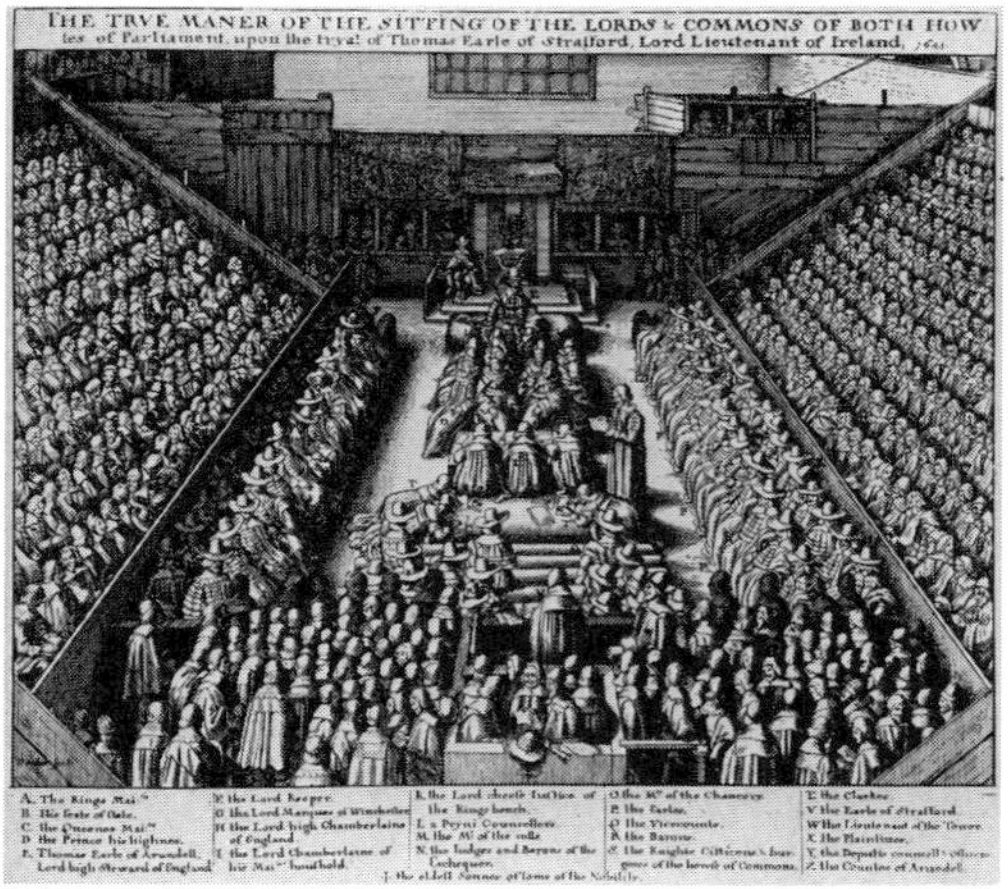

図5－2　ストラフォード伯の処刑を審議する長期議会（1641年）

出典：M. Ashley, *The English Civil War*, London, 1974, p. 52.

フィリップ・ナイ、シンプソン、バローズらと『弁明の言葉』を起草・配布して、長老派に対抗するなど活躍した。

一六四〇年代後半に、ピューリタン革命は転機を迎える。一六四八年に、議会軍は国王軍を圧倒し、議会内の長老派がパージされ、翌年には、国王が処刑され、共和政政府が成立した。こうして独立派が革命の勝利者となり、独立派の独裁体制が準備されていく。ブリッジも独立派の勝利を喜んだに違いない。ランプ議会は、一六五一年にブリッジへ一〇〇ポンドの年金を与えることを可決した。しかし、一六五〇年代の彼の足跡を追求することは困難である。というのは、五〇年代のブリッジについて語る史料があまり残されていないからだ。彼の同僚のグッドウィンやナイが、クロムウェルのプロテクター政府下で重要な位置を占めたのに対して、彼は公的活動に従事することが少なく、ヤーマスで彼の教会を守り続けた。そのためか、ブリッジは、一六六〇年の王政復古によって、すぐにパージされることはなかったけれども、六二年に至り、ヤーマスの牧師職から追放された。長年の間、拠点にしたヤーマスの教会を失った彼は、ロンドン近郊のクラッパムへ移住し、そこの「独立派集会」で、しばしば説教したと言われる。そして、一六七〇年、ブリッジはクラッパムで死去した。

こうした生涯を送ったブリッジには、対照的な批評が残されている。一方は、同時代人ナサニエル・ジョンソンによるもので、ブリッジを「この議会のデマゴーグの一人」と見るものである[31]。他方で、彼は「勤勉な学究、良き説教者、そして誠実で慈悲深い男」とも評されている。[32] しかし、二つの対照的な批評は、決して分裂したものではないだろう。ブリッジの真摯な思想的営みが、対照的な批評を生み出すことはあり得る。というのは、「勤勉な学究、良き説教者」が厳密な聖書解釈や熱心な説教を続ける過程で、他人からは「デマゴーグ」と評される可能性が十分に存在するからである。

以下では、こうした可能性を追究するために、まず、当時の伝統的政治思想に忠実であったブリッジの権力論を探り、次に厳密な聖書解釈の結果と思われる彼の千年王国論に目を向けることにしたい。

3　ブリッジの権力論

ここでは、ブリッジの権力論を中心に政治思想を検討することにしよう。分析の対象となるのは一六四二年と四三年に出版された彼の著作[33]である。両書とも国王派の神学者ヘンリ・ファーンとの論争に際して書かれたものである。二つの著作で説かれているのは、国王・議会・人民という三者のいずれにも権力を認める権力分立的な考えである。ブリッジの権力論を、革命期の他の政治思想のなかで位置付ければ、次のようになる。

まず、ファーンやダッドリ・ディックスのように、国王派の立場から国王大権を擁護し、国王主権論を主張する人々がいた。[34] 他方で、ジョン・リルバーンら平等派のリーダーたちは、成年男子の普通選挙権を要求し、人民主権論を掲げた。[35] こうしたなかにあって、議会派に属するヘンリ・パーカー、チャールズ・ホール、ウィリアム・プリンら[36]は、人民からの信託を拠り所にして議会主権論を主張した。彼らは、現存の議会を肯定し、その正当性を絶対視しており、ファーンらの国王主権論者と激しく論争した。[37] ブリッジの政治思想は、この議会主権論と近い関係にあったが、異なる点は、国王の地位をはっきり認めたことである。

一般にブリッジの立場は、バローズやフィリップ・ハントンら[38]と共に議会主権論から区別されて、混合政体的な思想とみなされている[39]。混合政体論とは、君主政・貴族政・民主政という三者のバランスが取れた政体を理想としており、三者を体現する国王と貴族院と庶民院の共同統治を目指していた。この考えは、中世以来の伝統的な政治思想であり、とくにイングランドにおいて発達した。そして、国王側が専制政治に傾斜した場合、議会がこれを阻止して均衡を回復するために用いられてきた。ブリッジの思想は、国王・貴族院・庶民院という三者ではなく、国王・議会・人民という三者を想定しているので、厳密には混合政体論ではないが、三者のバランスを重視する点では、混合政体論の延長線上に位置付けられる。

しかし、伝統的な混合政体論と異なり、ブリッジが人民の役割を高く評価した点には留意すべきである。彼は、議会であれ国王であれ、権力の由来を考える時、人民の信託に着目した。革命期において議会が重視されるのは、人民の信託があるからである。なるほど、かつて「国王と彼の先祖は、法によって議会の諸特権を定めた[40]」のであるが、一六四〇年代に「議会は、直接、人民と国家（the people and Commonweale）によって信託された。……従って、議会は、人民によって直接、選任されたのであり、国王によって任命されたのではない[41]」。こうした見解は、議会派を支持したブリッジの立場を示すものである。彼は、革命期において議会が国王よりも優先される理由を次のように力説した。

「人民は、議会が彼らの信託を裏切ると積極的に考えるような、その根拠をもっていない。何故なら、議会は信仰心の故に全王国から選ばれ、その徳と知恵の故に、すべての方法を是認された多くの者だからである。……我々が法によって統治されるべきことは王国すべてで認められ、あらゆる人民は議会が王よりも、よりよく法を司る能力があることを知っている。また、人民は、王国の現在の事柄について実際に議会の人々を選任し、信託する。たしかに、今まで王は、我々の父祖の時代の事柄について国家から信託されており、そのことに人民も同意した。しかし王は、この特別な仕事のために選ばれた議会の人々に比して、王国の現在の事柄について実際の選任や任命を与えられてはいないのである」[42]。

ブリッジは、国王が「父祖の時代」に人民から信託を得ていたものの、「王国の現在の事柄について」は、信託を与えられていないと考えた。その背後には、チャールズ一世が、かつてのような議会との共同統治を忘れ、議会を無視し、専制政治に向かったという事実が存在するだろう。従って、ブリッジの権力論は、国王の専制を抑え、議会の特権を守るという点では、有効であった。しかし、特筆すべきことは、ブリッジが原則的には国王の権力を否定せず、むしろ是認した点である。この点は、ブリッジだけのものではなくピューリタン革命の初期において一般的に見られた特色ではあるが、やはり指摘する必要があるだろう。そして、彼は、国王の権力もまた、人民に由来すると考えた。「人民が王に信託した目的は、王国の安全と安寧であり、国家の安全と福祉である」[43]。「国王は王国の安全に気を配らなければならない。何故なら、彼は人民によって信託されているからである。そして議会も同様に、国土の安全に関して人民によって信託されている」[44]。このようにブリッジは、人民の信託を根拠にして、議会と国王、双方に基本的な権力を認めたのである。

それならば、人民が主権を掌握しているのであろうか。答えは否である。ブリッジは、人民に無制限の権力を許したり、国王廃位権を認めたのではなかった。彼は、「もし王の権力が人民に由来するのなら、人民は再び権力を奪い取るかもしれない」という質問に答えて次のように述べた。「そうはならない。人民は、そのような推論を考える必要はないだろう。なるほど権力が、もし最初に人民から王へ与えられ、王が誤るか不信心である危険な場合に、人民が非常に抑圧され、自己を防衛する権力をもたないならば、人民は王を廃位するよう考えるに至るかもしれない。しかし、王の権力が本来、人民からもたらされたとしても、人民が自己保存に配慮しなければならない危険な時にすら大きな権力をもつならば、人民は、そのことについて何を心配する必要があろうか。……人民は、自己保存の権力を決して他に譲ることがないので、その〔国王の廃位を考える〕必要はない(45)」。

要するに、人民は、どんな時でも「自己保存の権力」を有しているので、国王の廃位など考える必要はないのである。ブリッジは、このように人民の権力の不可侵性を想定していた。その理由は、神が人民に権力を与え、人民・議会・国王それぞれの権力範囲を確定しているからであろう。従って、国王の権力も同様に、不可侵のものであった。「国王は個別的にも総体的にも王国の最高の長である(46)」。国王の権力は、人民の信託に由来しつつも、侵害できないものであった。それ故、「王は、王位に生まれついただろうし、たとえ悪徳で知られていても、相続によって支配するだろう(47)」と言われる。つまり、ブリッジの権力論では、議会の権力、国王の権力が定められ、両者を人民の信託が規定しながらも、人民に絶対的な権力は与えられていなかった。絶対的な権力は、次節で考察するように、神とキリストに属するのである。ブリッジは、「もし我々が統治権力や支配権力を抽象的に考察するならば、それは神自身によって定められた命令である(48)」と言って、神の偉大さを暗示している。

他ならぬこの神の問題から宗教思想が登場するのであるが、その前に、もう少し世俗の議論に耳を傾けておこう。それは、ブリッジによる抵抗権論の説明である。彼は、「王が自らへの信託を実行しない場合、人民は彼ら自身の安全に配慮してもよい(49)」と述べて、国王に対する抵抗の可能性を示唆している。しかし、人民の抵抗権は限定されたものであった。ブリッジは「臣民が国王個人に対して武器を取るのではなくて、臣民が国王個人の周囲にいる害悪者に対して武器を取ってもよいことを示す(50)」のであり、あくまで国王個人に対する攻撃を斥けた。従って、彼によれば、現実に生じている議会軍と国王軍の衝突は、国王周囲の「害悪者」除去を目的としたものであった。「〔ファーン〕博士は、議会が国王に対して武器を取っていると言うけれども、ここで彼は議会をののしり、問題を見誤り、多くの者を欺くだけである。真相は、国家の害悪であった犯罪者に兵を送るべく、議会がエセックス伯の指揮下に軍隊を今、動かしているだけである(51)」。

このように、ブリッジの抵抗権論は、「国家の害悪であった犯罪者」を追放するのに役立っても、国王そのものを打倒する議論を展開していない。また、彼の権力論は、伝統的な混合政体的思想を基軸に、国王の専制をチェックするには有効であった。しかしながら、全面的に国王派と対決するためには、彼の政治思想は不十分であり、別の思想的枠組みが必要となろう。ここで想起されるのは、神の超越性である。国王派との対決や国王の廃位を推進し、正当化できるのは、人民でも議会でもなく、ただ神のみであろう。ブリッジは、「主が、我々のために偉大なことを行った。……従って、我々すべては、慎んで神と共に歩もうではないか(52)」と言って、超越的な神の存在に言及している。この点をさらに敷衍して、神の摂理とキリストの来臨を論じたのが彼の千年王国論である。ブリッジの思想をより包括的に理解しようとすれば、「キリストの来臨」をキー概念とする彼の宗教思想を考察しなければなるまい。

4　ブリッジの千年王国論

(1)カトリック批判の千年王国論

ここでは、ブリッジの千年王国論を中心に宗教思想を検討しよう。主たる分析対象は、長期議会でなされたブリッジの説教中、印刷物となった五本(53)(一六四一年、四三年、四六年、四七年、四八年)であり、補足的に彼の著作三本(54)(一六四二年、四九年、四九年)を用いる。ブリッジの宗教思想は、多岐にわたっているが、その核心は千年王国論にあると思われるので、まず千年王国論を検討し、その後、教会論、寛容論、救済論という順で考察することにしたい。

千年王国論とは、聖書の『ダニエル書』や『ヨハネの黙示録』を典拠にして、近い未来にキリストが来臨し、地上でキリストの王国が実現されるという教義である。千年王国論は、原始キリスト教の教義であったが、その後、長い異端的伝統をへて、一七世紀イングランドにおいて有力な教義として復活した[55]。この復活に寄与したのが、トマス・ブライトマンやジョゼフ・ミードといった神学者である[56]。ブリッジら独立派も、ブライトマンやミードの影響下にあった。しかし、独立派聖職者は、千年王国論を神学者の議論にとどめず、革命期の社会的思想とし、国王派打倒の有力なエネルギー源としていった。最近の研究は、千年王国論を「一六四〇年代の独立派の最も強烈な信念[57]」として、その意義を次のように語っている。「千年王国論的幻想は、一六四〇年代を経過するにつれて、独立派コングリゲーションに対するその支配力を強めた。たとえ聖徒支配にとっての適切な条件や、千年王国の到来ないしキリストの再臨が叶わないにせよ、それは神の道具として行動するという彼らの意識を高め、ついには彼らに武器を取らせ、国王の首を切り落したのである[58]」。

だが、独立派の千年王国論は、決して狂信的なものではなかった。それは、神の摂理を記した聖書に準拠し、厳密な聖書解釈によって基礎付けられていた。ブリッジは、ケンブリッジ大学で神学の専門的訓練を受けており、聖書、わけても『ダニエル書』と『黙示録』の解釈を通して千年王国論に到達した。彼の千年王国論は、おそらくオランダ亡命を契機に形成されたものであり、帰国後の長期議会での説教において一貫して主張された。その際、特徴となるのは、厳密な聖書解釈と同時に歴史的な発想である。ブリッジは、一六四一年の『バビロンの没落』という説教で、キリストの王国に先行する諸王国の歴史を描いている。「我々が『ダニエル書』を見るならば、これによって『黙示録』の多く〔の箇所〕は、次のように解釈されるべきである。我々は次々に継起する四匹の獣への言及を見出すだろう。それは、四つの王国あるいは君主国と解釈される。第一のものはカルディアである。第二のものはメディアとペルシアである。第三のものはギリシアである。そして第四のものはローマである。ヨハネの時代以前に最初の三つの獣は死滅した。最後の第四の獣が唯一生き残ったローマ帝国である[59]」。

ブリッジは、聖書を歴史的に解釈し、キリストの王国に先行する四王国を、カルディア、メディアとペルシア、ギリシア、ローマと規定した。このなかで、最初の三王国は、すでに滅亡しており、ローマ帝国のみが存続していた。彼は、ローマが、ローマ教会に姿を変えて、一七世紀に至っても、なお健在であると考えた。ブリッジは、『バビロンの没落』のなかで、打倒すべき「ローマ」を次のように広義に解釈した。「従って、この最近のバビロンを、我々はローマ教会と理解する。それはローマの城壁に限定されるのではなく、ローマの商人による交易やローマ商品の他国への出荷でもある。ここで理解されるべきは、ローマの商品すべてを伴う、広い意味でのローマであり、ローマによって象徴されるものである」[60]。

一七世紀の「ローマ」とは、「ローマ教会」であり、「ローマによって象徴されるもの」であった。従って、それはカトリック勢力と見なすことができる。ブリッジは、「反キリスト的・ローマ的バビロンが本当のバビロンである」[61]と言って、「ローマ」が「反キリスト」であることを示唆している（図5－3を参照）。一七世紀にキリストの王国を実現するためには、「反キリスト」である「ローマ」の完全な滅亡、つまりカトリック勢力の打倒が必要となる。ブリッジは、プロテスタントの立場に立って、ローマ教皇やカトリック勢力への批判を続けた[62]。

図5－3　ヒュー・ブロートン著『聖書の調和』（1588年）のなかに描かれた「バビロンの淫婦」

出典：K. R. Firth, *The Apocalyptic Tradition in Reformation Britain, 1530–1645*, Oxford, 1979, p. 157.

（2）国王派批判の千年王国論

しかし、ここで留意しなければならないのは、カトリック等の「反キリスト」が、国外のみでなく、国内にも存在することであった。それは、イングランドにおける親カトリック勢力、ロード派や国王派であった。ブリッジは、国王派のファーンとの論争に際して、国王派の意見とカトリック（イエズス会）のそれとの一致点を指摘した。「彼（ファーン）自身の意見とイエズス会のそれとの間には多くの一致点が存在する。つまり、彼ら（彼らのほとんど）は、すべての教会権力が、教会にではなく、ペテロから教皇と主教に与えられると考え、同様にすべての世俗権力が、国家にではなく、直接国王に与えられ、ただ国王のみから派生すると考えるのである」[63]。ブリッジは、教会権力と世俗権力という両面において、国王派とカトリックとの一致点を指摘した。そして、彼は、カトリックと多くの一致点をもつ国王派こそが「反キリスト」であることを、一六四三年の議会説教で次のように示したのである。

「キリストからキリストまでの教会、つまりキリストの死から彼の再臨までの教会は、三つの迫害と出会ってきた。第一は原始期のように剣によるものであり、第二はアリウス派の時のように異端によるものである。第三は近年の反キリストの時のように剣と異端、両方によるものである。……教会の常なる敵であった四つの大王国は、ダニエルによって四匹の獣、ひょう、熊、獅子等にたとえられている。しかし、近年興隆した反キリストの獣は、四匹全部で作られている。つまり、足は熊の足であり、口は獅子の口であり、ひょうに似ており、竜に権力を与えられている（『黙示録』一三章二節）。まるで、すべての王国の残忍さが反キリストに集中し、合わさっているかのようだ。……さて、今日興隆した敵は、背教の敵である。従って、もし彼らが勝利すれば（幸いにも神はそれを禁じているが）、彼らはイングランド人がかつて見たなかで最悪の敵となろう。それは、あのメアリ女王時代の敵よりも、ずっと悪いものである。何故なら、我々はメアリ女王時代に、二、三、四人から一〇人が、そこここで殺戮されたことを読み知っている。しかし、今やこの敵が勝利すれば、二、三、四人から一〇人ではなくて、三千、四千人から一万人が連れ出され、すべて虐殺されるだろう。メアリ女王時代に我々の先祖は死んだが、その子孫は国土を継承した。しかし、今や我々の国土、特権、子孫、宗教、そして我々はすべて一度に死滅しようとしている」[64]。

ブリッジは、「近年興隆した反キリスト」の残忍さについて述べ、その凶悪さを一六世紀の「メアリ女王時代」のカトリック反動と比較して強調している。この「反キリスト」とは、「イングランド人がかつて見た」ものであり、間違いなく、ブリッジ自らも迫害の犠牲となったロード派、あるいは内戦開始後の国王派を意味すると考えられる。彼は、一六四六年の説教『神が怒る時の聖徒の隠れ場』において、ロード派の罪状を次のように指摘した。「三つの大罪のために、神は多年に及び我々と争ってきた。それは、第一に偶像崇拝と迷信、第二に聖徒と信仰力への敵対、第三に抑圧と不正である。私は冒瀆、泥酔、姦通のために国が悲しんできたことを知っている。しかし、上記の三者は、神が通常、国民に対して剣をふるう三つの大罪なのである」[65]。

ロード派が、革命前に礼拝面と教義面において国教会を改変し、ピューリタンを弾圧してきた点は前述の通りである。ブリッジは、このロード派の行状に対して、神が国民全体に剣をふるったと考えた。ロード派の罪は、その興隆を招いた国民全体の罪であった。超越的な神の罰は、甘受しなければならない。しかし、天罰は、いつまでも続くものではなかった。ブリッジは、一六四七年に『それにもかかわらずイングランドは救済される』という説教を行い、天罰からの解放を積極的に説いた。「いかに傲慢や抑圧、宮廷の不浄、迷信、そしてピューリタンの名の下、聖徒への迫害が行われたか。それにもかかわらず、神は我々を救済したのである」[66]。

このようにロード派からの解放が説かれた。この説教がなされた頃、すでに第一次内戦は議会軍の勝利に終わっていた。ロンドンでは平等派を中心に下層市民・民衆層が新たに登場し、革命の行く手を左右しようとしていた。ブリッジは、こうした事態をも加味して、「暴力」からの解放を次のように論じた。「神の民が暴力の下にある時、聖書の言葉では捕囚されていると言う。汝らは、人々の暴力下にずっとあった。メアリ女王時代は教皇主義者の暴

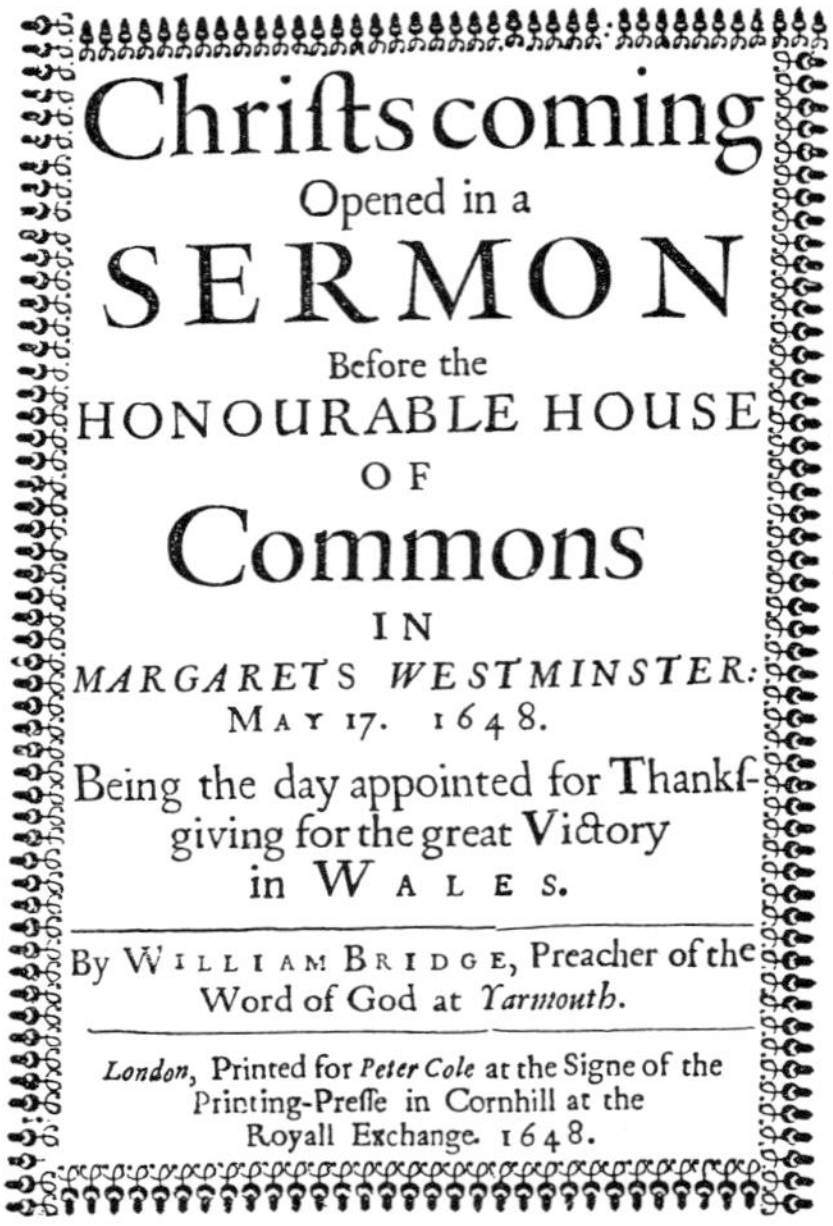
Christs coming
Opened in a
SERMON
Before the
HONOURABLE HOUSE
OF
Commons
IN
MARGARETS WESTMINSTER:
MAY 17. 1648.
Being the day appointed for Thanksgiving for the great Victory in WALES.

By WILLIAM BRIDGE, Preacher of the Word of God at Yarmouth.

London, Printed for Peter Cole at the Signe of the Printing-Presse in Cornhill at the Royall Exchange. 1648.

図5－4　ウィリアム・ブリッジの著作『キリストの来臨』（1648年）

出典：William Bridge, *Christs Coming Opened in a Sermon*, London, 1648, title page.

力下にあり、最近は高位聖職者の暴力下にあった。そして、ごく最近、議会は群衆（the Rout）の暴力下にある。シティの信徒もまた暴力下にある。しかし、あなた方をこの暴力から解放した主は、南の海〔紅海〕のように、あなた方の捕囚を解いたのである[67]」。

ブリッジは、「群衆の暴力」による行き過ぎに警戒しながらも、カトリックやロード派からの解放を議会に対して訴えた。こうした解放は、「キリストの来臨」によって完成する。一六四八年には第二次内戦が開始されるが、同年の『キリストの来臨』という説教は、文字通りキリスト来臨への期待のなかで、国王派の打倒を打ち出している（図5－4を参照）。ブリッジは、この説教において、クロムウェル軍が国王軍に勝利したことを神に感謝して言った。「今やキリストは、絶好のほとんど奇跡的な戦勝と解放と共に来臨する[68]」と。このように、ブリッジは、ロード派や国王派の打倒を大きなテーマにしたのである。それらの打倒を進める上で、千年王国論が有力な支柱を与えたことは、想像に難くない[69]。ブリッジは、次のような熱烈なアピールによって『キリストの来臨』の末尾を飾った。「あなた方に対する私の忠告・助言がある。それは、主なるイエスがあなた方の町、都市、王国、教会に接近するだろう時、あなた方は彼を受け入れ、彼に対して門や扉を閉ざさないようにしたまえというものだ。汝らすべての町、都市、行政官よ、頭を上げたまえ。汝らの頭上にある門を開けたまえ。そして、あなた方すべての教会人

(Temple-men) と教会よ、この栄光の王がそこから入る永遠の扉を開けたまえ」[70]。

ブリッジは、キリストの来臨が確実であり、それに心して準備するように訴えた。キリストの来臨は、地上に激変をもたらすであろう。その時、世俗の王は、「栄光の王」キリストに取って代わられるのである。ブリッジの千年王国論は、もちろん神学的な聖書解釈や歴史的発想に支えられたものであった。しかし、彼の「勤勉な」聖書解釈は、カトリック批判や「反キリスト」概念を媒介として、国王派打倒に寄与する千年王国論に到達した。ブリッジは、批判者の目から見れば、当然「デマゴーグ」とみなされたであろう。何故なら、本来、神学的であるべき千年王国論が、具体的な敵を定めて、ロード派や国王派打倒に貢献したからである。キリストの来臨は、「ほとんど奇跡的な戦勝」を保障し、内戦遂行にとって大きな励ましを与えた。そして、新たに国王となるキリストは、世俗の国王を相対化する。つまり、キリストの来臨は、国王派を打倒し、世俗の国王を廃位する道を切り開いたと考えられるのである。

(3) 教会論、寛容論、救済論

以上の千年王国論に対して、ブリッジの教会論、寛容論、救済論はどのような意味をもつのであろうか。まず、教会論から見よう。ブリッジの教会論は、信者集団からなるコングリゲーションや独立派教会の自立を説くものであった。その際、彼が千年王国論との関連で、各個教会を位置付けた点は注目すべきである。ブリッジは、キリスト教の諸制度を、キリストの来臨と関連付けて、次のように述べた。「キリストのあの任命、制度、命令である洗礼、聖餐、各個教会 (Paticular Churches)、牧師職、教会の譴責、詩篇の唱歌といったものは、キリストの再臨まで継続される普遍的かつ永続的な基礎に位置付けられる」[71]。このなかで、各個教会は、聖徒の結集する場であり、特別な意味が与えられた。彼は、内戦の最中、「キリストが、その間に諸教会のために行った勝利や解放のすべては、この王国と彼の来臨にとって非常に多くの進歩である」[72]と主張し、諸教会の自立をキリスト来臨への重要なステップと見なした。

ブリッジは、「バビロン」や「反キリスト」との戦いを通じて、諸教会の自立が達成されると信じた。彼は、「バビロンの没落が強く求められるにつれて、それと同じく諸教会の興隆は望まれる」と述べ、「キリストが諸教会に残したあの自由で、諸教会を維持すること」[73]が必要であると考えた。「反キリストの権力以後、コングリゲーションはその権力を失っていた」[74]のであるが、キリストの来臨によってコングリゲーションは栄光につつまれる。キリストは、独立派教会を直接支配し、「あなた方のコングリゲーションに対する彼自身の統治において、キリストは、あなた方が彼をしっかり把握することや、キリストがあなた方を手放さないことを確実にするだろう」[75]と言われる。キリストの来臨と共に、キリストとコングリゲーションの民は一体化するのである。

こうした希望を掲げながら、ブリッジはコングリゲーションの設立を奨励し、自らも独立派教会を設立・維持していった。コングリゲーションのつみ重ねによって、全国的教会は形成される。ブリッジは、全国的教会においては、コングリゲーション以外に、行政官と聖職者が力をもつと考えた。「行政官と聖職者とコングリゲーション（The Magistrates, the Ministers, the Congregations）。……教会問題について権力をもつ者は、この三者以外に存在しない。行政官は彼らの権力をもち、従って『養父』と呼ばれる。牧師と長老は彼らの権力をもち、従って、育て、指導することを意味する『司牧』を命じられる。コングリゲーションは〔牧師を選ぶ〕権力をもつ。……彼らがもっている権力とは、人民の権力、牧師と長老の権力、行政官の権力である。そして、この三者全部が、イエス・キリストが遺産によって彼らに残した本来の権力をもっているように、あなた方が測り縄を張れるのなら、その時あなた方は正しく縄を張ったことになる」[76]。

すなわち、ブリッジの考えた全国的教会では、行政官と聖職者とコングリゲーションの三者がそれぞれ権力をもつ。三者の権力は、「キリストが遺産によって彼らに残した」ものであった。ブリッジは、コングリゲーションの自立を説きながらも、全国レヴェルの教会では、行政官と聖職者の権力を重視したのである。権力分立的なこの教会の姿は、ブリッジの権力論を想起させる。権力論において、彼は国王・議会・人民という三者の均衡を考慮し、君主政を否定してはいなかった。こうした権力論と対応する発想が、実は、彼の教会論のなかにも示されている。ブリッジは、あるべき全国的教会（つまりキリストの王国）の姿を次のように描いた。

「あなた方が、キリストの統治を長たるキリストについて見るならば、それは君主政であり、長老について見れば、それは貴族政であり、自己の官吏を選定する権力をもつ人民について見れば、それは民主政である」[77]。このようにキリストの王国は、混合政体的であった。混合政体を構成する三者中、君主政はキリストの王権を保障するものとして不可欠であろう。ブリッジが、政治思想において、国王への攻撃をさけ、君主政を否定しなかった理由は、国王となるキリストに道を開く必要があったからではないだろうか。君主政は、キリストの来臨まで継続されなければならない。何故なら、キリストは、来臨と共に、世俗の国王に代わり、新たなる国王となるからである。ブリッジの思想では、キリストの来臨を保障するためにも君主政は必要であった。しかしながら、彼は、キリストの来臨を設定することによって、世俗の国王を相対化し、国王派と対抗する道を示唆したと言えるのである。

次に、ブリッジの寛容論に移ろう。寛容論は、教会加入や破門の問題を大きなテーマとした。彼は、教会への加入や破門について寛容な態度を示した。「かつてはユダヤ人全体が一つの教会であったが、今は人が信仰さえすれば教会へ加入する。かつては、ある人が罪を犯したと推測されれば人々の間で剣によって斬首されたが、今は教会の譴責によって除名されることになる」[78]。つまり、暴力や迫害によってではなく、教会の譴責によって罪人や不道徳者をチェックするのである。ブリッジは、ブラウニスト（分離派）や再洗礼派をも寛容の対象とし、宗派的には幅広い寛容論を提示した。しかし、その理由には留意する必要があろう。その理由とは、彼らがプロテスタントに属するというものであった。

「ここで言われたように、もし人々がプロテスタントの宗教を強く支持し、教皇主義者に反対するのならば、人々は教皇主義者よりも、ブラウニストと再洗礼派を恐れることは決してないだろう。何故なら、彼らはプロテスタントの宗教に属し、教皇主義者とは違って、基本的に我々と異なっていないからだ」[79]。ブリッジは、プロテスタントの立場からブラウニストや再洗礼派を擁護したのであり、カトリック批判を忘れていなかった。つまり、彼はロックの寛容論のように政教分離という近代的原理からブラウニストや再洗礼派を寛容したのではなくて、プロテスタント対カトリックという二項対立を堅持していた[80]。カトリックは、千年王国論で見たように、打倒対象だったのであり、到底、寛容できない。ブリッジの寛容論は、一見、幅広い寛容を説きながらも、核心においてはカトリックを除外しており、きびしい戦闘性・排他性によって貫かれていた。従って、それは近代的な宗教思想からは区別され、むしろカトリックや「反キリスト」に対する戦闘性によって特徴付けられるのである。

最後に、ブリッジの救済論について考察しよう。彼の救済論は、神の恩恵を重視するものであり、基本的には救済予定説であった。彼は、神が人間に与えた賜物（Gifts）ではなく、神の恩恵（Grace）こそが死後の救済を決定するとし、救済の可否は恩恵の有無に存すると考えた。「賜物（霊的賜物）の方法は、すぐれた方法で非常に望ましい。しかし、恩恵と愛の方法は、よりすぐれた方法であり、最も望ましい。……賜物は、恩恵の援助のために与えられている。……人間は、それほど大きな才能や賜物を与えられてはいないが、しかし同時に、彼が恩恵をもっていなければ、彼は地獄へ行き、永遠に死滅するかもしれない」[81]。ブリッジは、こうした救済論を軸にして、救済に関する人間の無力さを論じた。人間の無力さは、神の超越性を前提にする。救済の確証を求める人間は、現世において「神の栄光を増すため」の規律付けられた生活を送るかもしれない[82]。ブリッジもまた、怠惰な生活を批判し、厳格な規律を要求した[83]。

しかし、ブリッジは、現世での救済を拒否した訳ではなかった。前述したように、ブリッジの思想は、現世においてキリストの来臨を設定し、地上におけるキリストの王国の実現を待望するものであった。彼は、地上の王となるキリストへの信仰を次のように語った。「……あなた方が敬虔なる者（Godly）であろうと、敬虔ならざる者（Ungodly）であろうと、今日、主の言葉を聞くことである。もしあなた方が敬虔ならざる者であろうとも、主の言葉を聞けば魂は生きるでしょう。この偉大な預言者〔キリスト〕に聞けば、あなた方の魂は生きるでしょう」[84]。ブリッジは、キリストへの信仰と服従を要求している。キリストへの信仰を持ち続ける限り、少なくとも現世では「敬虔ならざる者」も救済されるのである。ブリッジの救済論は、神が死後の救済を予定しているという点では救済予定説であるが、現世の救済に関してはキリストへの信仰と服従を掲げていた。キリストは、やがて来臨して国王となり、地上での人々の救済は実現される。つまり、現世での救済は、ブリッジの場合、千年王国論と関連付けられるのである。現世では、「敬虔なる者」にとっても「敬虔ならざる者」にとっても、キリストと「反キリスト」の対決が重要であり、キリストに服従する者には、救済の可能性が示されたのであった。

5　伝統的な思想群の蘇生

以上、ブリッジの権力論と千年王国論を中心に政治思想と宗教思想を検討してきた。まとめれば、次のようになるだろう。彼の権力論は、中世以来の混合政体的な思想であった。ブリッジは、議会と人民と国王という三者について権力を認めていた。議会の権力は、革命期には人民の信託を拠り所にして、国王の権力よりも優位に立つと考えられた。人民は、議会や国王に彼らの権力を信託していたのであるが、自己保存権は持ち続けていた。他方で、国王の権力もまた不可侵であり、決して人民や議会が国王を廃位させることはできなかった。三者の上位には、絶対的な権力をもつ神が存在した。そして、神のみが三者に対して権力を与えており、議会・人民・国王はすべて並び立つものであった。ただブリッジは、国王の専制に対して、人民の信託を受けた議会が行きすぎをチェックし、国王周囲の「害悪者」を除去すべきであると考えた。その限りで、彼の思想は、チャールズ一世の専制政治に対する有効な主張となり得たのである。従来の研究は、ブリッジの政治思想を低く評価してきたのであるが、彼の政治思想が革命期に有効な役割を果たした点を認める必要があるだろう。

次に、ブリッジの宗教思想は、政治思想では十分に説明できなかった国王派との対決に根拠を与え、これを促進するものであった。その際、中心になったのは千年王国論である。千年王国論は、元来、原始キリスト教の教義であったが、ブリッジは、これを枠組みにして、一七世紀に特有の意味を付与していった。彼の千年王国論は、厳密な聖書解釈や歴史的発想を基本とし、カトリック批判を組み込んでいた。彼は、ロード派や国王派をカトリックの手先、あるいは「反キリスト」と見なし、プロテスタントの立場から国王派の打倒を正当化していった。反カトリック意識は、一六世紀の宗教改革に端を発し、イングランドではエリザベス朝期に普及した。(85) その意味で、ブリッジは、中世以来の政治思想だけでなく、近世の宗教思想をも動員して、国王派批判への道を切り開いていったのである。

来たるべきキリストの来臨は、現状の秩序を一変させ、世俗の国王を相対化するだろう。世俗の国王は、キリストの来臨と共に廃位される。何故なら、「反キリスト」の側に立つ国王は、キリストに王位を譲らざるを得ないからである。この交替劇は、神学的・歴史的な裏付けをもった神の摂理なのであり、人間の能力の及ばないものであった。人間にできるのは、「反キリスト」を打倒し、キリストの来臨を待望するだけであろう。こうして、君主政は維持されながら、キリストの王国は実現されることになる。ブリッジの千年王国論が、内戦遂行にとって大きな励ましになった点は想像に難くない、それは、次のような言葉からも窺える。「イングランドは、特別な仕方で主なるキリストの王国となるであろう。そして、我々すべては、全能の主なる神が我々の間で支配すると言うだろう。……あなた方が、キリストの来臨と彼の王国に思いをそそげば、そそぐほど、あなた方の心は困難な時にますます励まされるだろう」[86]。

また、ブリッジの教会論、寛容論、救済論は、千年王国論と深い関連性を有していた。彼の教会論は、コングリゲーションの自立を唱えていた。コングリゲーションは、「反キリスト」によって抑圧されてきたが、キリストの来臨と共に解放される。このコングリゲーションの積み重ねによって全国的教会が形成された。全国レヴェルでは、ブリッジは、権力論と対応する考えを提出しており、キリストの王国を君主政・貴族政・民主政という三者のバランスが取れた政体と見ていた。おそらく彼の権力論には、こうしたキリストの王国の姿が投影されていたと思われる。次に、ブリッジの寛容論は、幅広い寛容を説くように見えながら、カトリックに対する厳しい姿勢を貫いていた。カトリックは千年王国論において打倒対象だったのであり、容易に寛容できるものではなかった。彼の寛容論は、カトリックや「反キリスト」に対する排他性・戦闘性によって特徴付けられており、近代的な宗教思想とは言い難いものである。さらに、ブリッジの救済論は、カルヴァン主義の救済予定説を基調としていた。彼は、死後の救済の可否を神の恩恵の有無によって説明し、人間の無力さと神の超越性を前提にしていた。しかし、彼の思想は、死後の救済について説くだけでなく、現世における救済をも論じていた。彼は、来たるべき王であるキリストへの信仰と服従をかかげ、地上での救済の道を示したのである。

ブリッジの政治思想と宗教思想は、以上のようにまとめることができる。本章の冒頭で述べたように、近代的視角からする研究は、ブリッジの思想を低く評価する傾向にあった。しかしながら、彼の思想は、原始キリスト教以来の千年王国論を基本的な枠組みとし、中世的な権力論や近世的な反カトリック主義を取り込み、国王派打倒に寄与したのであり、革命思想として積極的に評価できるだろう。彼の思想は、いわば「伝統的な」思想群に生命を与えて、一七世紀に蘇生させ、それらを用いて革命遂行に貢献したのであり、独自の意義を認めることができる。ピューリタン革命そのものは、君主政を打破し、近代社会への道を切り開いていった。ブリッジの思想は、ロックの思想のように「近代」とストレートにつながるものではないが、「伝統」と「近代」の狭間にあって、千年王国論を核に古代から中世・近世に至る思想的遺産を継承して、革命を促進し、結果的には「近代」を展望した。彼の思想は、このような積極的意義を有するのである。

ところで、以上の考察は、一六四〇年代のブリッジの思想を中心とするものであった。一六五〇年代のブリッジの思想は、史料上の制約もあって追跡困難である。そこで、一六五〇年代の彼の思想を語る史料を調査すると同時に、彼の活動などから思想のあり方を推測することが、今後の課題となるだろう。もう少し具体的に言えば、グッドウィンやナイといった独立派主流の聖職者たちと比較して、ブリッジの置かれた位置を把握し、またイースト・アングリアにおける彼の活動を地域史的視角から解明することである。イングランド南東部のイースト・アングリアは、一六五〇年代になると、第五王国派運動の盛んな土地となっていった。ここで興味深いのは、ブリッジをイースト・アングリアの第五王国派の「有力な助言者」と見なす見解が提示されている点である[87]。この点がより明確になれば、ブリッジは独立派から第五王国派へと千年王国論を橋渡しした人物として、両者の結節点に位置付けることができるだろう。しかし、この点を検討する余地は本章に残されていない。ブリッジを他の独立派聖職者と比較したり、第五王国派との関連で理解する作業は、今後の課題としておきたい[88]。

註

（1） Thomas Goodwin, Philip Nye, Sidrach Simpson, Jeremiah Burroughes and William Bridge, *An Apologeticall Narration...*, London, 1644, rep in W. Haller (ed.), *Tracts on Liberty in the Puritan Revolution, 1638-47*, Vol. 2, New York,

1934.

（2）グッドウィンについては、岩井淳「ピューリタン革命期の千年王国論」（『イギリス哲学研究』九号、一九八六年）および本書第4章を参照されたい。

（3）以下に述べる研究以外で、ブリッジに言及したものとして、W. Haller, *The Rise of Puritanism*, New York, 1938, p. 79 ; do., *Liberty and Reformation in the Puritan Revolution*, New York, 1955, pp. 114, 248 ; G. Yule, *The Independents in the English Civil War*, Cambridge, 1958, pp. 11, 16, 144 ; Ch. Hill, *Society and Puritanism in Pre-Revolutionary England*, London, 1964, pp. 102, 224, 459 などがある。ただし、これらの著作は、いずれもブリッジに関する本格的な研究ではない。

（4）もちろん、近代的視角からする研究が、現在まで主流を占めている訳ではない。欧米でも日本でも、一九六〇年代後半から新しい独立派研究が登場し、その流れの延長線上に千年王国論研究は位置付けられる。新しい研究の画期となったのは、M. Walzer, *The Revolution of the Saints*, Cambridge, Mass., 1965 ; 浜林正夫『イギリス革命の思想構造』（未来社、一九六六年）、田村秀夫『イギリス革命とユートウピア』（創文社、一九七五年）などである。

（5）W. K. Jordan, *The Development of Religious Toleration in England*, Vol. III, Cambridge, Massachusetts, 1938, p. 371.

（6）松浦高嶺「清教徒革命における『宗教上の独立派』」（立教大学『史苑』二三巻一号、一九六二年）、二一頁。

（7）今井宏「独立派の政治理念」（水田洋編『イギリス革命』御茶の水書房、一九五八年）、一三五頁。

（8）今井・前掲論文、一六八頁。

（9）J. H. Franklin, *John Locke and the Theory of Sovereignty*, Cambridge, 1978〔今中比呂志・渡辺有二訳『ジョン・ロックと主権理論』御茶の水書房、一九八〇年、一頁〕.

（10）前掲邦訳、三三頁。

（11）フランクリンと同様の視角から、ブリッジの著作の抵抗権論と権力論に関する部分を抜粋したものが、A. Sharp（ed.）, *Political Ideas of the English Civil Wars, 1641–49*, London, 1983, pp. 65–66, 72–74 である。しかし、シャープの史料集は、フランクリンの著作と同様に、ブリッジの千年王国論に論及することはない。

（12）P. Toon, "Der Englische Puritanismus", *Historische Zeitschrift*, 214, 1972, S. 40.

（13）W. Walzer, *op.cit.*, pp. 264, 296 ; J. F. Wilson, *Pulpit in Parliament*, Princeton, 1969, pp. 46–47, 75, 92–93, 182, 193–194 ; W.

M. Lamont, *Godly Rule*, London, 1969, p. 80.

(14) Ch. Hill, *Antichrist in Seventeenth-Century England*, London, 1971, pp. 28, 82–83 ; Tai Liu, *Discord in Zion*, The Hague, 1973, pp. 15–16, 30, 59 ; B. W. Ball, *A Great Expectation*, Leiden, 1975, pp. 93, 223, 225 ; M. Tolmie, *The Triumph of the Saints*, Cambridge, 1977, p. 87〔大西晴樹・浜林正夫訳『ピューリタン革命の担い手たち』ヨルダン社、一九八三年、一六八頁〕.

(15) ブリッジの著作は、長期議会での説教が、主として R. Jeffs (ed.), *The English Revolution, I. Fast Sermons to Parliament*, Vol. 1–34, London, 1970–71 に収められており、その他の著作は、British Library, Thomason Collection〔以下、T. C. と略記〕に所収されている。

(16) ブリッジの生涯については、主として *Dictionary of National Biography*〔以下、*DNB* と略記〕, Vol. II, Oxford, 1917, pp. 1223–1224 ; L. J. Holley, "The Divines of the Westminster Assembly", Ph. D. thesis, Yale University, 1979, p. 284 に依拠した。

(17) 革命期にブリッジと共に活躍したトマス・グッドウィン、サイドラック・シンプソン、ジェリマイア・バローズは、いずれもケンブリッジ大学出身であり、このなかで、シンプソンとバローズは、ブリッジと同じイマニュエル・カレッジの出身であった。

(18) 米川伸一『イギリス地域史研究序説』（未来社、一九七二年）、四三二頁。

(19) ロード派は、以下に述べるようにカトリックやアルミニアンと見なされることが多かった。この点については、E. S. Cope, *Politics without Parliaments, 1629–40*, London, 1987, p. 44 ff を参照。

(20) L. Stone, *The Causes of the English Revolution, 1529–1642*, London, 1972, p. 119〔紀藤信義訳『イギリス革命の原因』未来社、一九七八年、一七四頁。ただし訳文は、必ずしも邦訳に依っていない。以下同様〕. また、浜林正夫『イギリス宗教史』（大月書店、一九八七年）、一三九頁を参照。

(21) *Ibid.*, p. 119〔邦訳　一七四頁〕.

(22) J. T. Cliffe, *The Puritan Gentry*, London, 1984, p. 173.

(23) *Ibid.*, p. 173.

(24) *Ibid.*, p. 173.
(25) 安元稔『イギリスの人口と経済発展』(ミネルヴァ書房、一九八二年)、一七五頁。
(26) *DNB*, Vol. XVIII, Oxford, 1917, p. 277.
(27) *Ibid.*, p. 277.
(28) Tolmie, *op.cit.*, p. 95〔邦訳 一八三頁〕.
(29) このような事例を根拠に、ウォルツァーは、独立派と都市上層階級の結びつきを説明している(Walzer, *op.cit.*, pp. 137–138)。
(30) Wilson, *op.cit.*, Appendices. 長期議会における説教の概数は、本書第4章の表4-2(一三一頁)を参照。
(31) *DNB*, Vol. II, p. 1223.
(32) Holley, op.cit. p. 284.
(33) W. Bridge, *The Wounded Conscience Cured*, London, 1642, T. C., E. 89 (8); do., *The Truth of the Times Vindicated*, London, 1643, T. C., E. 61 (20).
(34) ファーンやディックスの思想については、Sharp (ed.), *op.cit.*, pp. 89–94, 97–102, 113–118を参照。
(35) 平等派の思想については、A. S. P. Woodhouse (ed.), *Puritanism and Liberty*, London, 1938; A. L. Morton (ed.), *Freedom in Arms*, London, 1975; G. E. Aylmer (ed.), *The Levellers in the English Revolution*, London, 1975: 渋谷浩編訳『自由民への訴え』(早稲田大学出版部、一九七八年)、山本隆基『レヴェラーズ政治思想の研究』(法律文化社、一九八六年)などを参照。
(36) プリンの思想については、Woodhouse (ed.), *op.cit.*, pp. 232–233; Sharp (ed.), *op.cit.*, pp. 31–33, 46–47, 83–87, 133–135; W. M. Lamont, *Marginal Prynne, 1600–69*, London, 1963を参照。
(37) フランクリン・前掲邦訳、三三~四七頁、浜林正夫「政治思想の発展」(『岩波講座世界歴史(旧版)16』岩波書店、一九七〇年)、四七~五二頁、今中比呂志『イギリス革命政治思想史研究』(御茶の水書房、一九七七年)、二七~三九頁。
(38) ハントンの思想については、Sharp (ed.), *op.cit.*, pp. 153–161; 田中浩『ホッブズ研究序説』(御茶の水書房、一九八二年)、二三九~二九八頁、安藤高行『近代イギリス憲法思想史研究』(御茶の水書房、一九八三年)、八九~一二四頁を参照。

(39) フランクリン・前掲邦訳、四七〜六七頁。

(40) *The Wounded Conscience Cured*, p. 6.

(41) *Ibid*., p. 5.

(42) *Ibid*., p. 36.

(43) *Ibid*., p. 6.

(44) *Ibid*., p. 5.

(45) *Ibid*., p. 7.

(46) *The Truth of the Times Vindicated*, p. 52.

(47) *The Wounded Conscience Cured*, p. 36.

(48) *The Truth of the Times Vindicated*, p. 3.

(49) *Ibid*., p. 47.

(50) *The Wounded Conscience Cured*, p. 3.

(51) *Ibid*., p. 21.

(52) W. Bridge, *England Saved with a Notwithstanding*, London, 1648, rep. in Jeffs (ed.), *op.cit*., Vol. 29, p. 10.

(53) W. Bridge, *Babylons Downfall*, London, 1641, T. C., E. 163 (3); do., *A Sermon Preached before the Honourable House of Commons*, London, 1643, rep. in Jeffs (ed.), *op.cit*., Vol. 9; do., *The Saints Hiding-place in the Time of Gods Anger*, London, 1647, rep. in Jeffs (ed.), *op.cit*., Vol. 25; do., *England Saved with a Notwithstanding*, London, 1648; do., *Christs Coming Opened in a Sermon*, London, 1648, rep. in Jeffs (ed.), *op.cit*., Vol. 30. このうち、三番目と四番目のものは、説教の翌年出版された。

(54) W. Bridge, *A Sermon Preached unto the Voluntiers of the City of Norwith and also to the Voluntiers of Great Yarmouth*, London, 1642, T. C., E. 89 (7); do., *A Vindication of Ordinances*, London, 1649, T. C., E. 579 (2); do., *Grace and Love beyond Gifts*, London, 1649, T. C., E. 579 (3).

(55) Toon, a. a. O., S. 39–40; P. Toon (ed.), *Puritans, the Millennium and the Future of Israel*, Cambridge and London, 1970, pp. 6–22.
(56) ブライトマンとミードについては、Toon (ed.), *op.cit.*, pp. 26–32, 56–61を参照。
(57) Tolmie, *op.cit.*, p. 85〔邦訳 一六五頁〕.
(58) *Ibid.*, p. 86〔邦訳 一六七頁〕.
(59) *Babylons Downfall*, p. 7.
(60) *Ibid.*, p. 6.
(61) *Ibid.*, p. 9.
(62) ブリッジを初めとする独立派の反カトリック意識については、岩井淳「ピューリタン革命期の国家と反カトリック問題」(『歴史学研究』五七三号、一九八七年)、一〇〇〜一〇四頁を参照。
(63) *The Truth of the Times Vindicated*, p. 48.
(64) *A Sermon Preached before the Honourable House of Commons*, pp. 10–11.
(65) *The Saints Hiding-place in the Time of Gods Anger*, pp. 21–22.
(66) *England Saved with a Notwithstanding*, pp. 7–8.
(67) *Ibid.*, pp. 29–30.
(68) *Christs Coming Opened in a Sermon*, p. 9.
(69) この点については、本書第4章の「5　革命思想としての千年王国論」を参照。
(70) *Christs Coming Opened in a Sermon*, p. 23.
(71) *A Vindication of Ordinances*, p. 5.
(72) *Christs Coming Opened in a Sermon*, p. 4.
(73) *Babylons Downfall*, To the Reader, p. 15.
(74) *A Sermon Preached before the Honourable House of Commons*, p. 28.
(75) *Ibid.*, p. 31.

(76) *Ibid.*, pp. 27–28.
(77) *Ibid.*, p. 28.
(78) *A Vindication of Ordinances*, p. 4.
(79) *The Truth of the Times Vindicated*, p. 51.
(80) John Locke, *Epistola de Tolerantia, A Letter on Toleration*, 1689,（ed.）by R. Klibansky,（trans.）by J. W. Gough, Oxford, 1968〔「寛容についての書簡」大槻春彦編『世界の名著27』中央公論社、一九六八年〕. 例えば、次のような箇所を参照。「私は何よりも政治の問題と宗教の問題とを区別し、その両者の間に、正しい境界線を設けることが必要であると思うのです」(*Ibid.*, pp. 64–65. 邦訳 三五三頁)。ただし、ロックも、寛容の対象からカトリックを除外している（*Ibid.*, pp. 142–145. 邦訳 三九六頁)。この点は、イングランドにおける反カトリック意識の強固さを示すものであろう。
(81) *Grace and Love beyond Gifts*, pp. 3, 5, 9.
(82) M. Weber, "Die protestantische Ethik und der》Geist《 des Kapitalismus", *Gesammelte Aufsätze zur Religionssoziologie*, Bd.1, Tübingen, 1920, S. 100〔大塚久雄訳『プロテスタンティズムの倫理と資本主義の精神』岩波文庫、一九八九年、一六六頁〕.
(83) *A Sermon Preached unto the Voluntiers of the City of Norwith......*, p. 20 ; *A Sermon Preached before the Honourable House...*, p. 24.
(84) *A Vindication of Ordinances*, p. 35.
(85) C. Z. Wiener, "The Beleaguered Isle : A Study of Elizabethan and Early Jacobean Anti-Catholicism", *Past and Present*, 51, 1971 ; 岩井淳「ピューリタン革命期の国家と反カトリック問題」を参照。
(86) *Christs Coming Opened in a Sermon*, To the Honorable House of Commons.
(87) B. S. Capp, *The Fifth Monarchy Men*, London, 1972, p. 79.
(88) こうした課題の一部は、岩井淳「革命的千年王国論の担い手たち」（田村秀夫編『イギリス革命と千年王国』同文舘、一九九〇年）において果たされた。

第6章　ニューイングランドの千年王国論
――ジョン・エリオットと先住民布教――

1　「インディアンの使徒」

第4章と第5章では、オランダへの亡命体験をもち、帰国後イングランドで活躍したトマス・グッドウィンとウィリアム・ブリッジの思想を、千年王国論を中心に考察した。しかし、第3章で見たように、この時代のピューリタン聖職者は、ニューイングランドへの移住者ともネットワークで結ばれていた。本章は、イングランドとニューイングランドの密接な交流に留意しつつ、北米大陸において繰り広げられた、ピューリタンによる最初の先住民布教を取り上げる。そこで主人公となるのは、布教活動において中心的な役割を果たした「インディアンの使徒（Apostle to the Indians）」ジョン・エリオット（一六〇四〜九〇年）である（図6－1を参照）。イングランド生まれの彼は、一六三一年に渡米して、四六年から「インディアン」と呼ばれる北米先住民への布教を開始した。エリオットらの精力的な活動により、先住民の間からは多数のキリスト教徒が誕生し、彼らが集住した「祈りの町（praying town）」も、一六七四年頃には一四を数えるまでに成長した。

図6－1　ジョン・エリオット

出典：A. T. Vaughan, *New England Frontier*, revised ed., New York, 1979, pp. 198–199.

ところで、このエリオットの布教活動は、どのような意味をもっているだろうか。研究史を振り返ってみると、二つの見解が鋭く対立していることに気付かされる。一方の見解を代表するのは、A・T・ヴォーンである。彼は、一九六五年の著作において「ニューイングランドのピューリタンは、インディアンへの対処においてかなり人道的で思いやりにあふれ、正しい政策を追求した」(1)と述べ、エリオットらの活動に賞賛を送り、肯定的な評価を与えた。他方で、最近の研究はこうした見解に対して批判的なスタンスを取っている。(2)例えば、F・ジェニングズは、一九七一年の論文において「近年の幾人かの歴史家は、アメリカ・インディアンへの博愛主義の実行者というピューリタンの役割についてピューリタン自身の評価を無批判に受け入れてきた」(3)と述べ、ヴォーンを名指しで攻撃した。ジェニングズは、エリオットらの布教の背後には「政治的・経済的動機」が潜んでおり、結果として彼らは「アメリカ侵略」に加担したと考えるのである。(4)

しかし、ヴォーンとジェニングズの論争では、エリオットの布教活動の評価に力点が置かれる一方で、布教を推し進めた宗教的原動力については、あまり言及されることがなかったように思われる。エリオットは、何よりもまずピューリタン聖職者であり、彼の活動の意味付けは、評価や結果からひとまず離れて、彼の著作や手紙の分析から出発する必要があるだろう。エリオットの宗教思想は、一九六三年のA・J・B・ギルスダルフの学位論文や一九七五年のJ・F・マクリアーの論文、日本では一九七五年の田村秀夫氏の著作などによって部分的に明らかにされてきた。[5] これらの研究は、エリオットの思想を彼の布教活動と直接関連付けたものではないが、彼の宗教思想の中核には千年王国論があることを指摘しており、注目に値する。この指摘はその後も生かされ、エリオットの千年王国論は、一九八三年のR・W・コグレイの学位論文や八七年のJ・ホルスタンの著作によって包括的に解明されるに至った。[6]

本章は、これら新しいエリオット研究に触発されて、彼の布教活動が千年王国論から切り離せないものであり、千年王国論が先住民のキリスト教改宗に積極的な意義を与えたことを探究する。中心となる時期は、彼の布教活動が最も精力的に進められた一六四〇年代から五〇年代になる。その際、本章は、結論から言えば、エリオットの活動や思想が先住民の支配に貢献したことを示唆するのであるが、この結論に至る過程において、従来の研究とはやや異なる二つの論点を強調することになるだろう。

その論点の第一は、エリオットの布教活動と思想が、同時代のイングランド、とくにピューリタン革命から大きな影響を受けていたという点である。この点は、彼の布教活動がイングランドからの財政的支援によって支えられ、彼の千年王国論がピューリタン革命と不可分に結び付いていたという事実によって示されるだろう。従来、エリオットの布教活動は合衆国の先住民政策の先駆に位置付けられ、彼の思想もアメリカ・ピューリタニズムの重要な源泉の一つと見なされることが多かった。[7] こうしたアメリカ史の文脈に対して、本章では「大西洋横断的な(transatlantic)」視点に着目して、エリオットを同時代のイングランドとの関連でとらえることになる。

第二の論点は、エリオットの千年王国論がイギリス帝国の思想として機能したというものである。千年王国論や終末論は、近年のピューリタニズムやピューリタン革命の研究において大きな焦点となっている。[8] その際、ピューリタン革命期の幾つかの研究に代表されるように、千年王国論は急進的で革命的な思想として積極的な評価が与えられてきた。[9] この評価を十分尊重しつつも、本章では、千年王国論が植民地や先住民に向けられた時には、本国中心の帝国の思想という特徴をもち、イギリス帝国の支配に寄与したという論点を強調したいと考える。

このような二つの論点を念頭において、以下では次のような順序で考察を進める。第一に、ニューイングランドの先住民に対するエリオットの布教活動を、彼の経歴と共に追跡し、第二に、千年王国論と深く関連する「先住民＝ユダヤ人」説を紹介し、彼が先住民をユダヤ人の末裔と見なしたことによって、布教活動には一層拍車がかかり、独自の意味が付与されたことを提示する。第三に、エリオットの主著や手紙に拠りながら千年王国論の内容と意義を明らかにし、最後に、彼の活動や思想が「帝国的」性格をもっていたことを確認することにしたい。

2　エリオットの布教活動

エリオットの一生は、何よりもまず北米先住民への布教に捧げられた。従って本章では、①彼が一六四六年に布教活動を始める以前の時期、②彼の活動が精力的に進められ、多大な成果を収めた一六七四年までの時期、③彼の活動が、フィリップ王戦争という先住民の反乱によって打撃をうけ、衰退していった時期という三つの時期に区分して、②を中心にエリオットの生涯をたどることにしたい(10)。

〈第一期〉エリオットは、一六〇四年八月、イングランドの東南部ハーフォードシャのウィドフォードで生まれた(11)。彼は、一六一九年から二二年までの間、ケンブリッジ大学のジーザス・カレッジで学んだ。当時のケンブリッジ大学はピューリタン色が濃いことで知られ、エリオットもこの時代にピューリタンの信仰に接近したと考えられる。しかし、一六三〇年頃からピューリタン弾圧が強化される。これに呼応するかのように、彼は、故郷から旅立ち、一六三一年、アメリカに渡った。エリオットが渡航したのは、多くのピューリタンが亡命先に選んだマサチュセッツ湾植民地であった。彼は、一六三二年、ボストン近郊のラックスベリーに定着し、一六九〇年に死去するまでこの地の教会で聖職者（teacher）を務めた[12]。

マサチュセッツ湾植民地を中心にするニューイングランド植民地は、早くから先住民布教に大きな関心を寄せていた（図6－2を参照）。ニューイングランドを代表するピューリタン聖職者、ジョン・コトン（一五八四～一六五二年）は、渡米前の一六三〇年、一足先に渡航する友人ジョン・ウィンスロップを見送りながら、すでに移住者の使命を次のように語った。「最後に、哀れな先住民（poor natives）をつまずかせず、あなた方が彼らの土地に預かるように、彼らをあなた方の尊い信仰に預かるようにしなさい。あなた方が彼らの現世的なものを刈り取るように、彼らに霊的なものを与えなさい。彼らをキリストの愛にたどり着かせなさい。キリストは彼らのために死んだのである。彼らは、まだ福音を拒んだことは一度もなかった。したがって、彼らが今、福音を受け入れる望みは残されている。神がそうした目的のために、この全植民地を建てられたのであると誰が知り得ようか[13]」。

このように先住民のキリスト教化は、入植者の使命の一つに掲げられた。また、一六三八年に設立されたアメリカ最初の大学、ハーヴァード大学は、牧師の養成と同時に先住民への布教を、大きな目的にしていた[14]。そのために、一六五四年、「インディアン・カレッジ」が設立されたのである。この目的に応えるべく、一六四二年からニューイングランドで本格的な布教活動が開始された。宣教師トマス・メイヒューが、コッド岬の南に横たわる「マーサの葡萄園島」で先住民への布教に着手したのである[15]。

図6－2　ニューイングランド地方の先住民ナイアンティクの酋長

出典：R. Bourne, *The Red King's Rebellion*, New York, 1990, pp. 146–147.

しかし、言葉が通じないという問題もあって、先住民へのキリスト教布教は、容易に進展しなかった。エリオットは、こうした動向を見ていたのであろう。彼は、一六四三年九月、先住民の言葉アルゴンキン語を先住民から直接習い始めた。もちろん、その動機は、アルゴンキン語でキリストの教えを説き、先住民と直に接することによって遅々として進まない布教活動を打開するというものであった。

〈第二期〉一六四六年九月、エリオットは、マサチュセッツのネポンセットにおいて最初のアルゴンキン語説教を行った。しかし、彼は、先住民の心をつかむことができず、成果を上げられなかった。彼はこれにめげず、同年一〇月、先住民集落で再び、アルゴンキン語の説教を試みた。先住民たちは、七五分にも及ぶエリオットの力強い説教に、ようやく耳を傾け、今度は彼も手ごたえを感じることができた。その後、彼は、三度にわたりこの集落に通ったようであるが、結局、改宗者を出すまでには至らなかった(16)。エリオットの側でも、この時点では、先住民はキリスト教徒になる資格を有していないと判断していたように思われる。彼は、先住民に対し、説教を熱心に聞いて、罪を悔い改め、安息日を遵守するなどして、来るべき改宗の日に準備するように求めた。しかし、キリスト教徒になるには、それだけでは不充分であった。彼は、先住民が、何よりもまず生活習慣を改め、「イングランド化」して「文明化」する必要があると考えた。エリオットは、一六五〇年代初めの手紙で、先住民は「教会の交わりへの正式な認可を受ける以前に、目に見える文明（visible civility）をもたなければならない(17)」と述べている。

この「文明化の使命」は、一六五一年八月から大々的に実行されることになった。この時、エリオットは、ラックスベリーから一八マイル離れたネイティクに先住民を集住させ、最初の「祈りの町」を建設したのである。ここでは、先住民の「文明化」が徹底的に行われた。①彼らは旧来の部族から引き離され、新しい統治形態を模索し、②白人から農業技術や土木技術を習って、作物を植え、集会所や家を建てて集住し、③一夫一婦制や労働倫理といった白人やピューリタンの生活様式を受け入れた。のみならず、④彼らの伝統的習慣は「悪習」として斥けられ、

⑤学校教育を通じて、彼らには読み書き能力が教え込まれた[18]。

こうした「文明化」の進展に加え、次節で述べるエリオットの思想的変化もあって、彼は、この頃から先住民がキリスト教徒になる資格を備えているという認識に到達したようである。彼は、すでに一六五二年、ネイティクの一部の先住民が正式の教会員となることを望んだが、近隣の聖職者の同意を得ることができず、この望みは実現しなかった。ようやく一六五九年六月に至り、聖職者による審査をへて、ネイティクでは八人の先住民が教会員となり、エリオットの手によって洗礼と聖餐式が執り行われた。こうした努力は、一六六〇年代を通じて続けられ、一六七〇年までに四五人の教会員が誕生したようである[19]。

エリオットは、ネイティクだけでなく他地域でも布教活動を精力的に行った。マサチュセッツ湾植民地の東部地方では一六五三～五七年の間に四つの「祈りの町」が、北部地方では五三年に一つの「祈りの町」が、中央部では六九年に一つの「祈りの町」が、それぞれ設立された。ネイティクを含めたこれら七つの「町」は「旧い町」と呼ばれる。さらに中央部では、一六七四年までに七つの「祈りの町」が建設された。これらは「新しい町」と言われ、「旧い町」から区別される。結局、一六七四年までに合計一四の「祈りの町」が誕生し、計一一〇〇人（「旧い町」に四九五人、「新しい町」に六〇五人）の先住民が居住した（図6－3を参照）。ただし、その内、正式なキリスト教徒の数は限定されており、七〇人を超える程度だった[20]。

この間、エリオットは著作活動を旺盛にこなした。この活動は、当然、彼の布教活動を色濃く映し出すものである。彼は、アルゴンキン語と英語を併用した文法書や布教活動の様子を伝える著作・パンフレットを、一六六〇年代から八〇年代にかけてアメリカで出版した[21]。そのなかでも有名なのは聖書のアルゴンキン語訳であり、一六六一年に『新約聖書』の翻訳版が、六三年には『旧約聖書』の翻訳版が出版された（図6－4を参照）。他方で、エリオットは、布教活動の体験を反映した文書や手紙を母国に向けて送り続けた。これらの文書や手紙は、一六四〇年

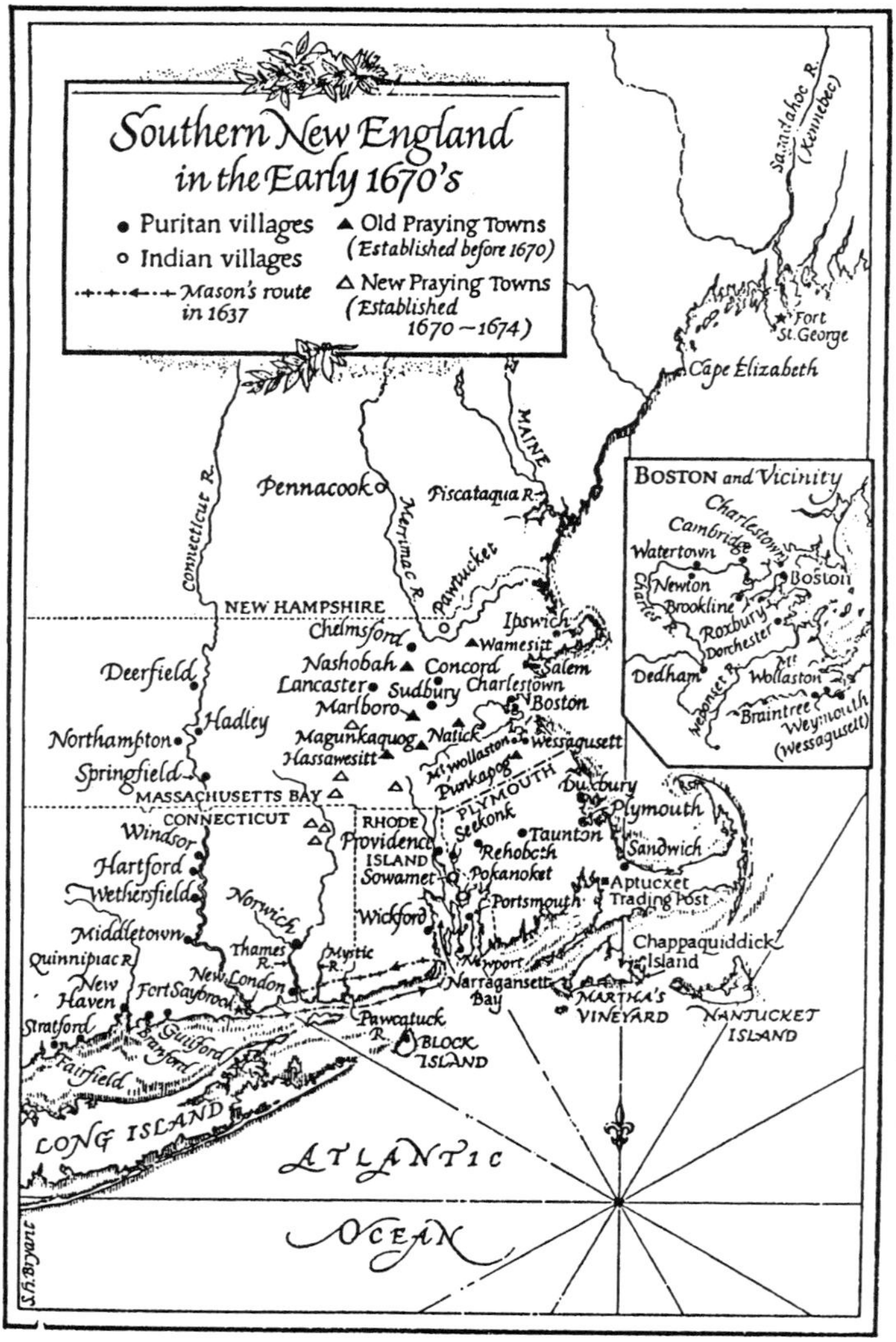

図６－３　1670年代のニューイングランドの地図

注：●がピューリタンの村落を，○が先住民の村落を示す。
　　▲はエリオットらが建設した「旧い町」で，△は「新しい町」である。
出典：A. T. Vaughan, *New England Frontier*, revised ed., New York, 1979, p. 217.

代から六〇年代にかけてロンドンで書物となり、イングランドの読者に読まれ、先住民布教の重要性が伝えられた[22]。

エリオットの手紙は、本国からの財政的支援と密接に関連していた。マサチュセッツ湾植民地の総会議（General Court）は、早くからイングランドの援助を期待していた。一六四一年に母国に派遣されたヒュー・ピーターら四人の政治的使節は、長期議会に働きかけ、先住民布教のために三五五ポンドを集めることができた[23]。しかし、この額に満足しない総会議は、なおもエドワード・ウィンスローを使節として送り込み、一層の援助を要求した。この努力が実り、聖職者や議員の間に多くの賛同者が現れ、一六四九年七月には「ニューイングランド福音宣教協会」[24]がロンドンで設立された。この協会は、イングランドとウェールズの諸教会と軍隊から募金を集め、一六五三年には四五〇〇ポンドの、一六六〇年にはさらに一万一〇〇〇ポンドの財源を得ることに成功した。母国からの財政的援助によってエリオットらの布教活動は、機能することができたのである。

母国からの資金は、次のような用途にあてられた。それは、布教活動の従事者に給与や援助金を与え、「文明化」をはかる先住民に道具や衣類を支給し、一六五四年には先住民布教の一環としてハーヴァード大学構内に「インディアン・カレッジ」を設立し、布教用の印刷機を購入するのに用立てられた。イングランドからの支援は、王政復古による一時的中断があったものの、リチャード・バクスターやロバート・ボイルらの尽力があって一六六〇年代にも継承された。大西洋の向こうの母国から届く財政的援助によって、ニューイ

WUNAUNCHEMOOKAONK NASHPE

MATTHEVV.

CHAP. I.

図6－4　エリオットによるアルゴンキン語訳『新約聖書』

出典：A. T. Vaughan, *New England Frontier*, revised ed., New York, 1979, pp. 198–199.

ングランドの布教活動は、実質的に支えられていた。そのなかでも精力的に布教に取り組み、成果をあげたエリオットの下には、優先的に援助金が配分されたようである。(25)

〈第三期〉ところが、先住民への布教は、エリオットが晩年になると次第に衰退していった。その契機となったのは、一六七五～七六年のフィリップ王戦争である。一六七五年六月、フィリップ王という別名をもつワンパノアグ族の酋長メタコムが、プリマス植民地において白人支配に異議を申し立て、反乱をおこした。(26)そして、こともあろうに「祈りの町」の先住民の一部が、ワンパノアグ族を支持して、マサチュセッツにおいて白人を襲撃したのである。反乱に共鳴したのは、遅れて建設された「新しい町」の住民が多かったようである。「旧い町」に集住する住民のほとんどは、白人に対して忠誠を守り、キリスト教への信仰を捨てることはなかった。

にもかかわらず、イングランド人の多くは先住民を猜疑と不信の目で見るようになった。一六七五年一〇月には、マサチュセッツ湾植民地の総会議が、多数の先住民をボストン湾のディア島に移住させ、七六年五月まで強制収容した。この強制収容は、エリオットが建設した「祈りの町」にとって大打撃となった。強制収容に加えて、反乱への参加もあって「祈りの町」の住民は急速に減少していった。一六七七年になると総会議は、「祈りの町」を四つにまとめて先住民を集住させ、さらに翌年には、「祈りの町」の数は三つになった。こうしてエリオットの晩年には、全盛期の成果が無残にもついえ去っていった。フィリップ王戦争以後の状況を、エリオットが、苦々しく思っていたことは想像に難くない。

だが、エリオットには、この状況に立ち向かう気力・体力が残されていなかった。彼は、一六八〇年頃から体力が弱り、あれほど執着した「祈りの町」への訪問も途絶えがちになった。そして、一六九〇年五月、彼は死去した。(27)

3　「先住民＝ユダヤ人」説の展開

前述したように、エリオットは、一六五〇年頃から「祈りの町」の建設に着手し、以前にもまして先住民布教と熱心に取り組んだ。また、布教活動は、ニューイングランドばかりでなく、同時代のイングランドからも大きな期待をもって注目された。先住民への布教には、どうしてそれほどの注目が集まったのだろうか。また、エリオットが一六五〇年頃から布教活動に力を入れたのは、どのような理由からだろうか。以下、本章では、「先住民＝ユダヤ人」説と千年王国論という二つの宗教思想に着目することによって、これらの問題を解明してみたい。

まずはエリオットの手紙から始めよう。彼は、一六四八年一一月、ロンドンにいるマサチュセッツ湾植民地の使節ウィンスローに宛てて次のように述べた。「これら哀れなインディアンたちにキリストの教えを説き、彼らに永遠の生命と救済の道を宣言するというこの仕事は、主の祝福により、神の道具である人間の能力を超えて、成功裏に進展している」(28)。この手紙は、何か見えない力によって布教活動が支えられているという彼の信念を窺わせるものである。エリオットの著作や手紙を分析してみると、この信念は、「先住民＝ユダヤ人」説と千年王国論という相互に関連する二つの宗教思想によって裏付けられていることが分かる。

一七世紀の新旧イングランドにいるピューリタンの間では、終末論や千年王国論の影響をうけて、「世の終わり」や「キリストの来臨」が近いという信仰が普及していた。その際、「世の終わり」や「キリストの王国」実現の前には、カトリックやオスマン・トルコ帝国、さらに国王派やチャールズ一世といった「反キリスト」勢力が打倒され、ユダヤ人がキリスト教に改宗し、福音の拡大によって異教徒が改宗するという一連の出来事が起きると信じられていた(29)。もちろん、この「終わりの出来事」の内容は、論者によって順序の違いやニュアンスの差異を伴っていた。例えば、上記の順序と異なり、「反キリスト」の打倒に続いて異教徒が改宗し、次にユダヤ人が改宗すると考えるピューリタンもいた[30]。

「ユダヤ人の改宗」が先か「異教徒の改宗」が先かという問いは、一見さまつな議論のようにも思えるが、一七世紀のピューリタンにとって、とくに先住民布教に携わる者にとっては非常に大きな意味をもつ論題であった。ニューイングランドで圧倒的な影響力をもつジョン・コトンは、一六四二年の著作において、ユダヤ人の改宗が先で、異教徒の改宗はその次であると理解していた[31]。この場合、先住民は異教徒と見なされ、彼らの改宗はユダヤ人の改宗に続くものと考えられた。つまり、先住民はまだ改宗段階に達しておらず、その準備段階にあると位置付けられたのである。

当初、エリオットは、このコトンの解釈を受け入れて、「先住民＝異教徒」はユダヤ人の次に改宗するものと信じていた。彼は、一六四七年一一月の手紙において次のように述べた。先住民にとっての「主の時は、彼らの間に少なくとも主の恩恵が到来するように準備してからやってくる[32]」。この手紙から窺えるように、エリオットは、先住民がすぐに改宗するのではなく、その準備段階にあると考えていた。この考えを反映して、一六四〇年代の彼は、先住民を、まだキリスト教徒になる資格をもたない異教徒と把握していたのである。

ところが、一六五〇年頃を境にしてエリオットの思想には変化が生じる。彼は、「先住民＝ユダヤ人」という説を信奉するようになる。例えば、一六五三年頃の文書では、彼は確信をもって述べた。「したがって我々は、信仰ばかりでなく実例をもって……この裸体のアメリカ人がヘブライ人であると言いうるだろう[33]」。先住民をユダヤ人ととらえることは重要な意味をもっている。それは、「先住民＝ユダヤ人」の改宗は「反キリスト」の没落にすぐ続くもので、「反キリスト」が打倒されている一七世紀にあっては急務の課題になるということである。

こうして先住民の改宗は「キリストの王国」実現前に必要不可欠であるという世界史的な意義が与えられた。しかし、この思想的変化は、一体何によるものだろうか。推測できる理由は、先住民が一六五〇年前後に充分「文明化」し、キリスト教徒になる資格を得たと解釈され、これを追認するためにエリオットは「先住民＝ユダヤ人」説を採用したというものである。だが、彼が、この説に転換したのは、このような結果追認主義ばかりではなく、イングランドやヨーロッパからもたらされた学問的な議論に負うところ大であった。

先住民をユダヤ人の末裔と見なす学説は、様々な形態をとりながらスペインやオランダ、イングランドを中心に一六、一七世紀のヨーロッパでかなり普及した。そのなかでも有力になったのは、オランダ在住のユダヤ人メナセ・ベン・イスラエル（一六〇四〜五七年）が一六四〇年代に唱えた学説、アメリカ先住民＝「ユダヤの失われた十部族」説である。[34]『旧約聖書』に登場するユダヤ人のうち、どうしても行方の分からない部族が十あるというのは当時の聖書解釈の共通理解であった。メナセは、一六四四年、南米植民地から大西洋を渡りアムステルダムに寄港したポルトガル系ユダヤ人と出会い、彼から、ユダヤ人の風習を残す先住民に遭遇したという話を聞いた。この話を手掛かりに、メナセによる先住民＝「失われた十部族」説は形成されていった。[35]

この見解は、オランダに滞在していた聖職者ジョン・デュアリ[36]を介して、ニューイングランドの使節ウィンスローに伝えられたようだ。先住民布教の意義と支援を訴えるために母国へ来ていたウィンスローは、この説に接し、深く共感した。彼は、エリオットの布教活動を示す三通の手紙を編集して、一六四九年に『ニューイングランドのインディアンの間で生じた福音の輝かしい進展』をロンドンで出版した。その序文で、ウィンスローはランプ議会の議員に向けて次のように語っている。「敬愛すべき議員たちよ、古代と近年の著述家や最も偉大で深遠な能力をもった人々にとってさえ解決困難な二つの大問題が存在する。それは、第一に、彼らの村と町が異邦人によって植民され、満たされた時、アッシリア王によって捕囚されたイスラエルの十部族は、どうなったのかというものである。第二に、あの広大で未知なアメリカの地に最初に植民し、後に満ちあふれた家族、部族、親族、人民は一体何者なのかというものである[37]。

ウィンスローは続けて言った。「現在アムステルダムに住んでいるユダヤの偉大なる博士ラビ・ベン・イスラエル」によれば、イスラエルの十部族が「確実にアメリカへ移送され、そこで生存している絶対確実な証拠がある[38]」。さらに彼は、この説を伝えたジョン・デュアリの手紙を付録として添付し、先住民＝「失われた十部族」説を補強した。その付録は「ネーデルラントのユダヤ人が伝える所によると、多くの調査を重ねて、十部族の幾つかがアメリカにいるということが判明した[39]」と述べている。

ウィンスローの編集した書物は、ほどなくして大西洋を渡り、エリオットの手元に届いた。そして注目すべきは、彼が、ウィンスローのもたらした情報に対して敏感に反応したことである。エリオットは、折り返しウィンスローに宛てた一六四九年七月の手紙において語った。「あなたが言及したラビ・ベン・イスラエルの見解について、私は心より次のことをあなたにお願いしたい。それは、その同じ神聖な聖職者〔おそらくデュアリ——引用者、以下同様〕にたずねて、……どのようにして彼がその情報に接したのか、いつそのことがなされ、どの道を通って、誰によって、どの海を渡り、どの位の数が、どの部族が最初にアメリカへ運ばれたのかということについて、その根拠がわかるように彼に手紙を送ってほしいというものである[40]」。

どうやらエリオットは、アメリカ先住民が「失われた十部族」の末裔であるという説に魅了されたようである。

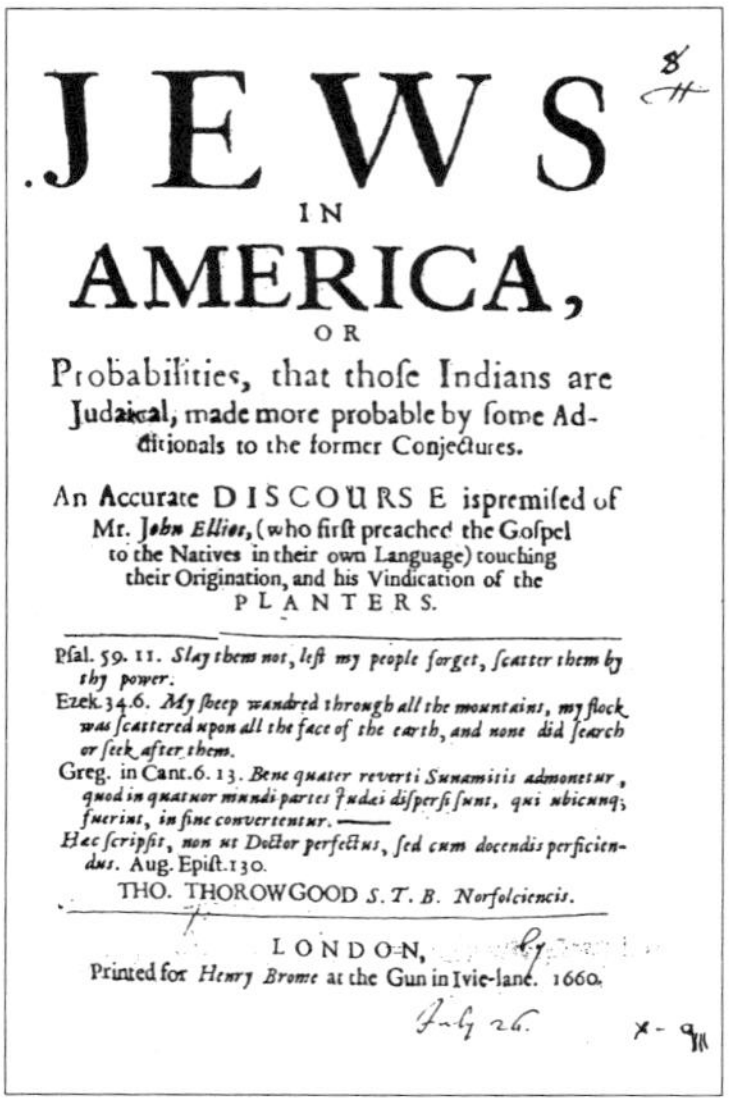
JEWS
IN
AMERICA,
OR
Probabilities, that those Indians are Judaical, made more probable by some Additionals to the former Conjectures.

An Accurate DISCOURSE ispremised of Mr. John Elliot, (who first preached the Gospel to the Natives in their own Language) touching their Origination, and his Vindication of the PLANTERS.

Psal. 59. 11. Slay them not, lest my people forget, scatter them by thy power.
Ezek. 34.6. My sheep wandred through all the mountains, my flock was scattered upon all the face of the earth, and none did search or seek after them.
Greg. in Cant. 6. 13. Bene quater reverti Sunamitis admonetur, quod in quatuor mundi partes Judæi dispersi sunt, qui ubicunq; fuerint, in fine convertentur.
Hæc scripsit, non ut Doctor perfectus, sed cum docendis perficiendus. Aug. Epist. 130.
THO. THOROWGOOD S. T. B. Norfolciencis.

LONDON,
Printed for Henry Brome at the Gun in Ivie-lane. 1660.

図6－5　トマス・サラグッドの著作『アメリカのユダヤ人』（第2版，1660年）

出典：Thomas Thorowgood, *Jews in America*, London, 1660, title page.

実際、ここに掲げた一連の疑問は彼の知的探究の対象となり、数年後には、彼の自身の回答が示されることになる。それは、トマス・サラグッドの著作『アメリカのユダヤ人』（初版一六五〇年、第二版一六六〇年）の第二版に添付されたエリオットの文書で明らかにされた（図6－5を参照）。

ロンドン在住のサラグッドは、ウィンスローと同じく「先住民＝ユダヤ人」説の信奉者であった。彼は、エリオットの先住民布教に強い関心を抱いていた。サラグッドは、一六五〇年代初頭にエリオットへ手紙を送り、「先住民＝ユダヤ人」説について意見を求めたようである。一六五三～五四年頃、エリオットは長文の手紙をサラグッドにあてて書き、これをイングランドに向けて発信した。この手紙は「アメリカ人に関するジョン・エリオット師の学問的推論」[41]として、サラグッドの著作の第二版に収録されている。

「学問的推論」において、エリオットは、聖書を読み込むことによってユダヤ人の行方を追跡し、セムの子孫エベル[42]が東方へ移住したという説を展開した。「したがって我々は、信仰ばかりでなく実例をもって、次のように言いうるだろう。実り多きインド人はヘブライ人であり、（偶像崇拝的ではあるが）有名な文明をもつ中国人はヘブライ人であり、日本人もそうである。そしてこの裸体のアメリカ人もヘブライ人である」[43]。このようにセムの子孫がアジアを経由してアメリカへ渡ったということになり、その過程で、インド人も中国人も日本人も、アメリカ先住民も、すべてユダヤ人の末裔にされてしまうのである[44]。

エリオットは、核心の先住民＝「ユダヤの失われた十部族」説にも触れて、次のように説明した。「私は、十部族のある者が、『申命記』二八章六四節の預言に従って、アメリカのこの遠隔の地に分散したと考えられる、ある根拠があると思う。……東方に分散した十部族は、東方世界の最も遠くまで分散したと我々は信じるべきではないのか。もしそうであれば、十部族は確実にアメリカへ分散したのである。なぜなら、前にも言ったように、そこは東方世界の一部であり、東方の住民によって植民されたからである」[45]。

以上のように大西洋を挟んだ知識人の営みのなかで、「先住民＝ユダヤ人」説は形成され、伝播していった。それは、メナセ・ベン・イスラエルに見られたように、新世界の先住民に関する断片的な情報に端を発していた。ヨーロッパの知識人たちは、彼らの知的伝統の文脈で、聖書を読み込むなどして、先住民の起源を探った。この態度は、おそらくヨーロッパ中心的な発想と言えるだろう。だが、「先住民＝ユダヤ人」説は、当時の知識人なりの先住民認識でもあった。彼らは、先住民に関する乏しい知識を動員し、ユダヤ・キリスト教的な典拠に手掛かりを求めて、先住民をキリスト教史や世界史に関連付けようとした。そうすることによって、先住民は、少なくとも彼らにとって「絶対的な他者」ではなく「理解可能な他者」となり、ユダヤ人改宗の課題と共に、切実な関心事となったのである(46)。一方、先住民布教に直面するエリオットにとって、「先住民＝ユダヤ人」説は朗報であっただろう。なぜなら、先住民は、決して哀れなだけの存在ではなくて、由緒正しい血統に連なり、キリスト教徒に改宗させるにふさわしい人々になるからである。そして、エリオットは、彼らの改宗が千年王国論と結び付き、「キリストの王国」実現の前兆となることも熟知していた。一六四九年七月の彼の手紙は、次のように述べている。「私の仕事は、インディアンの間にキリストの王国を建設するために努力することなのである(47)」。

4　エリオットの千年王国論

エリオットは、一六四〇年頃、千年王国に関するジョン・コトンの説教を聞いて(48)、千年王国論へ接近したように思われる。しかし、この思想は、抽象的な形で展開したのではなくて、同時代の現実的な出来事と深く関わっていた。彼の千年王国論をより確実にしたのは、彼自身が直接携わった先住民への布教活動や母国で勃発したピューリタン革命であった。エリオットは、一六四九年七月の手紙において先住民布教を千年王国建設と関連付けて、「主イエスは、彼の祝福された王国を貧しいインディアンの間に打ち立てつつある」[49]と語っている。また同じ手紙は、母国での革命が「キリストの王国」開始の先駆となることを確信して、次のように述べた。「輝かしいキリストの王国をもたらし、設立するというこの栄光につつまれた仕事は、今や、無償の恩恵と慈悲をもつ主によってこの著名な議会と軍隊の手に引き渡された」[50]。このようにピューリタン革命がアメリカ植民地まで到達し、世界的に広がることが期待された。

一六四〇年代の思索と実践は五〇年代に結実し、エリオットの千年王国論は一冊の書物において体系的にまとめられた。それは、一六五九年に出版された『キリスト教国家』[51]である（図6－6を参照）。この書物は、原稿が一六五二年頃に書かれ、帰国者に託されて海を渡り、ロンドンで出版された。エリオットの著作出版に協力した帰国者は、第五王国派に属したウィリアム・アスピンウォルと推定されている[52]。

以下では、『キリスト教国家』を中心にして、エリオットの千年王国論を、ピューリタン革命や先住民布教の問題と関連付けながら検討することにしたい。その際、留意しなければならないのは、彼の議論の範囲が、新大陸のニューイングランドと母国のイングランド、どちらか一方に偏ることなく、新旧イングランドの双方を射程に収めた点である。この点は、エリオットが、母国の革命をイングランドのみの事件とは考えず、アイルランドやスコットランドも念頭におき、アメリカ植民地をも考察の対象としていることを物語っており、後に述べるように彼の思想の「帝国

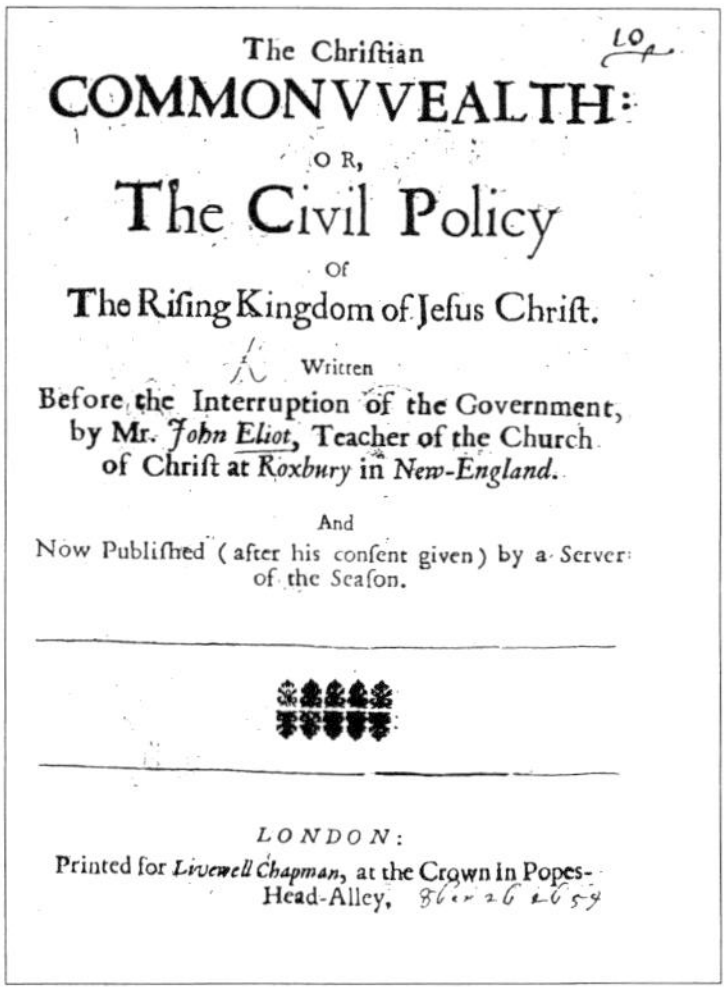
The Christian
COMMONVVEALTH:
OR,
The Civil Policy
Of
The Rising Kingdom of Jesus Christ.
Written
Before the Interruption of the Government,
by Mr. John Eliot, Teacher of the Church
of Christ at Roxbury in New-England.
And
Now Published (after his consent given) by a Server
of the Season.

LONDON:
Printed for Livewell Chapman, at the Crown in Popes-
Head-Alley.

図6－6　エリオットの著作『キリスト教国家』（1659年）

出典：John Eliot, *The Christian Commonwealth*, London, 1659, title page.

的」性格を表しているだろう。

エリオットの千年王国論は、ピューリタン革命によって深く影響されたものであった。彼は、『キリスト教国家』の冒頭において「反キリストに対する主の戦いを遂行しているグレイト・ブリテンの選ばれた人、神聖で信仰篤い人へ」向けて次のように語った。「グレイト・ブリテンとアイルランドでおきた最近の大変化は、多数の人々を驚嘆させた。……主が目覚めさせた人々には、キリストが主の約束通りに権力と栄光につつまれて出現していることが見えている(53)」。

「キリストの王国」が「グレイト・ブリテンとアイルランド」、さらにアメリカ植民地をも含めたイギリス帝国を範囲としていることは注目に値する。この点は、ピューリタン革命の発端を論じたエリオットの説明にも反映されている。彼は、革命がイングランドではなく、スコットランドで生じた暴動に端を発したことを説明する(54)。「今や主キリストは、グレイト・ブリテンにおけるこの出来事を成し遂げつつあるように私には思える。スコットランドの信心深い仲間たちが〔反キリストの〕汚れたつま先に最初の一撃を加えた。彼らとともにイングランドの信心深い仲間たちが、やがて立ち上がった(55)」。こうした説明は、事実認識として正確なだけではなく、彼がアイルランドやスコットランドも含めて革命を把握していることを示唆しており、興味深い点である。

しかし、エリオットの思想は、帝国的な広がりをもちながらも、イングランド中心的な構造をもっていた。彼は、「キリストの王国」が、まずイングランドから開始されると考えていた。キリストは「今や、彼の王国を手に入れるために来臨し、主イエスの王国を樹立するあの祝福された仕事においてイングランドを最初のものとする。そのために彼は、反キリストの不潔な宗教と統治ばかりでなく、世俗的政府の従来の形態をも打倒したのである(56)」。このように「キリストの王国」は、国教会やチャールズ一世の政府といった「反キリスト」の打倒を通じて開始されるのであった。

エリオットは、イングランドの内戦や国王処刑を念頭において、次のように述べた。「人間の政治による、人の支配と統治のすべては、全地上における統治と法の形態がどのようなものであっても、……粉々にされるだろう。それらは以前、人々の恐怖の的であったけれども、いまや軽薄で軽蔑すべきものになるだろう」[57]。この「反キリスト」との戦いを実際に遂行し、キリストの忠実な協力者となるのは「聖徒」であった。「私は、この神聖で信心深い、選ばれた聖徒たちが、家庭では協議によって、野外では戦闘によって反キリストとの主の戦いを遂行し、キリストの大義を実現するよう願っている」[58]。聖徒による「反キリストとの主の戦い」に勝利することによって、「キリストの王国」は地上に実現する。その時期は特定されないが、非常に切迫していることは確実であった。それは、イングランドから開始され、世界中に広がるものである。この「キリストの王国」は、教会統治だけでなく、世俗的統治にも及ぶものであった。「主イエスは、教会の統治と管理のみならず、国家（Commonwealth）のあらゆる事柄の統治と管理においても、神の言葉による制度や法、命令によって支配するために、すべての人々を従えるだろう」[59]。エリオットは、「キリストの王国」が教会統治と世俗的な統治という両方にまたがるものと把握し、聖書に裏付けられた「神の言葉」によって世俗的な国家が支配されると考えた。つまり、彼にとっては「神権政治」こそが、理想の統治形態であった。

この「神権政治」の実態を詳細に描いたのが、『キリスト教国家』の後半部「イエス・キリストの興隆する王国の世俗的統治」である。エリオットは、聖書に登場する統治形態をモデルにしながら論を進めた。彼は、『出エジプト記』一八章の記述にならって[60]、基本的な統治単位と支配者の選出から説き起こした。「一〇、五〇、一〇〇、一〇〇〇〔家族〕の各等級が、神によって統治される人々の唯一の秩序と呼ばれるだろう」[61]。この一〇家族、五〇家族、一〇〇家族、一〇〇〇家族からなる単位が、それぞれ「支配者（Rulers）」を選挙で選出した。ただし、この選挙には、女性はもちろん「奉公人や扶養者と住んでいる子供」が参加できなかったことを付記しておこう[62]。

この支配者たちは週会議、月例会議、四季会議、半年会議などを開催し、裁判・訴訟などの司法案件を処理した。これに加えて、彼らは「あらゆる配慮と権力を用いて、宗教の純潔を維持し」、「人々の公的事柄に良き秩序をあたえるために、学校であれ、天職を遂行する他の職業であれ、青年の教育において勧告と指令を与えること」(63)などをその任務とした。

支配者たちは、さらに代表者を選出し、彼らは「最高会議（Supreme Council）」を構成した。この会議は、「あらゆる誠意をもって聖書を探究し、神の純粋な心を発見する」だけではなく、「戦争と平和に関して神の助言と意志を宣言し」、「宗教の安寧と真理に配慮すること」(64)を任務としており、一国の軍事・外交や宗教の維持に関わる仕事をしていた。さらに「最高会議」は、「海外および国内の交易や漁業、農業、その他あらゆる必要かつ有益な職業によって、公共の福祉と生活に配慮し、これに財力を与えること」や、「学芸と科学におけるあらゆる優れた知識を促進すること」(65)を重要な課題とした。この点は、エリオットの議論が、「生産力的視点」によって支えられ、重商主義的な主張を組み込んでいることを示唆している。(66)

この「最高会議」を主催するのが「プリンス」とよばれる人物であった。彼は、一国の代表者であるが、「イスラエルの部族」のリーダーにたとえられており、世襲の君主とは峻別されるものである。このように世襲制や君主政を拒否したところに、エリオットの千年王国論の大きな特色を見ることができる。そこには、国王を処刑して、イングランド史上唯一の共和政を達成したピューリタン革命の成果が反映されていると言えるだろう。(67)このように「キリストの王国」の統治形態は、教会と国家が一体となって「神の支配」を追求する「神権政治」であった。それは、イングランドから始まるだけでなく、イギリス帝国にも及ぶものであった。その際、エリオットが活動の拠点としたアメリカ植民地は、特別な意味をもっていたように思われる。彼は、先住民布教に携わった経験を織り込みながら、次のように語っている。先住民は「野蛮で散在した生活様式をやめて、文明的な統治と秩序の下に入りたいと願った。この点こそ、主の御心に従って、私が追い求めたことである。彼らについて私は、次のことを神に誓う。彼らは、いかなる統治形態ももたない民だったが、今やそれを選ぼうとしている。私は、自己のすべての力を用いて彼らを主の支配に導くように努める。つまり、彼らが聖書の中で命じられた世俗的かつ教会的な統治形態を受け入れるように、私は彼らに教える。そして彼らが法のすべてを聖書のみから得るように、彼らが主の民となり、すべてのことが神のみによって支配されるように教える[(68)]」。

この文章には、エリオットが、布教活動や「祈りの町」建設で追求したものが描かれている。それは、「聖書の中で命じられた世俗的かつ教会的な統治形態」、つまり「神権政治」であった。「神権政治」は、「キリストの王国」が樹立されたとき、全面的に展開するはずの統治形態である。このように考えるならば、エリオットが、「キリストの王国」を先取りし、その先駆的実験として布教活動を位置付けたことが理解できるだろう[(69)]。彼は、母国で生じた革命と連動させながら、アメリカ植民地での布教活動に従事した。ピューリタン革命の世界的広がりを信じたのである。両者を結び付け、それらに歴史的意味を与えたものは他ならぬ千年王国論であった。先住民への布教は、「神権政治」を目指すという点において「キリストの王国」建設に連なり、大西洋の向こうの革命とも連動するものであった。こうして先住民布教は、「先住民＝ユダヤ人」説だけでなく千年王国論によっても強力な支柱が与えられたのである。

5　千年王国論の「帝国的」性格

これまで、エリオットによる先住民布教の足跡をたどり、その宗教的原動力として「先住民＝ユダヤ人」説と千年王国論があったことを指摘してきた。そこで明らかになったのは、次のようなことである。

一六三一年に渡米したエリオットは、四六年から本格的な布教活動を始めた。彼は、当初、先住民がキリスト教徒になる資格を有していないと考えたようであり、彼らがまず「文明化」して、来るべき改宗の日に準備することを望んだ。しかし、一六五〇年代になるとエリオットの態度には変化が見られ、五一年から精力的に「祈りの町」を建設するなど、以前にも増して布教活動には力が入った。一六五九年には先住民から正式な教会員が誕生し、「祈りの町」もマサチュセッツ湾植民地の各地で設立された。

このような布教活動に理論的支柱を提供し、その宗教的原動力となったものは、「先住民＝ユダヤ人」説と千年王国論であった。エリオットは、オランダやイングランドから発信された情報を手掛かりにして、一六五〇年頃から アメリカ先住民がユダヤ人の末裔であるとの説を信奉するようになる。この見解は、「先住民＝ユダヤ人」のキリスト教改宗が、「反キリスト」の打倒に続いて起こり、「キリストの王国」実現の前提条件であるという歴史的展望に立脚していた。布教活動に取り組むエリオットにとって、先住民は由緒正しい血統に連なり、彼らの改宗は千年王国論によって歴史的意味が与えられた。一六五〇年代から彼の布教活動に拍車がかかった背景には、この「先住民＝ユダヤ人」説の影響があったように思われる。

一七世紀の新旧イングランドで普及した千年王国論は、「反キリスト」勢力の打倒やユダヤ人の改宗などに引き続いて、地上で「キリストの王国」が樹立されると主張していた。エリオットの千年王国論は、一六五九年にロンドンで出版された『キリスト教国家』において体系的に示された。そこでは母国で生じたピューリタン革命の影響が濃厚に見られ、ロード派やチャールズ一世の政府といった「反キリスト」勢力の打倒が、「キリストの王国」建設の起点とされていた。しかし、彼の千年王国論は、イングランドだけでなくアイルランドやスコットランドをも射程に収め、「キリストの王国」は、アメリカ植民地を含むイギリス帝国にまで及ぶものであった。エリオットは、「キリストの王国」の統治形態を「神権政治」ととらえたが、それはニューイングランドの「祈りの町」で実験的に先取りされたものであった。こうして彼の先住民布教は、「先住民＝ユダヤ人」説と並んで千年王国論によっても強力な支柱が与えられたのである。

最後に、エリオットの思想や布教活動がもっている「帝国的」性格を再確認し、若干の補足と展望を示すことによって、本章の結びに代えよう。彼の千年王国論は、『キリスト教国家』における次のような表現からも分かるように、イングランド中心的な特色を有していた。「多くのことが、イングランド王冠の合法的な後継者について、また正統な後継者の不正な追放について言われてきた。しかしキリストこそが、イングランド王冠の唯一の正統な後継者であり、あらゆる他の諸国民の後継者である。キリストは、今や、彼の王国を手に入れるために来臨し、主イエスの王国を樹立するあの祝福された仕事においてイングランドを最初のものとする」[70]。

この文章を敷衍すれば、キリストによって最初に支配されるイングランドは、「他の諸国民」にまさる崇高な使命を帯びており、それ故、世界中に進出し、他国や他民族を教化する義務を負っていると言えるだろう。千年王国論は、「反キリスト」の打倒を鼓舞することによってピューリタン革命の遂行に寄与したけれども、同時にイングランドの植民地支配や世界進出を後押しする「帝国的」性格を有していたと考えられるのである[71]。

こうした観点から北米布教を再検討してみよう。先住民に対する布教は、「キリストの王国」を建設するという崇高で遠大な目的に連なっていた。にもかかわらず、それは、先住民固有の生活と文化に対する破壊行為を伴っていたのであり、結果として「文明化」による「帝国臣民」の育成に役立ったと言っても過言ではない。布教活動は、エリオットの主観的意図にかかわらず、結局、アメリカの植民地化やイギリス帝国の拡大に貢献したように思われるのである。

次に、若干の展望を示しておこう。一六六〇年の王政復古後、エリオットは苛酷な試練を味わうことになる。マサチュセッツ湾植民地の指導者たちは、母国での政治的変化に対応・妥協することによって、植民地に与えられた特許状を守ろうとした。そのため、イングランドの君主政を批判した『キリスト教国家』は取締りの対象となり、一六六一年五月二二日、「特にイングランドの国王政府について、まさに攻撃的であるために」、指導者たちは『キリスト教国家』を廃棄処分にするよう命じた。[72] この二日後にエリオットは、植民地の総会議に呼び寄せられ、自説を撤回するように求められた。そして驚くべきことに、彼はその要求に応じたのであった。

このときの記録によれば、エリオットの反応は次のようなものであった。「そのような〔『キリスト教国家』の〕表現は、国王、貴族院、庶民院からなるイングランド政府を、明らかに反キリスト的と中傷するものであり、最近の〔共和政という〕改変物（the late innovators）を弁明するものである。私は、心よりこれに反対する証言を行い、それ〔現政府〕が合法的であるばかりか、傑出した統治形態であることを承認する」。[73] 自説を撤回することは、おそらく、エリオットにとって苦渋に満ちた選択であっただろう。その詳しい経緯までは、知るよしもない。

だが、彼は思想の核心部までも撤回することはなかった。彼は、王政復古後も、ややニュアンスを変えながら、千年王国論を維持したのである。彼は、一六六五年にアメリカで出版された『諸教会の交わり』のなかで次のように述べている。「キリストが、彼の言葉を通じて、世俗および教会の事柄において世界中を支配するだろうとき、〔それは〕聖徒や神聖で敬虔な国王によって達成される……」。[74] ここで注目されるのは、エリオットが、千年王国論を主張しながらも、その担い手を聖徒のみならず「神聖で敬虔な国王」に求めている点である。

エリオットにあっては、国王への期待とイングランドの歴史的な役割は両立するものであった。あるいは、そのように考えるしか選択肢がなかったのかもしれない。彼は、一六六八年に「国王と女王はキリストの諸教会の養父と養母のようなものであろう」と述べる一方で、「イングランドにおけるキリストの御業は……反キリストの背教から逃れ出る教会改革である」[75] と語っている。彼は、新国王チャールズ二世に少なからぬ期待を寄せながら、「キリストの王国」を建設するというイングランドの崇高な使命を忘れることがなかった。その意味で、エリオットは、王政復古前と同じく、イングランド中心的な千年王国論を維持したと考えられるのである。

註

（1） A. T. Vaughan, *New England Frontier : Puritans and Indians, 1620–75*, Boston, 1965, revised ed., New York, 1979, p. xlix.

（2） 例えば、F. Jennings, "Goals and Functions of Puritan Missions to the Indians", *Ethnohistoty*, 18, 1971 ; K. M. Morrison, "'That Art of Coyning Christians' : John Eliot and the Praying Indians of Massachusetts", *Ethnohistory*, 21, 1974 ; N. Salisbury, "Red Puritans : The 'Praying Indians' of Massachusetts Bay and John Eliot", *William and Mary Quarterly*, 3rd Ser. [以下 *W. M. Q.* と略記], 31, 1974 ; J. P. Ronda, "'We Are Well As We Are' : An Indian Critique of Seventeenth-Century Christian Missions", *W. M. Q.*, 34, 1977 : 白井洋子「北米先住民のみた『新世界』」（『アメリカ研究』二六号、一九九二年）を参照。なお、北米先住民に関する標準的通史として、富田虎男『改訂版・アメリカ・インディアンの歴史』（雄山閣、一九八六年）、清水知久『増補版・米国先住民の歴史』（明石書店、一九九二年）がある。

（3） Jennings, op.cit., p. 197.

（4） ジェニングズは、一九七一年の論文を敷衍して、七五年に *The Invasion of America*, Chapel Hill を出版した。これに対してヴォーンも、著作に手を入れ、長大な序文を付して、一九七九年に改訂版を出版した。

（5） A. J. B. Gilsdorf, "The Puritan Apocalypse : New England Eschatology in the Seventeenth Century", Ph. D. diss., Yale University, 1965 ; J. F. Maclear, "New England and the Fifth Monarchy", *W. M. Q.*, 32-2, 1975 : 田村秀夫『イギリス革命とユートウピア』（創文社、一九七五年）。またエリオットの布教活動を追跡した邦文献として、柳生望『アメリカ・ピューリタン研究』（日本基督教団出版局、一九八一年）、二一八～二三四頁があり、「文学史」の観点からエリオットを論じたものとして、大西直樹『ニューイングランドの宗教と社会』（彩流社、一九九七年）、四三～六一頁がある。

（6） R. W. Cogley, "The Millenarianism of John Eliot", Ph. D. diss., Princeton University, 1983 ; J. Holstun, *A Rational Millennium : Puritan Utopias of Seventeenth-Century England & America*, Oxford, 1987. また最近のエリオット研究として、

R. J. Naeher, "Dialogue in the Wilderness : John Eliot and the Indian Exploration of Puritanism as a Source of Meaning, Comfort, and Ethnic Survival", *New England Quarterly*, 62, 1989 ; C. Post, "Old World Order in the New : John Eliot and 'Praying Indians' in Cotton Mather's Magnalia Christi Americana", *New England Quarterly*, 66, 1993 がある。

（7）このような観点をもつ研究には、P. Miller, *The New England Mind : The Seventeenth Century*, Cambridge, Mass., 1954 ; S. Bercovitch, *The Puritan Origins of the American Self*, New Haven, 1975 ; 柳生望・前掲書などがある。

（8）本章では「イギリス帝国」という用語を、イングランド中心的ではあるが、アイルランド、アメリカ植民地などを射程に入れた概念として用いることにしたい。

（9）例えば、J. F. Wilson, *Pulpit in Parliament*, Princeton, 1969 ; P. Toon (ed.), *Puritans, the Millennium and the Future of Israel*, Cambridge & London, 1970 ; B. S. Capp, *The Fifth Monarchy Men : A Study in Seventeenth-Century English Millenarianism*, London, 1972 ; T. Liu, *Discord in Zion*, The Hague, 1973 ; 田村秀夫編『イギリス革命と千年王国』（同文舘、一九九〇年）、岩井淳『千年王国を夢みた革命——一七世紀英米のピューリタン』（講談社、一九九五年）を参照。

（10）エリオットの生涯については、主として *Dictionary of National Biography*, Vol.Ⅵ［以下 *DNB* と略記］, London, 1917, pp. 607–612 ; *Dictionary of American Biography*, Vol. Ⅲ［以下 *DAB* と略記］, New York, 1930, pp. 79–80 ; Cogley, op.cit., pp. 11–33 に依拠した。

（11）*DAB*, p. 79. エリオットの生誕地については、サセックス州のネイジングという説もある（*DNB*, p. 607）。

（12）Cogley, op.cit., pp. 147–151.

（13）John Cotton, *God's Promise to his Plantations*, Boston, 1686, p. 19. このパンフレットの初版は、一六三四年にロンドンで出版された。

（14）アメリカ学会訳編『原典アメリカ史　第一巻』（岩波書店、一九五〇年）、一三四〜一四一頁。

（15）Vaughan, *op.cit.*, pp. 242–243.

（16）Cogley, op.cit., p. 12.

（17）Ibid., p. 13.

（18）Ibid., pp. 15–16.

(19) Ibid., pp. 17–18.
(20) Ibid., p. 21.
(21) John Eliot, *A Christian Covenanting Confession*, Cambridge, Mass., 1660 ; do., *The Indian Grammar Begun*, Cambridge, Mass., 1666 ; do., *The Indian Primer*, Cambridge, Mass., 1669 ; do., *Indian Dialogues*, Cambridge, Mass., 1671 ; do., *The Logick Primer*, Cambridge, Mass., 1672 ; do., *Dying Speeches and Counsels of Such Indians as dyed in the Lord*, Cambridge, Mass., 1685.
(22) Edward Winslow, *The Glorious Progress of the Gospel amongst the Indians in New England*, London, 1649 ; Thomas Thorowgood, *Iewes in America*, London, 1650 ; do., *Jews in America*, London, 1660 ; John Eliot, *The Christian Commonwealth, or the Civil Policy of the Rising Kingdom of Jesus Christ*, London, 1659. このなかで、前三者はエリオットの手紙を収めて、ウィンスローとサラグッドが、それぞれ編集した著作である。
(23) Cogley, op.cit., p. 24 ; 岩井淳・前掲書、八二頁。
(24) 正式名称は、Corporation for the Promoting and Propagating the Gospel of Jesus Christ in New England. この宣教協会については、W. Kellaway, *The New England Company, 1649–1776*, London, 1961 を参照。
(25) Cogley, op.cit., pp. 26–28 ; Kellaway, *op.cit.*, pp. 30–75.
(26) フィリップ王戦争については、R. Bourne, *The Red King's Rebellion*, New York, 1990 ; 加藤恭子『大酋長フィリップ王』（春秋社、一九九一年）を参照。
(27) Cogley, op.cit., pp. 31–33.
(28) Winslow, *op.cit.*, p. 6.
(29) 岩井淳・前掲書、三〇～四二、九六～一〇二頁を参照されたい。また、ユダヤ人のキリスト教改宗については、Toon (ed.), *op.cit.*, pp. 115–125, 137–153 ; Ch. Hill, *Religion and Politics in 17th Century England*, Brighton, 1986, pp. 269–300〔小野功生訳『一七世紀イギリスの宗教と政治』法政大学出版局、一九九一年、三三二～三七〇頁〕を参照。なおクリストファ・ヒルは、一七世紀のイングランド、とくにピューリタン革命期にはユダヤ人に対して寛容な意見が多数見られ、それが一六五五年の「ユダヤ人再入国」の試みにつながったことを指摘している（*Ibid.*, pp. 284–286, 邦訳 三五五～三五八頁)。

(30) 例えば、ジョン・ホワイトやナサニエル・ホームズといったピューリタンは、異教徒の改宗がユダヤ人の改宗に先立つと考えていた (Cogley, op.cit. p. 67)。

(31) John Cotton, *The Powring out of the Seven Vials*, London, 1642, The second part of the sixth Viall, pp. 31–43, The seventh Vial, pp. 10–19.

(32) Cogley, op.cit., p. 72.

(33) Thorowgood, *Jews in America*, 1660, p. 17. この著作は、エリオットが一六五三年頃に書いた文書を収録している。

(34) メナセ・ベン・イスラエルについては、佐藤唯行『英国ユダヤ人』(講談社、一九九五年)、一二七～一三二頁を参照。

(35) Cogley, op.cit., pp. 73–74; D. S. Katz, *Philo-Semitism and the Readmission of the Jews to England, 1603–55*, Oxford, 1982, pp. 127–157.

(36) スコットランド生まれのジョン・デュアリ(一五九六～一六八〇年)は、フランス、オランダ、スウェーデン、デンマーク、ドイツなどを歴訪したプロテスタント聖職者であり、一六四〇年代にオランダからイングランドに招かれた。

(37) Winslow, *op.cit.*, The Epistle Dedicatory, pp. 3–4.

(38) *Ibid.*, The Epistle Dedicatory, p. 4.

(39) *Ibid.*, p. 23.

(40) Cogley, op.cit., p. 76.

(41) "The learned Conjectures of Reverend Mr. John Eliot touching the Americans", in Thorowgood, *Jews in America*, 1660, pp. 1–28.

(42) セムは、ノアの三人息子の長男で、ユダヤ人を含むセム族の先祖であり、エベルの祖先でもあった(『旧約聖書』の『創世記』を参照)。

(43) *Jews in America*, p. 17.

(44) 日本人がユダヤ人の末裔であるという説は、何もエリオットだけの専売特許ではなかった。例えば、一六二一年、スペイン人モレホンの『日本支那見聞録』には、中国人・日本人などについて、聖書の地パレスチナから渡来した人々が東洋在住の民族と混合したものとする記述があり、一六九〇年に来日したドイツ人の博物学者ケンプェルも、日本民族のバビロン起源説を唱えた。こうした見解は明治期になっても繰り返され、一八七八年、スコットランド人のマクレオッドが、日本民族は聖書のユダヤ十部族の末裔がアイヌやマレー系と混合してできたという説を提唱した（工藤雅樹『研究史　日本人種論』吉川弘文館、一九七九年、第一・二章および小熊英二『単一民族神話の起源』新曜社、一九九五年、第一〇章を参照）。

（45）*Jews in America*, pp. 1, 19–20.「先住民＝ユダヤ人」説は、その後、アメリカ合衆国のセクト的宗教に受け継がれた。一八三〇年、ジョゼフ・スミスらによって始められたモルモン教では、紀元前六〇〇年にバビロニアから攻撃された「古代イスラエル人のリーハイ」が、家族とともに新大陸へ渡り、その子孫がアメリカ先住民になったという説を唱え、これを彼らの教義の根幹にすえている（森孝一『宗教からよむ「アメリカ」』講談社、一九九六年、一〇七〜一〇八頁）。

（46）この部分の記述は、T・トドロフ著、及川馥他訳『他者の記号学――アメリカ大陸の征服』（法政大学出版局、一九八六年）、菊地理夫「『テンペスト』あるいは操縦者の不安」（『思想』八四七号、一九九五年）からヒントを与えられた。また、一六〜一八世紀の英米では、中世ウェールズの王子マドックが一族とともにアメリカへ渡り、北米先住民の間には「ブリテン語」を話すマドックの子孫（「ウェールズ人のインディアン」）が存在するという「マドック伝説」が広まった。この説も、新大陸の先住民をヨーロッパと関連付けようとする他者認識の一つと考えられる（「マドック伝説」については、川北稔『アメリカは誰のものか――ウェールズ王子マドックの神話』NTT出版、二〇〇一年を参照）。

（47）Cogley, op.cit., p. 82.

（48）コトンは、一六三九〜四一年にかけてボストンで千年王国論に関する一連の説教を行った。これらの説教は、三冊の著作となってロンドンで出版された（John Cotton, *The Powring out of the Seven Vials*, London, 1642 ; do., *The Churches Resurrection*, London, 1642 ; do., *An Exposition upon the thirteenth Chapter of the Revelation*, London, 1655）。コトンの千年王国論については、岩井淳・前掲書の第三章を参照されたい。

（49）Cogley, op.cit., p. 82.

（50）Ibid., pp. 79–80.

（51）John Eliot, *The Christian Commonwealth*, London, 1659.

(52) Maclear, op.cit., pp. 253–254. アスピンウォルについては、岩井淳・前掲書の第五章を参照されたい。
(53) *The Christian Commonwealth*, The Preface, pp. 1–2.
(54) 一六三〇年代に大主教ロードは国教会の制度と儀式をスコットランドに押し付けようとした。長老教会主義を採用していたスコットランドはこれに反発し、一六三七年にはエディンバラで暴動が起こった。この動きを武力で鎮圧しようとした国王チャールズ一世によって主教戦争が生じたものの、戦費の調達に苦しむ国王は、一六四〇年四月に議会を召集することを余儀なくされた。
(55) *The Christian Commonwealth*, The Preface, p. 5.
(56) *Ibid.*, p. 6.
(57) *Ibid.*, p. 5.
(58) *Ibid.*, p. 14.
(59) *Ibid.*, p. 3.
(60) 『出エジプト記』一八章では、モーセに対してエトロ（モーセのしゅうと）が次のように助言している。「あなたは、民全員の中から、神を畏れる有能な人で、不正な利得を憎み、信頼に値する人物を選び、千人隊長、百人隊長、五十人隊長、十人隊長として民の上に立てなさい。平素は彼らに民を裁かせ、大きな事件があったときだけ、あなたのもとに持って来させる。小さな事件は彼ら自身で裁かせ、あなたの負担を軽くし、あなたと共に彼らに分担させせなさい」。
(61) *The Christian Commonwealth*, p. 5
(62) *Ibid.*, p. 5 ; Holstun, *op.cit.*, p. 153.
(63) *The Christian Commonwealth*, pp. 21–22.
(64) *Ibid.*, pp. 26–27.
(65) *Ibid.*, p. 27.
(66) 田村秀夫・前掲書、二四七頁を参照。
(67) これ以外にも、エリオットは「都市や町など人々の住むあらゆる場所において、どのような訴訟であろうとも、迅速な決定と容易な実行を、最もよく最も効果的に達成するために、時間、方法、その他の条件を命じることは支配者の知恵にゆだねられている」（*The Christian Commonwealth*, p. 10）と述べて、裁判の迅速化・簡易化を提案している。この提案は、平等派など急進派の主張と重なっており、やはりピューリタン革命の成果を反映するものと考えられる。

(68) *The Christian Commonwealth*, The Preface, p. 9.

(69) 柳生望・前掲書、二三〇〜二三二頁を参照。

(70) *The Christian Commonwealth*, The Preface, p. 6.

(71) 千年王国論のなかにある「帝国的」性格は、最近の研究でも強調されている。この点については、P. Christianson, *Reformers and Babylon: English Apocalyptic Visions from the Reformation to the Eve of the Civil War*, Toronto, 1978; W. M. Lamont, *Richard Baxter and the Millennium: Protestant Imperialism and the English Revolution*, London, 1979; Hill, *op.cit.* を参照。ただし、千年王国論の性格はこれにとどまらず、抵抗の思想や革命の思想という側面があることを見逃す訳にはいかない。千年王国論が、白人支配や西洋文明に対する先住民や植民地の抵抗運動を支えたという論点は、本章の趣旨とは逆のものになるけれども、重要な点である。この点については、J・ムーニー著、荒井芳廣訳『ゴースト・ダンス——アメリカ・インディアンの宗教運動と反乱』（紀伊國屋書店、一九八九年）、V・ランテルナーリ著、堀一郎・中牧弘允訳『虐げられた者の宗教——近代メシア運動の研究』（新泉社、一九七六年）などを参照。

(72) Cogley, op.cit., p. 122.

(73) Ibid., pp. 122–123.

(74) John Eliot, *Communion of Churches*, Cambridge, Mass., 1665, p. 17.

(75) Cogley, op.cit., pp. 128–129.

第Ⅲ部　独立派の変容と国際関係

第7章　千年王国論から国内改革論へ

——ヒュー・ピーター——

1　ピューリタン・ネットワークの体現

第Ⅱ部では、オランダへの亡命体験をもち、帰国後イングランドで活躍したトマス・グッドウィンとウィリアム・ブリッジの思想、ニューイングランドに移住し、先住民布教で中心的な役割を果たしたジョン・エリオットの思想を、千年王国論を中心に考察した。ピューリタン革命期において独立派千年王国論が果たした多様かつ積極的な意義を解明したのである。本章では、ヒュー・ピーター（一五九八〜一六六〇年）の思想と行動を取り上げる。彼は、イングランドに生まれ、オランダへ亡命し、そこからニューイングランドに移住し、革命期に帰国したという体験をもち、「ピューリタン・ネットワーク」をそのまま体現したような人物である。それだけでなく、帰国後、ピューリタン革命の渦中に飛び込み、議会軍の従軍牧師を務め、アイルランドまで遠征し、オリヴァ・クロムウェルの信頼を得るなどした。ピーターは、独立派の宗教的指導者にとどまらず、国王処刑後には新国家建設のために執筆活動を行なうなど政治的な面でも活躍した。その意味で彼は、「ピューリタン革命の世界史」を語る上で、欠かせない一人である。

研究史に目を転じると、近年、ピューリタン革命史研究は混迷の度を深めている。従来の革命史研究は、一国レヴェルにおいて専制対自由、アングリカン対ピューリタン、絶対主義対民主主義、封建制対資本主義といった様々な対立概念を設定してきた。そして前者による後者の抑圧、革命を契機とする後者の解放といった点を強調して、ピューリタン革命による「近代社会」の達成を高く評価してきたように思われる。こうした革命解釈は、欧米においては一九五〇年代頃まで、日本でも六〇年代頃まで研究史上の基調となり、多大な成果をあげるのに貢献してきたと言えよう。従来の研究の特色を、大きく要約すれば、第一に革命による「近代社会」の達成を重視する見解、第二にイングランドの発展を自生的にとらえる一国史的見解という二点に求めることができる。

しかし、最近になって修正主義と呼ばれる新解釈が登場し、従来の革命解釈に異議を申し立てている。新解釈が主たる標的にしたのは、革命による断絶性や「近代社会」の達成という面であった。それは、地方史や政治史、社会史などの分野において実証的な研究成果をあげ、地方におけるジェントリ支配の連続性や、近代的な階級的党派構成とは異なる複雑で多様な派閥構成、革命によっても変化しなかった民衆の姿などを明らかにしている。(1)

新解釈の主張は、丹念な史料分析によって裏付けられていることが多く、傾聴に値する。だが細部が解明される一方で、革命全体の輪郭がぼやけてしまい、「革命によって何が達成されたのか」という問いがあいまいなまま残されてしまったように思われる。さらに言えば、新解釈は、スコットランドやアイルランドを含めた「ブリテン史」(2)を構想するに至ったけれども、国際的な視点から革命を問うという前述の第二の問題点を、依然として解決しないままでいるだろう。(3)

以上のような研究動向を念頭におき、本章は、三つの課題を設定する。それは、第一に、革命の前から革命期に至る国際関係を重視して、「ピューリタン・ネットワーク」を生かした国際的なピューリタンたちの活動(4)に注目し、第二に、社会契約論や自然権思想といった近代的な思想ではなく、国際的なプロテスタンティズムや千年王国論といった宗教思想に着目することによって、革命を支えた独自の思考様式を解明すること。[5] 第三は、ピューリタン革命によって樹立された国家がどのようなものであり、どのような点で次の時代を予見したのかを問うことである。

これら三つの課題を探究するにあたり、本章は、前述したヒュー・ピーターという独立派聖職者に着目する（図7-1を参照）。個別の研究を振り返ってみると、ピーターは、主として政治・宗教思想を扱ったJ・M・パトリックの論文（一九四六年）や詳細な伝記的研究であるR・P・スターンズの著作（一九五四年）を先駆として追究されてきた。[6] しかし、アメリカまで及ぶ活動範囲の広さや商業・宗教・政治にわたる多彩な経歴のためか、その後は目立った研究がなく、ピューリタン革命との関連で本格的に扱われることはまれであった。[7] 日本では、管見の限り、ユートピア論の視点からピーターの思想に光をあてた田村秀夫氏の研究（一九七五年）が存在するだけであろう。[8]

そこで本章は、これまで、あまり顧みられなかったピーターの活動と思想を取り上げ、彼の足跡をピューリタン革命史のなかで位置付けることによって、前述した三つの課題を探究したい。以下では、まず、ピーターの生涯を紹介し、彼の足跡を追いながらオランダやニューイングランドにまで及ぶ「ピューリタン・ネットワーク」なるものの存在を確認し、彼が革命との関連で重要な人物であることを提示する。次に帰国後の彼の思想と行動を、内戦の進展や国王処刑との関連でとらえ、国際的なプロテスタンティズムの主張や千年王国論への

図7-1　19世紀に描かれたヒュー・ピーター

出典：R. P. Stearns, *The Strenuous Puritan*, Urbana, 1954, pp. 100–101.

接近を考察する。さらに一六五一年の著作を通してジェントリや新興商人層に対する彼の期待感を検証する。ここでは、国王なき時代における共和政国家像の模索、ピーターによる「コモンウェルス」改革論が展開される。最後に、王政復古後におけるピーターの逮捕、大逆罪による処刑といった問題にも言及したい。

2　ピーターの生涯

ヒュー・ピーターは、一五九八年六月、コンウォール州の港町フォイで誕生した。(9)父トマス・ディクウッドは「ジェントルマン」と呼ばれた商人で、スペインの迫害により一六世紀にアントウェルペンから亡命したプロテスタントの子孫であった。ディクウッド家は、イングランドでは「ピーター」という姓を名乗ることが多くなり、とくにヒューの世代になるとそうであった。(10)また母方は、コンウォール地方のジェントリ層であった。

ピーターは、一六一三年にケンブリッジ大学のトリニティ・カレッジに入学し、一八年に卒業した。彼は、ケンブリッジで、リチャード・シッブズ、ジョン・プレストン、トマス・グッドウィン、ウィリアム・ブリッジ、トマス・フッカー、ジョン・ダヴェンポートといった著名なピューリタンたちと知り合いになったが、実際にピューリタニズムの信仰に踏み出したのは、ケンブリッジを去った後のことであった。一六二〇年にロンドンへ移った彼は、セント・ポール寺院で聞いた説教に心を動かされ、回心体験をして、ピューリタンとなった。

ピーターは、その後、ロンドン近郊のエセックス州に移り、学校教師をへて、一六二三年に聖職者に叙任され、エセックス州レーリーの教区教会で牧師補を務めた。一六二五年には、彼は、この地で「ジェントルウーマン」と呼ばれる豊かな寡婦エリザベスと結婚した。しかし、彼はエセックスの牧師補にとどまることなく、一六二六年にロンドンへもどった。彼は、教区教会の聖書講師職を務めながら、旧知のピューリタンたちと連絡を取り合っていた。だが、この頃から、ウィリアム・ロードを中心にしたロード派によるピューリタン迫害が一層激しくなり、その影響はピーターの周辺にも及んできた。一六二八年に説教師の資格を剝奪された彼は、身の危険を感じ、オランダへ亡命する決心を固めた。

一六二八年に海を渡ったピーターは、まもなくフラネケル大学の奨学生となった。彼は、その間、国際的なプロテスタンティズムに共鳴し、スペインと戦うオランダ軍に加わり、従軍牧師として三十年戦争に参戦するという経験をした(11)。一六二九年に、ロッテルダムにある亡命イングランド人教会の牧師となった。彼は、この地で六年間を過ごす間、一六三三年頃から独立教会主義の教えを取り入れ、厳しい入会審査や厳格な規律を実践して、教会を内側から作り変えていった(12)。のちにアメリカで同僚となるダヴェンポートやスコットランド人ジョン・フォーブズらと協力しながら、海外における亡命イングランド人教会をロード派批判の拠点としたのであった。

ところが、本国からの追及がオランダにまで達するようになる。それを知るや、ピーターは残された希望を大西洋のかなたのニューイングランドに託すようになった。マサチュセッツ湾植民地を中心にしたニューイングランドは、一六二〇年代末からピューリタンを先頭にした入植者によって開拓されていた(13)。一六三五年、アメリカに渡った彼は、ロジャー・ウィリアムズの後をうけてセーラムの教会の牧師職についた。彼は、マサチュセッツ湾植民地の総督となったジョン・ウィンスロップと妻が親戚関係にあったことも幸いして、厚遇を受け、約六年に及ぶニューイングランドの生活で重要な公的役割を果たした(14)。

その間、母国イングランドは大きな変化に見舞われていた。一六四〇年一一月に開会された長期議会は、チャールズ一世の片腕となったロード大主教とストラフォード伯を逮捕し、様々な改革立法を制定して専制政治に致命的な打撃を加えたのである。ピーターは、この変化を座視することができず、一六四一年、ニューイングランドの政治的使節として再び母国の土を踏むことになった。彼は、当初、アメリカからの使節として活動したが、一六四二

図７－２　1649年１月開廷の高等裁判所

出典：M. Ashley, *Oliver Cromwell and his World*, London, 1972, p. 63.

年のアイルランド遠征に従軍牧師として参加したのを皮切りに、国王派との内戦でも従軍牧師となった。彼は、説教によって議会軍兵士を鼓舞し、名声を博して、ピューリタン革命を語る上でも欠かすことのできない人物となっていった。

　革命におけるピーターの基本的な足場は軍隊にあったが、それ以外の面でも彼の活躍は目覚ましかった。まず彼は、ピューリタン聖職者の重要な仕事と目された、長期議会での説教を行ない、内戦の意義を「反キリスト」を打倒する「聖戦」として議員たちに伝えた。わけても一六四六年四月になされた議会説教『神の行為と人の義務（Gods Doings and Mans Duty）』は著名なものである。同年出版されたこの説教を手掛かりにして、一六四〇年代における彼の宗教思想を、後ほど分析する。

　次にピーターは、一六四三年に外交使節としてオランダに出向き、議会派への支援と資金援助を求めた。また彼は、アメリカに渡った牧師リチャード・マザーの著作を、一六四三年に自らの序文をつけて出版し、独立派の教会論を擁護した。このようにピーターは、オランダからアメリカに及ぶピューリタンたちのネットワークで要の位置にあった。さらに彼は、長老派のトマス・エドワーズと論争し、エドワーズから「新カンタベリ大主教」「セクタリーの偉大な代理人[15]」と揶揄されながらも、独立派の立場を雄弁に語り続けた。ピーターは、国王の処刑を決定した高等裁判所の裁判委員ではなかったが、その審議に出席し、国王処刑を積極的に推し進めるため、激しい説教をしたことでも知られている（図7－2を参照）。

　一六四八年一二月に長老派議員が議会から追放され、翌年一月に国王が処刑されて、独立派は革命の勝利者になった。それとともにピーターは、共和政政府の有力な理論家となり、一六五三年末にクロムウェルが護民官（Protector）に就任すると、その忠実な支持者となった（図7－3を参照）。彼は、まず一六五一年六月に、統治者の行なうべき政策を説いた『よき為政者の善政（*Good Work for a Good Magistrate*）』を出版して、国王なき時代の新政府に指針を与えようとした。次に彼は、一六五四年、公認の牧師を認可する審査官（Triers）という役職についた。さらに彼は、一六五七～五八年にかけて「独立派の信仰箇条ともいうべきサヴォイ宣言」[16]を起草する作業で、トマス・グッドウィンやジョン・オウエンらとともに指導的な役割をはたした[17]。

図7－3　国王のようにふるまうクロムウェル（1652年ころ）

クロムウェルの左に立つのがピーター。
出典：M. Ashley, *Oliver Cromwell and his World*, London, 1972, p. 101.

　このような仕事を革命期に精力的に務めたピーターであったが、その活躍は続かなかった。一六六〇年五月の王政復古により、彼は国王処刑に関与した「極悪人」としてその罪を追及される身となる。彼は「国王の死を企て、たくらんだ」大逆罪により逮捕され、死刑を宣告された。一六六〇年一〇月、彼の刑は執行され、その首はロンドン・ブリッジの上でさらしものにされた[18]。革命のために全力を傾けた男は、反動の嵐を真正面から受け止め、王政復古によって処刑されたのである。ピーターの一生は、実直すぎるほどピューリタン革命の流れに沿ったものと言えるだろう。

3　オランダ・アメリカ・アイルランドでの体験

最初に、革命以前のピーターが、オランダやアメリカへの亡命によって何を学んだかを探ろう。彼は、オランダに渡って間もなく、スペインと戦うオランダ軍に加わり、三十年戦争に参戦するという体験をもった。この体験は、彼に国際的なプロテスタンティズムの意識を植え付ける契機となり、のちに従軍牧師としてアイルランド遠征やイングランド内戦に参加する原体験となったように思われる。しかし、それ以外にピーターが修得したものはなかっただろうか。彼は、一六四六年に、オランダやアメリカでの体験を回顧して次のように述べている。

「私が心掛けたことは、旅をした国でもっとも学識があり敬虔な人々と知り合いになることであった。最初に私は〔オランダでの――引用者、以下同様〕六年近くをあの有名なスコットランド人ジョン・フォーブズ氏[19]と過ごした。私は、彼とドイツを旅し、いつも彼の愛情と優しさを味わった。私は、彼と教会統治の方法で意見を違えたにもかかわらず、彼から励ましを与えられた。学識あるAmesius〔ウィリアム・エイムズを意味する〕[20]は、私の胸に彼の最後の生命を吹き込んでくれた。彼は、ロッテルダムにおける私の独立派教会（my Churches Independency）を支持し、私と行動をともにするためにフラネケル大学の教授職をなげうってくれた。彼は、もしこの世に公的な礼拝の方法というものがあるのなら、それは神が認めたものであることを尊重するように、死の間際まで、しばしば私を叱咤激励してくれた。彼は、私の同僚であり、私がその名に値しない牧師（Pastor）を務めた教会の選ばれた仲間でもあった。私は、そのような教会が今日まで存続していることを神に感謝する。……そして私は、あの信仰篤く学識ある、敬虔な兄弟たちに囲まれて過ごした、ニューイングランドでの七年間を無駄にはしなかった。彼らの著作を検討していただければ、私たちが言うところの礼拝の方式（way of worship）は、裏付けのないままでいることはないだろう[21]」。

ここでは、ピーターが「旅をした国でもっとも学識があり敬虔な人々と知り合いに」なったことが描かれている。彼は、オランダにおいてフォーブズやエイムズと行動をともにし、亡命イングランド人を対象にした牧会活動を行い、独立派聖職者への道を歩み始めた。独立派教会は、信者集団からなる個別の教会を基本単位として運営され、個々の信者に厳しい入会審査を実施し、厳格な規律を要求した。しかし、オランダにおいては、長老教会主義者の批判を招いたこともあって、ピーターの牧会活動が十分に展開されることはなかった。彼が、独立派の教会論にみがきをかけ、より大きな影響を受けることになるのは「ニューイングランドでの七年間」であった。彼は、そこで「ニューイングランド方式」ともいわれる教会統治の方法を学んだようである。ピーターは、帰国後の一六四三年に、ニューイングランドの教会論を示したリチャード・マザーの著作を、自らの序文をつけて出版している[22]。

ピーターは、独立派教会の統治方法を学んで、ニューイングランドから帰国したと言ってもいいだろう[23]。その証拠として、すでに一六四六年には、ピーターをニューイングランド方式の教会論を伝達する「危険な人物」と見なす文書が出回っていた。『ガングレーナ』と題されたこの文書の著者トマス・エドワーズは、長老教会主義を擁護して次のように述べた。「ピーター師やその他の者がこの地〔イングランド〕で行っているのと同じく、ニューイングランドにおいても彼らは、一人以上の長老教会主義者に対して次のように無理強いしたのだろうか。それは、長老教会主義者の間に住み込み、彼らの土地を駆け巡り、主要な町や広場で批判的な説教を行い、彼らの教会と教会統治をやじり倒し、そして正反対の〔独立派の〕方式を絶賛し、ほめちぎることである[24]」。

さらにエドワーズは、続けて言った。ピーターは「この地方でも、あの地方でも、軍隊であろうと、ロンドンであろうと、そこここ至る所で、独立派やセクトが何か大きなたくらみや仕事をめぐらせる時には、いつでも派遣されるはずである[25]」。「ピーター師は、海外と同じく、国内でも彼の教会方式を入念に準備して宣教し、またたく間の素早さで、王国中にそれをまきちらすことになるだろう」[26]。エドワーズの表現は、多分に誇張されたものであり、批判文書の常として額面通りに受け取れないかもしれない。それでも、この文書からは、ニューイングランド帰りのピーターが、当時の人々に大きな影響を与えたこと、場合によっては「許し難い敵」となったことが、ひしひしと伝わってくる。

このようにピーターは、独立派教会の宣教者として活動を始めた。しかし、忘れてならないのは、彼が、帰国後まもない一六四二年の六月から九月の間、従事したアイルランド遠征であろう。この遠征は、そもそも一六四一年一〇月に始まったアイルランド反乱に対する報復という性格をもっていた。反乱では、実際に数千人のイングランド人が殺されたようであるが、その数は誇張されて、二〇万や三〇万の大虐殺というデマが乱れ飛んだ。一六四二年にロンドンで出版されたあるパンフレットは、「一六四一年一〇月二三日（その時、アイルランドでキリスト教徒への異常な煽動者である司祭、修道士、イエズス会士によって長年焚き付けられた広範な反乱という恐るべき大火が発生した）以来、放火、略奪、剥奪、拷問、殺傷、虐殺によって野蛮で非人道的なさまざまな残虐行為が、貧しきイングランド人と窮乏したプロテスタントに行使された」[27]と伝えている。要するに反乱は、アイルランドとカトリックによる、イングランド文明とプロテスタント宗教に対する重大な挑戦と見なされたのである。

この反乱を鎮圧するために、議会は、翌年、軍隊を派遣することを決定し、ピーターも従軍牧師としてこれに従った。そして反乱鎮圧後、議会は、遠征の記録を提出するようにピーターに求めたのである。彼は、アイルランド遠征を総括して、平然と次のように言ってのけた。「したがって、私たちの遠征を要約すれば、次のようになる。二、三か月の間に私たちは、売却すれば約二万ポンド以上に相当する五隻の船を捕獲し、それと同額の穀物を焼き払った。数百人の敵を殺害し、多くのアイルランド人の町に火を放ち、砦や城塞にいた多数のイングランド人を救出し、数千にのぼる家畜を捕獲し、略奪した。多くの城塞や目立つ家屋、敵の製粉所を焼き払い、占領して、キンセールから、ほとんどロンドンデリーに至るまでの沿岸を防衛し、リメリックとゴールウェイでは石を積み上げた。……これらのことを神は助けて下さった(28)」。

まさに戦慄の走る情景である。この文章は、実際に遠征――というよりもむしろ「侵略」――に加担した者でなければ書けない具体的なものである。それにしても、オランダやアメリカで多くのことを学んできたはずの国際的なプロテスタント、ピーターは、なぜ、これほどまで残酷な「侵略」行為に加担して、平然としていられるのだろうか。その答えは、おそらく彼が、アイルランドをプロテスタント化して、「文明化」することを、自らの使命と考えたことに求められるだろう(29)。事実、彼は「野蛮なアイルランド人とインディアンは大した違いがなく、したがって同じように処遇されるだろう(30)」と述べており、アメリカ先住民への布教活動にも大きな関心を示した(31)。要するに、一六四〇年代初めまでのピーターは、国際的なプロテスタントとして活躍し、ニューイングランド方式の教会論を盛んに唱えていたけれども、その背後には、カトリックやアイルランドといった異質なものに対する戦闘的で、攻撃的な意志が潜んでおり、そうした排他的な態度と宣教にかける情熱は、表裏一体のものだったと言えるだろう。

4　内戦・国王処刑と千年王国論への接近

一六四二年八月、国王派と議会派の間の内戦は開始された。それは、一六四二年一〇月のエッジヒルの戦いにおいて最初の本格的な戦火を交えたのち、国王派優位の情勢が続いた。しかし、四五年六月のネーズビーの戦いにおいて、クロムウェル率いるニューモデル軍の活躍があって、議会派の勝利に帰着した（xi頁の地図3を参照）。この内戦に従軍牧師として参加したピーターは、一六四〇年代後半になるといくつかの重要な発言をした。

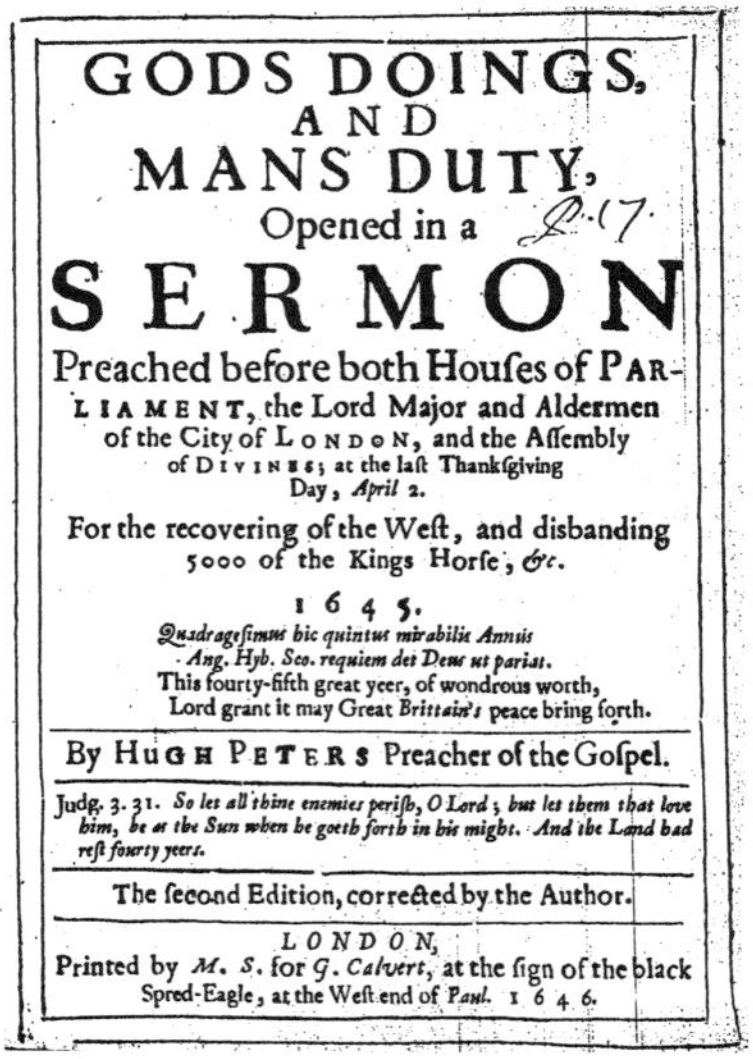
GODS DOINGS, AND MANS DUTY, Opened in a SERMON Preached before both Houſes of PARLIAMENT, the Lord Major and Aldermen of the City of LONDON, and the Aſſembly of DIVINES; at the laſt Thankſgiving Day, April 2.
For the recovering of the Weſt, and disbanding 5000 of the Kings Horſe, &c.
1645.
Quadrageſimus hic quintus mirabilis Annus
Ang. Hyb. Sco. requiem det Deus ut pariat.
This fourty-fifth great yeer, of wondrous worth,
Lord grant it may Great Brittain's peace bring forth.
By HUGH PETERS Preacher of the Goſpel.
Judg. 3. 31. So let all thine enemies periſh, O Lord; but let them that love him, be as the Sun when he goeth forth in his might. And the Land had reſt fourty yeers.
The ſecond Edition, corrected by the Author.
LONDON,
Printed by M. S. for G. Calvert, at the ſign of the black Spred-Eagle, at the Weſt end of Paul. 1646.

図7－4　ピーターの著作『神の行為と人の義務』（1646年）

出典：Hugh Peter, *Gods Doings and Mans Duty*, London, 1646, title page.

まず、彼は、一六四六年に議会派の進むべき道を示唆しながら、「外国国家との関係」にもふれ、「直ちに私たちは、選ばれた使節を、スウェーデンへ二人、友好国であるカントン〔スイスを意味する〕へ二人、ネーデルラントへも二人、派遣すべきであった」[32]と述べている。プロテスタント諸国家の同盟を説いたこの提言は、ピーターの国際的プロテスタンティズムの考えを示すものであろう。こうした発想は、一六四六年四月になされた彼の議会説教『神の行為と人の義務』[33]において、雄弁に語られた（図7－4を参照）。ピーターは、深刻な「危機」に見舞われた一七世紀のヨーロッパが、しだいに回復に向かっていることを展望した。

「私には、ドイツが重苦しい肩をもちあげ、やつれたファルツ選帝侯領が、望みを失わぬ牢獄人として外に目を向けており、病床にあって死の寸前にあったアイルランドも息を吹き返し、萎縮したフランスの農民も長い間失われていた自由を求めており、自らの血をもって城壁を固め、巨費を投じて自由を買い取ったネーデルラント人は隣国のイングランドを見つめているように思われる。実際、プロテスタントの全ヨーロッパは、その頬に新しい血色を回復するかのようである」[34]。

ピーターは、三十年戦争やネーデルラント独立戦争を念頭において、ヨーロッパの「危機」を概観している。しかし、そのなかでも、内戦を戦っているイングランドは特別な存在であった。彼は、国際的なプロテスタンティズムを主張しながらも、救済が約束された選民国家イングランドの位置を明確に示したのである。「今夜、あなた方の子供たちに、町々が占拠され、野原が戦場となった四五年の話〔一六四五年六月のネーズビーの戦いの話〕を聞かせなさい。昨年だけで三万人近い捕虜と五百門もの大砲が捕獲されたことを、私たちの側にほとんど損失がなかったことを、彼らに聞かせなさい。さらに、あなた方が戦ったのはイングランド臣民の自由のためであったことを確実に伝え、あなた方が非常に大きな犠牲を払った自由、わけてもキリストの血によって贖われた自由を保持するように彼らに命じなさい。そして、とりわけ天国の神がイングランドの神であり、すべてのことを成し遂げられることを彼らに知らせなさい(35)」。

このように「天国の神がイングランドの神」であることが強調された。この点は、もちろんネーズビーの勝利の翌年に、貴族院と庶民院の議員およびロンドン市長・市参事会員を集めて、この説教が行われたという状況を考慮しなければなるまい。しかし、ピーターの視線が、この時期、イングランドに強く注がれたことを見逃す訳にはいかない。そして彼は、イングランド国家の救済を千年王国的な観点から説明しようとした。「私は、大胆にも次のように言うことができる。それは、あなた方が過去四〇年間よりもこの四年間、キリストについてより多くを聞いてきたことだ。……実際、主は、ご自身の知恵や権力、慈愛をより高め、あなた方への賜物と恩恵を準備しているときでさえ、ご自身の寵臣のために正しく時を定めてきた。もし敵が、私たちの祈りや断食、涙を求めてきても、私たちはエッジヒル〔の戦い〕以来今日まで、いつも私たちの神をいただいているのである(36)」。

「私たちの神」は、内戦によって「反キリスト」の打倒を開始する。この「反キリスト」に想定されたものこそ、カトリックや国教会の高位聖職者であった。「主の意図は、反キリストの打倒にある。この目的を推し進めるために主を愛しなさい。そのために特別、〔神は〕尊敬すべき学識ある兄弟たちの援助を、今ここで私に求めさせているのだ。ああ兄弟たちよ、あなた方の愛をこの仕事において見せなさい。私が、あなた方へこの忠告を預けるとしても、立腹しないでほしい。支配の精神、つまり反キリストの精神に永遠に用心しながら、この慈愛を私たちの国内から始めようではないか。キリスト〔誕生〕後の三〇〇年に最初の大論争があった。……もめごとは、この教会の二人の聖職者の間で大きくなった。彼らは、教皇と呼ばれるようになり、恥ずべきものを導入した。宗教は富をむさぼるようになり、母は娘を台なしにしていった。高位聖職者に対するこの国の以前の不満を思い起こしなさい。私たちの議会は、叫び声によってどれだけ充満していたか。いとしい兄弟たちよ、しばしばあなた方に関連しながら、国の分裂やひび割れ、荒廃といったすべてのことにおいて、幾人かの聖職者連中（some priestly thing）やその他の者が権力を我が物にしたということがあったではないか[37]」。

ピーターは、ローマ帝国の時代まで歴史をさかのぼり、「反キリスト」の正体が教皇や、彼を中心にしたカトリック勢力であることを確認している。しかし、「反キリストの精神」は、一七世紀イングランドまで生き続けていた。それを示すのは大主教ロードを中心にした高位聖職者のグループ（ロード派）であり、さらに内戦で打倒対象になった国王派ということになろう。こうして「反キリストの精神」は、過去のものではなく一七世紀に大きな意味をもち、国外のカトリックだけでなく国内のロード派や国王派にも適用されていった。そして「反キリスト」が打倒されることによって、「第五王国」と呼ばれる「キリストの王国[38]」がイングランドにおいて姿を現すのである。ピーターによれば、「同様にして、多くの人が『ダニエル書』の二章と七章で約束されたことを実現するという神の計画に協力している。そこでは、第五王国と思われる王国が、至高の聖徒たちに約束されている[39]」。

ピーターは、このような千年王国的な待望に支えられ、イングランド国家の救済を夢見て、一六四〇年後半を過ごした[40]。彼は、トマス・グッドウィンやウィリアム・ブリッジといった他の独立派聖職者と比べた場合、千年王国論をストレートに主張した説教をあまりせず、千年王国的著作もそれほど多くない。それでも、革命が絶頂に向かいつつあった一六四〇年代後半、ピーターは、『神の行為と人の義務』に見られたように、千年王国論を主張したと言ってよいだろう。

ピーターは、千年王国論に裏打ちされながら、イングランド国家の行方に多大な関心を示した。この点は、革命の頂点となる国王チャールズ一世の処刑においても、いかんなく発揮された。一六四九年一月に、国王を裁く高等裁判所が開設された。この裁判所は、ジョン・ブラッドショウを議長として、一月二〇日から裁判を開始し、二七日には国王に対する死刑判決文を作成して、三〇日に死刑を執行した。ピーターは、死刑判決文に署名した五九名の裁判委員――後に「国王殺し（Regicides）」と呼ばれる――ではなかったが、国王処刑には深く関与した。彼は、高等裁判所の開廷に際し、次のように振る舞い、説教したと伝えられる。

「聖徒が、そのために長い間祈ってきた日が到来した。そして血ぬられた裁判所――彼〔ピーター〕は、この表現を用いた――が開廷されたとき……その期間は、審判の大いなる日と、聖徒によって後に達成されることになる全世界の裁きを象徴するものとなった。……高等裁判所が開廷された翌日、彼は、大いなる圧制者（Tyrant）オリヴァ・クロムウェルを前にして、ホワイトホールで説教をした。そのとき、彼がテキストにしたのは……『詩編』一四九章の最後の三節『王たちを鎖につなぎ、君侯に鉄の枷をはめ、定められた裁きをする。これは、主の慈しみに生きる人の光栄』というものだった(41)」。

この記録は、ピーターが千年王国的な観念につき動かされて、国王処刑を推し進めたことを示唆している。彼のこの言動は、国王処刑に加担した罪人として、後に彼を死刑に追い込む原因となったのである。このように一六四〇年代後半のピーターは、内戦の遂行や国王処刑といったイングランドの重大事件と深く関わっていた。もちろん、この時期の彼は、国際的な視野を失ってはいなかった。この点をよく表すのは、一六四八年一二月の議会説教であろう。国王処刑を目前にした説教で、彼は、君主政の廃止が全ヨーロッパ的規模で達成されることを願って、次のように述べた。「この軍隊は、イングランドのみならず、フランスおよび、その他周辺諸国においても君主政を根絶しなければならない。そのようなことこそ、あなた方の出エジプトの道であり、この軍隊は……地上の権力を粉砕しなければならない[42]」。

ピーターは、フランスなど「周辺諸国」への「革命輸出」を説いている。だが、このような国際的視点にもかかわらず、一六四〇年代後半の彼を特徴付けるものは、何といっても、千年王国的な待望によって支えられたイングランドへの関心であろう。国際的なプロテスタントとして活動を始めたピーターは、この時期、イングランド国家の救済に特別な思いをはせたのである。この傾向は、形を変えつつも、一六五〇年代に受け継がれることになる。

5 「コモンウェルス」改革論——ピューリタン・ジェントリと新興商人

(1)『よき為政者の善政』の輪郭

国王処刑後の一六四九年五月、「コモンウェルス宣言」が出された。それは、国王なき時代に突入したイングランドが、正式に共和政国家を目指すことを宣言したものであった。「イングランドとその全植民地・領地にいる人民は、ひとつのコモンウェルスにして自由国たるべく、ここに制定され、形成され、確定された。かくて今後、この国民の最高権威、すなわち議会における人民の代表によって、また彼らが人民のために任命し、組織する官吏と官職者（officers and ministers）によって、国王および貴族院なきままに、ひとつのコモンウェルスにして自由国として統治されるだろう[43]」。

このようにイングランドは「ひとつのコモンウェルスにして自由国」であった。しかし、イングランドに共和政という統治形態が出現したのは、有史以来、初めてのことである。実際の「コモンウェルス」が、どのように改革されるかは、依然として未解決の課題であった。ピーターの一六五一年六月の著作『よき為政者の善政[44]』は、このイングランド国家の課題に答えようとしたものと言える（図7－5を参照）。

まずピーターは、チャールズ一世による「国王の政府」と共和政の「コモンウェルス」を峻別し、「一切の古い記録は、ロンドン塔内のものでさえ、専制支配の記念碑として焼却する(45)」ように主張した。内戦の勝利や国王処刑を経験した彼は、明らかに過去との断絶を意識して、「コモンウェルス」の改革を模索したのである。その際、注目すべきは、『よき為政者の善政』では「反キリスト」の打倒を鼓舞する千年王国的な議論が影を潜めることである。一六五〇年代になると、一六四〇年代のようにロード派や国王派など目前の敵と戦っていた状況が変化する。それに対応して、この時期のピーターは、秩序を破壊する前千年王国論的な議論ではなく、新たな秩序を求めて、非常に現実的な国家論や統治論を展開するようになる。だが彼は、千年王国論をすべて放棄したのではなく、現実的で漸進的な改革を強調し、「キリストの再臨」を遠い将来に設定する後千年王国論に思想的立場を移したという解釈が可能であると思われる。

ピーターは、『よき為政者の善政』で国家像を模索するとき、あるべき規範を設定した。この規範に具体的な材料を提供したのは、彼にとって縁の深いニューイングランドとオランダであった。一方のニューイングランドは、宗教と政治のモデル、つまり「神権政治」のモデルを提供した。ピーターによれば、イングランドでの「聖餐式は、フッカーとコトンによって示されたニューイングランドのあの方式に従って、すべて教会の中で執り行なわれる(46)」のである。

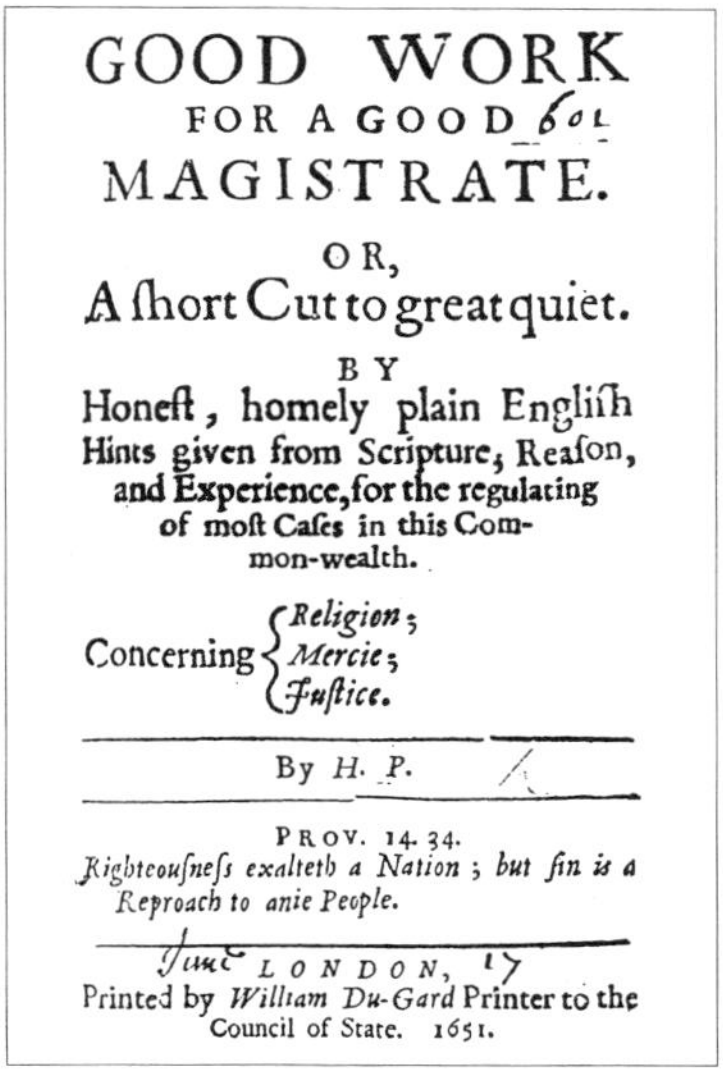
GOOD WORK
FOR A GOOD
MAGISTRATE.
OR,
A short Cut to great quiet.
BY
Honest, homely plain English
Hints given from Scripture, Reason,
and Experience, for the regulating
of most Cases in this Common-wealth.

Concerning { *Religion*; *Mercie*; *Justice*.

By *H. P.*

PROV. 14. 34.
Righteousness exalteth a Nation; but sin is a Reproach to anie People.

LONDON,
Printed by *William Du-Gard* Printer to the
Council of State. 1651.

図7－5　ピーターの著作『よき為政者の善政』（1651年）

出典：Hugh Peter, *Good Work for a Good Magistrate*, London, 1651, title page.

他方で、ピーターは、オランダに商業と経済のモデルを求めながら、次のように述べた。「オランダは、私たちに格差をつけたように見えるが、私たちは、ようやく彼らの肩のあたりまで追いつき、さらに上を目指すだろう」[47]。オランダは、商業や経済の発達という点でイングランドの先を走っているけれども、オランダから学べば、イングランドも必ずや経済的に発展する。このような信念をピーターはもっていた。だが、ここで注意しなければならないのは、規範やモデルを両地域に求めながらも、彼の関心が、あくまで「コモンウェルス」改革論に向けられたことである。ピーターは、ニューイングランドとオランダを参考にしつつも、両地域との国際的な提携を論じるのではなく、イングランド国家を確固たるものとし、豊かにすることに力点を置いたのである。この点を念頭において、以下『よき為政者の善政』を多少とも具体的に検討してみたい。

(2)「神聖な国家」とピューリタン・ジェントリ

まず、イングランドにおける宗教と政治の改革について考察しよう。ピーターは、為政者が「国民を、この地上においてできる限り幸福な状態にし、それを維持するために、神の命じた方法」[48]を実行しなければならないと考えた。そのための彼の提言は、三つあった。第一は、教会保護を中心にした宗教政策、第二は、救貧政策などの社会政策、第三は、司法改革などによる正義の追求であった。

第一の提言では、「為政者による真の宗教の維持・発展と人民の参加」[49]がポイントになった。為政者には「基本的な真理の保持者であるキリストがもつ、すべての教会を援助し、特別な保護を与えること」[50]が求められた。しかし同時に、ピーターは「誤った熱意から、非礼（uncivil）を働く者には、彼の犯した罪に応じて、ある程度まで為政者によって処罰がなされる」[51]ことを付け加えた。その理由は、「宗教的迫害によって他人から良心の自由を奪うという大きな不正行為から、誰も解放されていない」からである。要するに、ピーターの唱える宗教的寛容は、

「その人の主義主張や実践活動が、政府や平和、財産およびコモンウェルスの福祉にとって危険ではない[52]」と認められたときにのみ、実現可能なものであった。こうしたピーターの主張は、かなりの程度まで、一六五〇年代の独立派の宗教政策を反映したものと言える。

第二に提言されるのは、「為政者と人民によって実施・推進される、貧民への真の慈愛[53]」である。これについてピーターは、浮浪者や乞食を厳しく取り締まる一方で、「働く能力と意志のある者すべてを就業させる設備が整えられる」よう提案した。しかし、働く能力のない者のためには、為政者によって救貧院が維持されるのであり、「アムステルダムは、この点ではるかに進んでいる[54]」。そしてピーターは、貧民のために適正利子による金融機関を各地に設置することを構想した。

第三の提言は、「為政者と人民の間で行なわれる真の公正と正義[55]」である。これについてピーターは、「公正と正義」実現のために、各州のハンドレッド〔郡〕ごとに毎年三名ずつの「保安官（Peace-maker）」を選出し、「諸個人間でのあらゆる通常の紛争を見聞し解決する[56]」ことを提案した。また、迅速で、適切な裁判が提言され、「いかにしたら真の正義がもっともよく実現され、一切の侵害と危害がもっともよく阻止され、あらゆる訴訟が予防され、万一それが起こった場合には、いかにしてもっとも早く終結し、もっともよく救済されるか[57]」が追求された。しかし、ここで留意すべきは、司法改革の根底にある思想が、伝統的なコモン・ローでも、近代的な法観念でもないことである。ピーターは、「道徳法（十戒と呼ばれるあの簡潔な法）こそが疑いもなく最善の法である[58]」と述べており、ニューイングランドにおけるような「神権政治」が理想とされたことは間違いない。

だが、こうした諸政策を実際に行う「為政者」とは、一体誰だろうか。ピーターが「神聖な国家」を構想する際に「担い手」として強調したのは、敬虔な信仰をもつジェントリ層＝「ピューリタン・ジェントリ[59]」であった。ジェントリ層に対する彼の期待感は、何も『よき為政者の善政』に限られるものではなく、以前から表明されていた。例えば、一六四六年には次のように言われた。「イングランドは信心深く、あれやこれやの〔似非〕宗教が広く行き渡り、我が国民は、私が知る以上に、一般的に宗教的な懸念によって行動している。そうであるがゆえに、私たちの傷は私たちで治療しなければならず（私は説教と説教師を意味している）、ジェントリが基盤になるべきである。議会には、良質なメンバーが与えられていない。もし説教が無視されるのならば、一般民衆（the common-people）は何かいかがわしい神（any dunghill-god）を崇拝し、シティには暗黒の不正が満ち満ちてくるだろう[60]」。

このようにピーターは、ジェントリに、議会や一般民衆とは異なる特別な期待を寄せている。一六五一年の『よき為政者の善政』は、基本的に以前の議論を継承し、それをさらに発展させたものである。彼は、地域での十分の一税の運用についてふれ、次のように述べた。「基金は、その目的のために毎年選出された三人のジェントルマンの手元におかれ、そこから説教師に、彼らの地位、状況、家族の様子に応じて給付され、この基金から年三〇ポンドが寡婦に支給され……貧民が援助されるだろう[61]」。そして、「コモンウェルスの多くの職務を、費用や給与なしに無償で奉仕しようとする、身分ある人々（men of qualitie）に執務させなさい。彼らの選出に関しては、疑問の余地がない。というのは、イングランドには、裕福に暮らし、有能な資質を用いないままの人々が多数存在するからだ。彼らのある者は、人類愛や公共の福祉のために……またある者は、権威や名誉を愛するがために、喜んでコモンウェルスに奉仕するだろう[62]」。

ここにはピーターが、「神聖な国家」を実現する担い手として「ジェントルマン」や「身分ある人々」になみなみならぬ期待感を寄せていることが描かれている。彼の表現は、無給で働く治安判事を連想させ、地方の名望家を示唆しているようにも感じられる。しかし、革命期には州委員会などを舞台にして、新興の中小ジェントリ層が台頭し、独立派ピューリタンやクロムウェル政権を支持したことが、近年の研究によって明らかになっている[63]。こうした点を考慮すると、ピーターが期待を寄せたのは、敬虔な「ピューリタン・ジェントリ」であり、そのなかには、クロムウェル家に代表されるような新興ジェントリ層も含まれると思われる。

（3）「豊かな国家」と商人

次に問題となるのは『よき為政者の善政』の後半部で展開されたテーマである。それは、イングランドを「豊かな国家」にすることであった。しかし「豊かな国家」は、「神聖な国家」と両立するのだろうか。ピーターは、この疑問に対して次のように答えた。「思慮分別のある金持ちは、神の祝福によってあらゆる隣人から抜きん出ている。それと同じく豊かな国家（a rich State）は、神の祝福を通じて、うまく運営されるだろう」(64)。つまり、豊かになることは「神の祝福によって」であり、経済的繁栄と宗教は、ピーターにあっては何ら矛盾するものではなかった。

それでは「豊かな国家」は、どのようにして実現されるのだろうか。ピーターが提案したのは、まず適切な租税を賦課することであった。「全コモンウェルスの経費が的確に知られ、あらゆる不必要な経費が削減され、すべての経費を充分にまかなうために、釣り合いのとれた租税が賦課されなければならない」(65)。具体的には、財産と所得に応じた単一の税制を定め、年一回指定の場所へ納入することが目指された。

さらにピーターは、国家を豊かにするために、四つの提言を行った。その第一は「学問の進歩」であり、第二は農業改良を含んだ「自然の改良」、第三は「技術とマニュファクチュアの奨励」、そして第四が「商品と商人の増加」であった(66)。これらは、明らかに重商主義的な提言といえるだろう。このうちで、もっとも重視され、もっとも多くの頁数を割かれるのが第四の提言であった。

ピーターは、第四の提言について、独占の廃止や営業の自由といった問題にふれ、次のように述べた。「すべての技術者や商工業者の組合は、起業しようとする意志（と能力）のある者すべてに、都市自治体にせよ、組合にせよ、いずれにも加入する自由を無償で与える。というのは、公共の利益になることが、閉鎖的で開放されなかったり、有償で行われなければならない理由は、どこにもないからである」[67]。また彼は、商業と交易を増加させるために平和を維持することを強く求めた。「国内においても、海外においても、できる限りコモンウェルスとすべての国民が平和を維持することは、商人と商品を増加させる主要な手段である」[68]。したがって、為政者によって「商人と商品が、火災、海難、戦火、不正な裁判、その他の危険から、陸上でも海上でも守られるように、特別な配慮がなされねばならない」[69]のである。この主張は、一六五二年に始まった英蘭戦争に対して一貫して反対したピーターの姿勢を反映するものであろう[70]。

加えてピーターは、より具体的な提案を二つ行った。その第一は、銀行設立に関するものである。彼によれば、「商品を増加させるために、この世で最大の関心事の一つは、低地地方におけるように、低利の資金を得ることである。……多くの商人と（その他の）財宝が集まるアムステルダムのように、銀行が設立されるべきであろう」[71]。

第二の提案は、首都ロンドンの改造計画であった。ピーターは、「ロンドン・ブリッジからウォピンにいたるテムズ河畔に、大埠頭が建設され」、商業や交易にとって便利になることを思い描いた。そこから「一、二マイルにわたりテムズ通りは、ロンドンの他のどの通りよりも広く造られる。そこは、広くてきれいで、家々は明るく快適である。通りは、オランダと同じように、平たい正方形の石でもって舗装される」[72]。オランダの街並みを実際に見聞したピーターならではの提言である。さらに道路が舗装され、排水溝と歩道が整備され、商品を火災から守るために、木造家屋は、すべて煉瓦か石造に建て直され、防火設備が整えられるように提案される。これらは、「商人やその他の住民にとって非常に大きな喜びとなるだろう」[73]。

ピーターの提案は、都市の住み心地やアメニティに関する議論をも含んでおり、経済的な「豊かさ」に限られない内容となっている。これは、現在にも通じる非常に先駆的な議論と言えるかもしれない。しかし、そうした評価は、ひとまず控え、ここではピーターの提案を、革命期の歴史的状況において考察してみよう。彼の「豊かな国家」に関する主張は、どのような階層を念頭において展開されたのであろうか。ピューリタン革命期には、旧来の特権商人に代わって、営業の自由を求める新興商人層が台頭したことが知られている。R・ブレナーの研究によれば、彼ら新興商人こそ、独立派ピューリタンの支持者であった(74)。こうした点を考慮すると、ピーターが「豊かな国家」を実現するために「担い手」としたのは、商人層、とくに新興商人層であったように思われる。

これまで見てきたように、ピーターは『よき為政者の善政』において、宗教と政治を中心にした「神聖な国家」と、商業と経済を中心にした「豊かな国家」の在り方を追求していた。両者は、片やニューイングランドに規範を求め、片やオランダをモデルにして提示されていたが、決して矛盾するものではなかった。要するに、「神聖な国家」と「豊かな国家」はともに、イングランドのあるべき姿の両面を描き出したものと考えられる。そこでは、ピューリタン・ジェントリと新興商人が「コモンウェルス」の「担い手」として重視されていた。このようなピーターの議論は、空想的な国家を夢想したというよりも、極めて具体的かつ現実的な「コモンウェルス」の改革論として受け止めることができる。ジェントリと新興商人を二大支柱にした「コモンウェルス」改革論は、勝利した独立派の立場を反映したものと言ってよいだろう。のみならず、ジェントリと新興商人が後の時代に果たした役割を考えるならば、ピーターの主張は、王政復古以降のイングランドの歩みを見通しているように思われるのである。

6　ピーターの最後

一六五三年一二月に護民官となったオリヴァ・クロムウェルは、五八年九月に死去した。クロムウェル政権において重責を果たしていたピーターは、彼の葬儀に際して葬送の説教を行った。オリヴァの息子リチャード・クロムウェルが護民官に就任すると、ピーターは引き続き、彼の政権を支えた。けれども、父のような才能に恵まれな

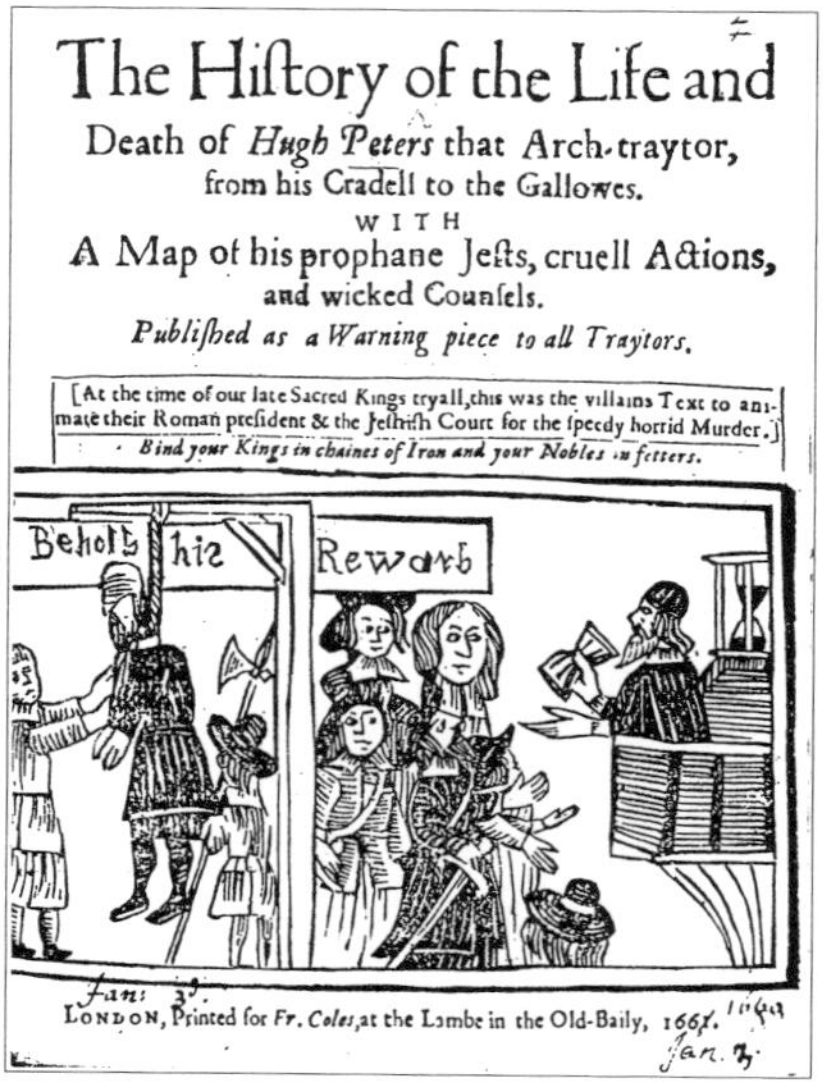

図7－6　ピーターを批判する著作『大反逆者ヒュー・ピーターズの一生』（1661年）

出典：*The History of the Life and Death of Hugh Peters that Arch-traytor*, London, 1661, title page.

かったリチャードは、革命末期の混乱を収拾することができず、一六五九年五月、護民官職を投げ出し、政界から引退してしまった。こうして事態は急転直下し、王政復古へ向かっていった。

　ピーターは、一六六〇年二月にロンドンへ入ったマンク将軍に最後の望みを託すものの、結局思うような交渉ができず、その地位さえ危うくなった。同年五月にチャールズ二世がロンドンへ入市し、王政復古になると、ピーターは逮捕され、投獄された。彼は裁判にかけられ、チャールズ一世の死をたくらみ、処刑を推し進めた大逆罪によって、死刑が宣告された[75]。ピーターは、一六六〇年一〇月一六日にロンドンのチャリング・クロスで処刑された（図7－6を参照）。彼の処刑は、その首がロンドン・ブリッジにあるポールの先端に乗せられ、その体は引き裂かれ、四肢がシティの城門にさらされたことでわかるように、極めて残忍なものであった[76]。このことは、見せしめにしなければならないほど、復古王朝が、ピーターの存在を恐れたことの証しかもしれない。

　ここで問われるのは、処刑に臨んだピーターの心境が、いかなるものであったかという点である。興味深いことに、彼は、死に際して、一人娘に遺言の書を残している。その名も『一人娘にあてた死にゆく父の遺言』[77]と題された書物で、ピーターは、人並みに天国を空想して、次のように述べた。天国の「すべての部屋は愛でもって敷きつめられている。そこでは、知恵や権力、慈愛、恩恵といったものが、あらゆる栄光と喜びを創造するために、結び合わされている。そして、いかがわしいこの世のことで決して煩わされることはない」[78]。しかし、ピーターは、「この世のこと」を、はかなんでばかりではなかった。彼は、続けて次のように言う。「私は、よくない頭であっても、自分や他人のもめごとに押し潰されながらも、私が精力的に〔追求〕してきたことを実行した。私は、このことを告白する」[79]。このようにピーターは、自分の一生を悔いなく振り返ったのである。

これまで、ヒュー・ピーターの思想と行動を、ピューリタン革命の流れのなかで検討してきた。そこで明らかになったことを、最後にまとめておきたい。本章には、冒頭で示したように、三つの課題があった。それは、第一に、革命前から革命期に至る国際関係を重視することであり、第二に、国際的なプロテスタンティズムや千年王国論といった宗教思想に着目することであり、第三に、革命によって樹立された国家の意味を問うことであった。

これらの課題に対して、本章は次のように考える。第一に、一六三〇年代から四〇年代初頭にかけてのピーターの足跡をたどればわかるように、国際関係は、ピューリタン革命にとって重要な要素となっていた。彼は、オランダやニューイングランドへ亡命するなどして、国際的なプロテスタントとして活躍した。彼は、この時期、プロテスタント地域の国際的な連帯を模索していたように思われる。彼は、母国へニューイングランド方式の教会論を持ち込む一方で、アイルランド遠征に参加した。ピーターに見られた、宣教にかける情熱とカトリックへの排他的な攻撃は、表裏一体のものであり、この時代の国際的プロテスタンティズムは、手放しで礼讃できるものではないだろう。

第二に、一六四〇年代におけるピーターの宗教思想に表れていたように、国際的なプロテスタンティズムと千年王国論は、内戦遂行や国王処刑に対して無視できない力を発揮した。これらの「近代的」とは言い難い宗教思想が、ピューリタン革命にとって重要な役割を果たしたのである。両者は深く関連しているが、ピーターの場合、一六四〇年代後半から「反キリスト」の打倒を説く千年王国論に接近し、その信仰に裏打ちされながらイングランド国家への関心を強めていった。国際的なプロテスタントとして活動を始めた彼は、次第に、国内的な視点を強めていったように思われる。

第三に、ピーターの著作『よき為政者の善政』に示されたように、一六五〇年代になると、国王なき時代の国家像が模索されるようになった。そこでは千年王国的な待望感が後退し、より現実的で具体的な国家論が追求された。(80)ピーターは、ニューイングランドとオランダに宗教や商業のモデルを求めたが、彼の力点は、国際的な提携というよりも、むしろイングランドを、規律ある「豊かな国家」とすることにおかれていた。『よき為政者の善政』では、ジェントリと新興商人を軸にした「コモンウェルス」の改革が語られており、勝利した独立派の立場が反映されているように思われる。さらに言えば、王政復古から一八世紀にかけてのイングランド史上、商人とジェントリが「商業革命」や「農業革命」「産業革命」において決定的な役割を果たしたことが知られている。(81)その意味で、両階層の役割を見抜いたピーターの議論は、次の時代を予見したと考えられないだろうか。

註

（1）ピューリタン革命の研究史については、R. C. Richardson, *The Debate on the English Revolution*, London, 1977〔今井宏訳『イギリス革命論争史』刀水書房、一九七九年〕; R. Cust and A. Hughes (eds.), *The English Civil War*, London, 1997; 今井宏「イギリス革命」（『歴史学事典　第四巻　民衆と変革』弘文堂、一九九六年）、二九〜三二頁、岩井淳「「大反乱」から「ブリテン革命」へ――一七世紀中葉の事件をめぐる長き論争」（『イギリス哲学研究』三四号、二〇一一年）、九七〜一〇五頁などを参照。

（2）「ブリテン史」を扱った代表的な研究として、C. Russell, *The Fall of the British Monarchies, 1637–42*, Oxford, 1991; B. Bradshaw and J. Morrill (eds.), *The British Problem, c.1534–1707: State Formation in the Atlantic Archipelago*, Basingstoke, 1996 などがある。

（3）ただし最近、国際的な視点からピューリタン革命や一七世紀イギリス史を問い直す研究が登場していることは、特筆に値する。これらの研究については、F. J. Bremer, *Puritan Crisis : New England and the English Civil Wars, 1630–70*, New York, 1989 ; R. M. Bliss, *Revolution and Empire : English Politics and the American Colonies in the Seventeenth Century*, Manchester, 1990 ; R. Brenner, *Merchants and Revolution : Commercial Change, Political Conflict and London's Overseas Traders, 1550–1653*, Princeton, 1993 ; T. Venning, *Cromwellian Foreign Policy*, Basingstoke, 1995 ; 岩井淳「ピューリタン革命期の国家と反カトリック問題」（『歴史学研究』五七三号、一九八七年）、岩井淳「ニューイングランドとピューリタン革命」（『西洋史学』一六九号、一九九三年）などを参照。

（4）「ピューリタン・ネットワーク」については、F. J. Bremer, *Congregational Communion : Clerical Friendship in the Anglo-American Puritan Community, 1610–92*, Boston, 1994, pp. 9–15を参照。ブレマーは、新旧イングランドにまたがる、ケンブリッジ大学出身のピューリタン聖職者を中心にした「ネットワーク」に注目しているが、本章では、ブレマーのすぐれた着想に、さらにオランダを加えるべきだと考える。

（5）革命期における救済論や千年王国論といった宗教思想の意義は、日本の研究史において最も活発に議論されたテーマである。この点については、浜林正夫『イギリス革命の思想構造』（未来社、一九六六年）、渋谷浩『ピューリタニズムの革命思想』（御茶の水書房、一九七八年）、田村秀夫編『イギリス革命と千年王国』（同文舘、一九九〇年）、山田園子『イギリス革命の宗教思想』（御茶の水書房、一九九四年）、大西晴樹『イギリス革命のセクト運動』（御茶の水書房、一九九五年）、岩井淳『千年王国を夢みた革命』（講談社、一九九五年）などを参照。

（6）J. M. Patrick, "Hugh Peters : A Study in Puritanism", *University of Buffalo Studies*, Vol. XVII, No. 4, 1946 ; R. P. Stearns, *The Strenuous Puritan : Hugh Peter, 1598–1660*, Urbana, 1954.

（7）ただし、ピーターの生涯と思想を対象にしたアメリカの学位論文R. W. Pacy, "Spiritual Combat : The Life and Personality of Hugh Peters", Ph. D. diss., State Univ. of New York at Buffalo, 1978が存在する。

（8）田村秀夫『イギリス革命とユートウピア』（創文社、一九七五年）、九八〜一一六頁。

（9）ピーターの生涯については、主としてJ. M. Patrick, op.cit. ; K. L. Sprunger, "Peter〔or Peters〕, Hugh", *Biographical Dictionary of British Radicals in the Seventeenth Century*, Vol. Ⅲ, Brighton, 1984, pp. 30–32を参照した。

(10) K. L. Sprunger, op.cit., p. 30. ヒューの姓は、同時代から"Peter"と"Peters"という二通りの表記がなされていた。本章では「ヒューが、いつもこの姓〔Peter〕を使った」ということを尊重して、前者を取って「ピーター」の表記で統一する。

(11) J. M. Patrick, op.cit., pp. 141-142.

(12) K. L. Sprunger, op.cit., p. 31.

(13) 一六二〇年代末から三〇年代にかけてのマサチュセッツ湾植民地については、岩井淳・前掲書の第二章を参照されたい。

(14) J. M. Patrick, op.cit., p. 138.

(15) Thomas Edwards, *The Third Part of Gangraena*, London, 1646, pp. 76, 120.

(16) 浜林正夫・前掲書、二二頁。

(17) J. M. Patrick, op.cit., p. 162.

(18) K. L. Sprunger, op.cit., p. 32.

(19) ジョン・フォーブズ（一五六八～一六三四年）は、スコットランド出身の聖職者で、セント・アンドリューズ大学で学んだが、国王ジェイムズ六世（イングランドではジェイムズ一世）の怒りをかい、スコットランドおよびイングランドから追放された。オランダへ亡命した彼は、イングランド商人の説教師となったが、ピーターらと交流するうちに、次第にその信仰を長老教会主義から独立教会主義へと転じていった。

(20) ウィリアム・エイムズ（一五七六～一六三三年）は、ピューリタン聖職者で、ウィリアム・パーキンズの弟子にあたる。彼は、ケンブリッジ大学のクライスト・カレッジに学び、フェローとなったが、一六一〇年にオランダへ亡命し、一八～一九年にはカルヴァン主義の神学者としてドルト宗教会議に出席した。彼は、ピーターと出会った頃には、フラネケル大学の神学教授を務めていた。

(21) *Mr. Peters Last Report of the English Wars*, London, 1646, p. 14.

(22) リチャード・マザーの著作は、*Church-Government and Church-Covenant Discussed in an Answer of the Elders of the severall Churches in New England* という表題で出版された。

(23) ニューイングランド方式の教会論を持ち帰った帰国者は、何もピーターに限られなかった。この点については、R. F.

Young, "Good News from New England : The Influence of the New England Way of Church Polity on Old England, 1635–60", Ph. D. diss., Michigan State Univ., 1971, pp. 74–119を参照。

(24) Thomas Edwards, *Gangraena*, I, London, 1646, pp. 60–61.

(25) *Ibid.*, p. 98.

(26) Thomas Edwards, *The Third Part of Gangraena*, London, 1646, p. 131.

(27) *Prosperous Proceedings in Ireland*, London, 1642, p. 3. この点については、岩井淳・前掲「ピューリタン革命期の国家と反カトリック問題」を参照されたい。

(28) Hugh Peter, *A True Relation of the Passages of Gods Providence in a Voyage for Ireland*, London, 1642, p. 21.

(29) J. M. Patrick, op.cit., p. 152.

(30) *Mr. Peters Last Report of the English Wars*, p. 5.

(31) 一六四一年に、ニューイングランドから派遣されたピーターら四人の使節の目的の一つは、先住民布教の意義と援助を母国へ訴えることであった。彼らは、長期議会へ働きかけ、一六四九年七月には「ニューイングランド福音宣教協会」がロンドンで設立され、先住民布教のために多額の募金を集めることに成功した。この点については、本書第6章を参照。

(32) *Mr. Peters Last Report of the English Wars*, pp. 8–9.

(33) Hugh Peter, *Gods Doings and Mans Duty*, London, 1646.

(34) *Ibid.*, pp. 22–23.

(35) *Ibid.*, p. 34.

(36) *Ibid.*, p. 14.

(37) *Ibid.*, p. 31.

(38) 「キリストの王国」は、バビロニア、ペルシア、ギリシア、ローマといった四つの王国が興亡したのちに登場する第五番目の王国であった。

(39) Hugh Peter, *Gods Doings and Mans Duty*, p. 9.

(40) トマス・グッドウィンとウィリアム・ブリッジについては、本書の第4章と第5章を参照されたい。

(41) George Bate, *The Lives, Actions, and Excution*, London, 1661, pp. 44–45, quoted in J. M. Patrick, op.cit., p. 170.
(42) Clement Walker, *The History of Independency*, Part Ⅱ, London, 1649, pp. 49–50.
(43) "An Act declaring English to be a Commonwealth", in S. R. Gardiner（ed.）, *Constitutional Documents of the Puritan Revolution, 1625–60*, 3rd ed., Oxford, 1906, p. 388.
(44) Hugh Peter, *Good Work for a Good Magistrate*, London, 1651.
(45) *Ibid.*, p. 33.
(46) *Ibid.*, p. 10. ジョン・コトン（一五八四～一六五四年）とトマス・フッカー（一五八六?～一六四七年）は、ともに一六三三年に渡米したピューリタンであり、聖職者としてマサチュセッツ湾植民地やハートフォード植民地の建設に尽力した。前者については、岩井淳・前掲書の第三章を参照されたい。
(47) *Ibid.*, The Epistle Dedicatorie, pp. 7–8.
(48) *Ibid.*, p. 1.
(49) *Ibid.*, p. 1.
(50) *Ibid.*, p. 14.
(51) *Ibid.*, p. 16.
(52) *Ibid.*, p. 34.
(53) *Ibid.*, p. 2.
(54) *Ibid.*, pp. 18–19.
(55) *Ibid.*, p. 2.
(56) *Ibid.*, p. 29.
(57) *Ibid.*, p. 36.
(58) *Ibid.*, p. 32.
(59) J. T. Cliffe, *The Puritan Gentry : The Great Puritan Families of Early Stuart England*, London, 1984 ; do., *Puritans in Conflict : The Puritan Gentry during and after the Civil Wars*, London, 1988 を参照。

(60) *Mr. Peters Last Report of the English Wars*, p. 12.
(61) Hugh Peter, *Good Work for a Good Magistrate*, pp. 10–11.
(62) *Ibid.*, pp. 62–63.
(63) 革命期の州委員会については、A. M. Everitt, *The Community of Kent and the Great Rebellion, 1640–60*, Leicester, 1966：今井宏『イギリス革命の政治過程』（未来社、一九八四年）の第I部と第二章を参照。
(64) Hugh Peter, *Good Work for a Good Magistrate*, p. 66.
(65) *Ibid.*, p. 61.
(66) *Ibid.*, pp. 73, 75, 78, 82.
(67) *Ibid.*, pp. 80–81.
(68) *Ibid.*, p. 82.
(69) *Ibid.*, p. 88.
(70) ただし、ピーターは、あらゆる戦争に反対したのではなく、カトリックの強国フランスとの戦争を提唱した。この点については、R. P. Stearns, *op.cit.*, p. 369を参照。
(71) Hugh Peter, *Good Work for a Good Magistrate*, pp. 91–92.
(72) *Ibid.*, pp. 101–102.
(73) *Ibid.*, pp. 105–108.
(74) R. Brenner, *op.cit.* を参照。
(75) J. M. Patrick, op.cit., pp. 166–167.
(76) R. P. Stearns, *op.cit.*, p. 419.
(77) Hugh Peter, *A Dying Fathers Last Legacy to an Only Child*, London, 1661.
(78) *Ibid.*, p. 93.
(79) *Ibid.*, pp. 113–114.
(80) その場合でも、千年王国論がすべて放棄されたのではなく、急進的な前千年王国論から漸進的な後千年王国論へと力点が移動し、現実的な諸改革を積み重ねることによって、遠い未来に「キリストの再臨」が展望されたように思われる（前千年王国論と後千年王国論の定義については、田村秀夫編・前掲書の八〜一二頁、岩井淳・前掲書の二二一〜二二三頁を参照）。一六五〇年代における独立派の後千年王国論は、一六五八年の「サヴォイ宣言」に見ることができる。なお、最近の研究も、一六五〇年代に千年王国的な待望が後退し、より現実的で、より一国主義的な外交政策が登場したことを強調している。この点については、S. Pincus, *Protestantism and Patriotism : Ideologies and the Making of English Foreign Policy, 1650–68*, Cambridge, 1996, pp. 190–191 を参照。

（81）　この点については、川北稔編『世界各国史11　イギリス史』（山川出版社、一九九八年）の第五章と第六章を参照されたい。

第8章　国際関係のなかのウェールズ
――ヴァヴァサ・パウエルと福音宣教――

1　二国関係から国際関係へ

前章で見た「ピューリタン・ネットワーク」は、イングランドにとどまらず、ウェールズにも影響を与えた。しかし、ウェールズの歴史は、これまで充分に検討されず、されたとしても、その地をイングランドより遅れた存在と見なす研究が多かった。このためウェールズは、イングランドと比較されることはあっても、同時代の関係性の視点で捉えられることは希薄であった。本章は、ピューリタン革命期のウェールズを取り上げ、イングランドとの関係だけでなく、アイルランドやアメリカといった、より広い国際関係のなかでウェールズを位置付けるものである。

それでは、イギリス史やピューリタン革命史のなかでウェールズは、どのように扱われてきただろうか。従来の研究では、ウェールズは、イングランドの「文明化」政策の恩恵に浴し、「野蛮な」「暗黒の地」から解放されたという議論が主流をなしている。(1)ここでは、イングランドが主体となり、ウェールズが改革対象になるという比較的単純な二分法が支配的であり、ピューリタン革命期の一六五〇～五三年に行われたウェールズの福音宣教も、その一環と見なされた。

他方、地味ながらも着実に研究を進めてきたウェールズ史家は、どうだろうか。彼らは、地域の史料を掘り起こしながら丹念な研究を進め、結果として近世ウェールズの「先進性」を強調する傾向にある。ウェールズはイングランド各地に広がる地方の延長上に位置付けられるとする研究者もいる。こうしてウェールズとイングランドの同質性が印象に残り、「野蛮な」ウェールズ観は克服されたかに見える。しかし、忘れてならないのは、近世の人々が依然としてウェールズの固有性や独自性に執着を見せ、イングランドとウェールズの差異が大きな問題となっていたことであろう。また、これまでの議論の多くが、イングランド側の史料を主に用いて、イングランドが主体、ウェールズが客体となる歴史を記述してきた。比較史や関係史にしても二国間にとどまり、それ以上の広がりがほとんど見られなかった点に注意しなければならない。

これに対し最近では、ウェールズ人の主体的な動きに注目して、ウェールズ独自の性格を解き明かす研究が登場している。(2) そこでは、ウェールズ固有の民衆文化の存在を確認しながら、革命期にウェールズ出身者を中心とするピューリタン・グループが、「暗黒のウェールズ」観を積極的に打ち出し、内戦で国王派に付いた祖国を改革し、ウェールズの伝統文化を打破しようとするキャンペーンを繰り広げたこと、その結果として「暗黒の」周辺地域を抜本的に改革する運動が議会派によって模索され、ウェールズの福音宣教もその一環だったことなどを提示している。この論によれば、ウェールズ人自身が、ウェールズの宗教と文化を改革するため、「暗黒のウェールズ」観を創作し、その見解が祖国に福音宣教をもたらす原因になったということになる。こうしてウェールズ研究は、単純に、イングランドと比べて「遅れていた」か「同等だった」かという問題から解き放たれ、一部のウェールズ人が、内戦で国王派に傾いた母国の状況を憂慮し、徹底的な宗教改革を求めて「暗黒のウェールズ」観を創り上げたという複雑なテーマが姿を現すことになる。

次に、関係史の問題に移ろう。一九九〇年代以降、イングランドだけでなく、ウェールズやスコットランド、アイルランドの動向にも配慮したブリテン史研究が隆盛している。[3] そこでは、イングランド史をウェールズ史やスコットランド史、アイルランド史と関連付けて理解し、二国のみならず、三国や四国に及ぶ関係史や比較史の成果も現れている。この成果を近世のウェールズ史に当てはめると、イングランドだけでなく、アイルランドやアメリカ植民地の重要性が浮かび上がってくる（図8－1を参照）。まずアイルランドであるが、一六世紀以来、イングランドのテューダー朝やステュアート朝の政府は、頻発するアイルランドのゲール系氏族を中心とする抵抗に遭遇してきた。彼らの抵抗は、しばしば大規模な反乱となり、イングランドの支配者を苦しめてきた。その際、ウェールズは、アイルランドの抵抗や反乱の影響を受けやすく、また反乱鎮圧の基地となることが多かった。ウェールズは、アイルランドとイングランドの中間域にあり、アイルランドの影響を受けやすいが故に、また度重なる反乱を討伐するために、イン

図8－1　17世紀のイングランドとウェールズとアメリカ植民地

グランドにとっては守らなければならない枢要の地となった。

一方、アメリカ植民地であるが、一六世紀後半以降、新大陸との交易やアメリカ移民が頻繁になるにしたがい、イングランドでは、ヨーロッパ大陸に向いた東側の港町と比べ、ブリストルやプリマスといった西側に開けた港町の需要が高まってくる。ブリストルやプリマスは、南ウェールズと近接しており、一七世紀になるとウェールズでも、アメリカ植民地からの影響が見られるようになる。本章は、こうした国際関係史の成果を受けて、ピューリタン革命期のウェールズを、イングランドだけでなく、アイルランドやアメリカ植民地と関連付け、二国間関係にとどまらない、多地域との関係を描くことにする。

本章では、これらのテーマを具体的に解き明かすべく、第一にイングランド人やウェールズ人によるウェールズ認識の変遷をたどり、第二にアイルランドやアメリカ植民地、とくに一六四一年のアイルランド反乱とニューイングランドの教会論がウェールズに与えた影響を測定し、第三に、緊張した国際関係を背景に、ウェールズのピューリタンが多数参加して繰り広げられた革命期のウェールズ福音宣教の意味を考察してみたい。

2　ウェールズ認識と「暗黒のウェールズ」観

ピューリタンによるウェールズ認識を検討する前に、時代をさかのぼって中世以来のイングランド人のウェールズ観の変遷をたどっておきたい(4)。中世イングランドのウェールズ観は、中世がイングランドとウェールズの抗争の時代だったことを反映している。「ウェールズ人は、文明化されていない（uncivilized）野蛮な辺境の民である」というステレオタイプ的なウェールズ観は、一二、一三世紀頃に形成されたようである。もちろん、そうしたイメージは、地域ごとに多彩であったが、ロンドンを取り巻くイングランド東南部から発信されることが多かった。

こうした中世のウェールズ観は、一六世紀に変化する。ウェールズ合同以後、ウェールズに関する情報が、頻繁にイングランドに流入し、実際のウェールズ人との接触・交流も、以前とは比較にならないほど増大し、イメージの変容を助長したようである。一般的に言って、ウェールズ人は、それほど凶暴ではないが、「こっけいな連中」であるとする見方が生まれた。彼らは、野蛮とまでは言えないが、洗練されていない「田舎者」とされ、あざけりの対象となった。このイメージは、エリザベス期や初期ステュアート期のロンドンで上演された演劇の登場人物に、しばしば見ることができる。(5) 典型的な例として、シェイクスピアの『ヘンリ五世』（一五九九年）に登場する、まじめ過ぎて、こっけいなウェールズ人の将校フルーエリンをあげることができる。彼は、国王ヘンリ五世から「私も、知ってのとおり、おまえと同郷のウェールズ人だから」と言われて、舞い上がり、ウェールズ訛りをかくさず、次のように生真面目に返答した。「ワイ川の水しゅべてを傾けつくしても、陛下のお身体からウェールジュの血を洗い流しゅことはできましぇん、それだけは断言いたします。神よ、み心にもみ胸にもかないましゅるかぎり、陛下のウェールジュの血に祝福を与え、永久に維持さしぇたまえ！(6)」。

このようなイメージが幅広く民衆に受け入れられた反面、同じ頃、イングランドの知識人たちは、もう少し違ったウェールズ観をいだいた。それは、ウェールズ人が古代以来の由緒正しい血統をもつ「高貴なブリトン人」であるというものであった。この認識の形成には、もちろん吟唱詩人バードが証明したウェールズ・ジェントリの高貴な血筋が役に立ったと思われる。また、一六世紀イングランドでは、ジェフリ・オブ・モンマスが書いた中世の歴史物語『ブリタニア列王史』が、イングランドとスコットランドとウェールズの関係を正しく位置付けたものとして再評価された。この歴史物語は、古代以来のブリテン島の歴史を、「ブルータス伝説」から説明しており、ブルータスの末裔が「高貴なブリトン人」としてウェールズに存続していると考えられた。(7) こうして中世の「野蛮なウェールズ」観は、一六世紀になって見直され、まったく逆の「高貴なウェールズ」観すら登場するようになったのである。

けれども、「高貴なウェールズ」観は、ルネサンス期の知識人などに限定され、あまり普及しなかった。一七世紀中葉になって代わって現れたのが、ピューリタンによる「暗黒のウェールズ」観である。ピューリタンたちは、時代の流れに逆行し、中世の認識に立ち返るかのようなウェールズ観を披瀝した。例えば、ウェールズ出身のピューリタン聖職者ウィリアム・エアベリは、出身地のウェールズを評して、「ひどい無知や、偶像崇拝、迷信、罪深いあらゆる習慣が至る所に見られる」と述べた(8)。エアベリは、商人の息子としてカーディフ近郊で一六〇四年に生まれ、二一年にオクスフォード大学のブレイズノウズ・カレッジに入学し、二三年に卒業した後、ケンブリッジ大学にも入学し、そこで学士号と修士号を得ている。彼は、一六三三年から五年間、カーディフで教区牧師を務めたが、三八年にロード派の主教から迫害を受けて教区牧師職を辞任し、四〇年にカーディフで独立派教会を設立した後、ロンドンに出てピューリタンとして活動を始めた。彼は、ウェールズ人脈の要に位置し、四二年の内戦勃発後は議会派を熱心に支持した人物である(9)。

エアベリのようにピューリタンとなったのは、もちろんウェールズでは少数派である。ピューリタンになった者は、ジェントリの次・三男や、それよりも下の階層の出身者が多かったが、エアベリのように、オクスフォード大学やケンブリッジ大学を卒業した者も含まれていた。しかし知識人である彼らは、なぜ、それほどまでして祖国を批判的にとらえたのだろうか。それを解く一つの鍵は、内戦中のウェールズの動向にあった。

ウェールズでは、影響力をもつ大ジェントリの多くが国王に忠誠心をいだき、ほとんどの地域で国王派を支持した。ウェールズ人は、兵士として国王軍に加わる機会が多く、当初は「ウェールズ兵は勇猛果敢である」という通念が支配的であった。ところが、内戦開始後間もない一六四二年一〇月のエッジヒルの戦いで、不慣れで装備不足の目立ったウェールズ兵が、議会軍から攻撃を受けて動揺し、敗走するという事件が起きた。この事件を契機に、

「勇猛果敢なウェールズ人」のイメージは覆されてしまった。当時の新聞やパンフレットは、いっせいにウェールズ人をあざけり、からかいの対象にした。こうした認識自体、一六世紀に民衆の間で流布していたイメージを継承したものであるが、重要なのは繰り返し、大量にそうしたイメージが流されたことである。(10)

その一つである、一六四三年二月の『ウェールズ人の姿勢』（図8－2を参照）と題されたパンフレットは、国王派に従軍した臆病なウェールズ人をからかうだけでなく、彼らの名前や服装までもあざけりの対象としている。(11) そして少し前まで「勇猛果敢」と言われた彼らは、今度は「her」という女性形で示され、「女々しい連中」とされた。こうして、一六四〇年代前半にウェールズ人は、かつてないほどの嘲笑の対象とされた。早くも一六四二年に、あるウェールズ人が事態を憂慮して、議会に抗議の請願を出したほどである。この請願書は、ウェールズ人一般が「他のどの地方にも増して、おかしな軽蔑を伴って、無礼なことに不面目にも嘲笑されている」と嘆いている。(12)

図8－2　1642年のエッジヒルの戦い後，敗走したウェールズ兵を揶揄した『ウェールズ人の姿勢』（1643年）

出典：*The Welsh-Mans Postures...*, London, 1643, title page.

こうした状況に直面して、エアベリたちウェールズ出身のピューリタンも、祖国の状態に深い危機感を覚えたようである。彼らは、一六四四年に、祖国を「暗黒」の地と呼び、ウェールズ人を「半ば異教徒」とし、「宗教どころか、繰り返される祈禱しか知らず……暗黒の中で国王に追随した、何も知らない」連中と見なした。彼らは、祖国が国王支持に傾いた理由を、ウェールズに真の宗教がなかったからと考えたようである。ある議会派の人物は、一六四五年に、ウェールズが国王派に加わった理由を尋ねられて、次のように答えた。「あなた方は、福音がほとんど役に立たないウェールズから、何を期待しようと言うのか。……ウェールズが国王支持に傾いたのは驚くにあたらない。というのは、彼らは、小型版のミサの書のような共通祈禱書以外に、ほとんど何も宗教改革を経験しなかったからである[13]」。

この論理は、ウェールズがまともな宗教をもたない「暗黒の地」であり、そのため国王派に加わったというものである。ピューリタンから見れば、自分たちを迫害し、カトリックにも接近している国王派が、まともな宗教をもたないのは自明である。ピューリタンが、ウェールズを「暗黒の地」と呼んだのは、このような文脈からであった。ウェールズ出身者による憂国の情も手伝って、ピューリタンや議会派の間には、国王派に傾いたウェールズを抜本的に改革するため、真の宗教、プロテスタントの宣教が不可欠であるという見解が形成されていった。

もちろん、ウェールズの独自性や伝統文化を擁護したウェールズ人がいたことも忘れてはならない。アレグザンダー・グリフィスは、ウェールズで教区牧師を務めていた人物であるが、ウェールズ出身のピューリタン・グループを非難して、一六五四年の著作で次のように述べた。彼らは、「ウェールズが極めて悲惨で嘆かわしい状態にあると、議会に申し立てた。……あたかも、ウェールズが依然として暗黒の地であり、死と隣り合わせにある、キリスト教世界の中でも貧しい住人の地であるかのようにである。そうした情報は（それ自体厚顔無恥な虚偽であり、全〔ウェールズ〕国民に対する恥ずべき中傷であるが……）、しかし、それをでっち上げた人々の目的を達成するのには役立った[14]」。

グリフィスは、このように一六四〇年代の経緯を書きとめ、ピューリタンの集団を非難した。けれども、グリフィスのようなウェールズ擁護論は、革命が進行する最中にあって、宣教によるウェールズ改革を目指すピューリタン集団と比べれば、ほとんど影響力をもたなかった。

3　ウェールズを取り巻く国際関係

ウェールズへの福音宣教に移る前に、アイルランドとアメリカ植民地の役割を考察しよう。両地域は、ウェールズに不可欠の影響を与えたという点では共通しているが、前者が一六四一年の反乱によってウェールズに恐怖感や危機感を与えたのに対して、後者はウェールズが危機を乗り越え、プロテスタント化を進めるのに役立つ教会論をもたらした。両地域は、この時期のウェールズにとって対照的な役割を果たしたと言ってよい。

まずアイルランドの影響から述べよう。一六四〇年に長期議会が開会すると、ウェールズのピューリタンたちは故郷への聖職者派遣と福音布教を熱望したが、この願いは、翌年のアイルランド反乱の勃発によって一層切実なものになった。近年の研究から引用すると、「ウェールズの指導的なピューリタンたちは、ウェールズのような荒廃した地域に精神的責務を呼び起こそうと議会に対して働きかけた。外国侵略と国内反乱の恐れが彼らを苦しめた。とりわけプロテスタンティズムへのチャールズ一世の関心が非常に希薄で、もはや彼を信用できないということが明確になってから、そうであった。反教皇主義的感情によって、ウェールズのピューリタンたちは宗教改革の迅速かつ熱心な計画を求めるようになった。一六四一年六月、〔ウェールズ出身の聖職者〕ウォルター・クラドックは、ウェールズの人々を救うため、ウェールズに敬虔な説教師を派遣するよう、議会の庶民院議員に雄弁に語りかけた。その要求は、この年の秋、アイルランドでカトリックが蜂起し、プロテスタントが虐殺されるに及び、一層切実なものとなった(15)」。

一六四一年一〇月、アイルランド北部のアルスターで反乱の火の手が上がった。この反乱は、一七世紀初頭から開始されたアルスター植民によって土地や財産を奪われたゲール系のカトリック教徒が起こした事件で、イングランドとスコットランド出身のプロテスタントに対して報復がなされ、多くの人命が失われた。反乱軍は、アルスター全土を制圧したのち、南下した。注目すべきは、アイルランド各地で「オールド・イングリッシュ」と呼ばれるイングランド出身のカトリック教徒が反乱に合流し、さらにアイルランドのカトリック教会の指導者も反乱に加わり、大規模な運動となったことである。反乱軍は、一六四二年一〇月にチャールズ一世への忠誠を誓いつつ、カトリック信仰の擁護を掲げる「カトリック同盟」を結成した(16)。

アイルランドの反乱は、イングランドやウェールズでどのように受け止められたのであろうか。この反乱では、合計三〇〇〇人ほどのイングランド人とスコットランド人が犠牲になったと推定されるが、その数は誇張され、アイルランド反徒の凶暴性が浮き彫りにされ、二〇万人から三〇万人もの大虐殺が行われたというデマが乱れ飛んだ。反乱勃発から二か月も経たない一六四一年一二月には、『アイルランドの血なまぐさいニュース、その王国でなされた教皇主義者の野蛮な残虐行為』というパンフレットがロンドンで出版された(17)。同月の別のパンフレットでは、「年齢や性別を問わず、プロテスタントに対してなされた教皇主義者の前例なき残虐行為」が非難された(18)。

この反乱は、イングランドやウェールズで反カトリック意識を刺激し、アイルランド人が侵攻したり、カトリック教徒が武装蜂起するという噂がささやかれ、国王がアイルランド兵を用いて秩序維持を狙っているという話がやまず、多くの地方でパニックが生じた。とくに海を挟んでアイルランドに接するウェールズとイングランド北西部では、影響が甚大であった。アイルランドで被害を受けたプロテスタントは難民となって、その年の暮れから、北ウェールズに隣接するチェスターや、ウェールズ南西部の港町ミルフォードヘヴンなどに到着したと記されている(19)（図8－3を参照）。

一六四二年になると、イングランド西部やウェールズからは、防衛強化を望む請願やカトリックの侵入を危惧する意見が出てきた。例えば、チェスターを中心とするチェシャの住民は、我が州は「他の州全ての中でも（私たち

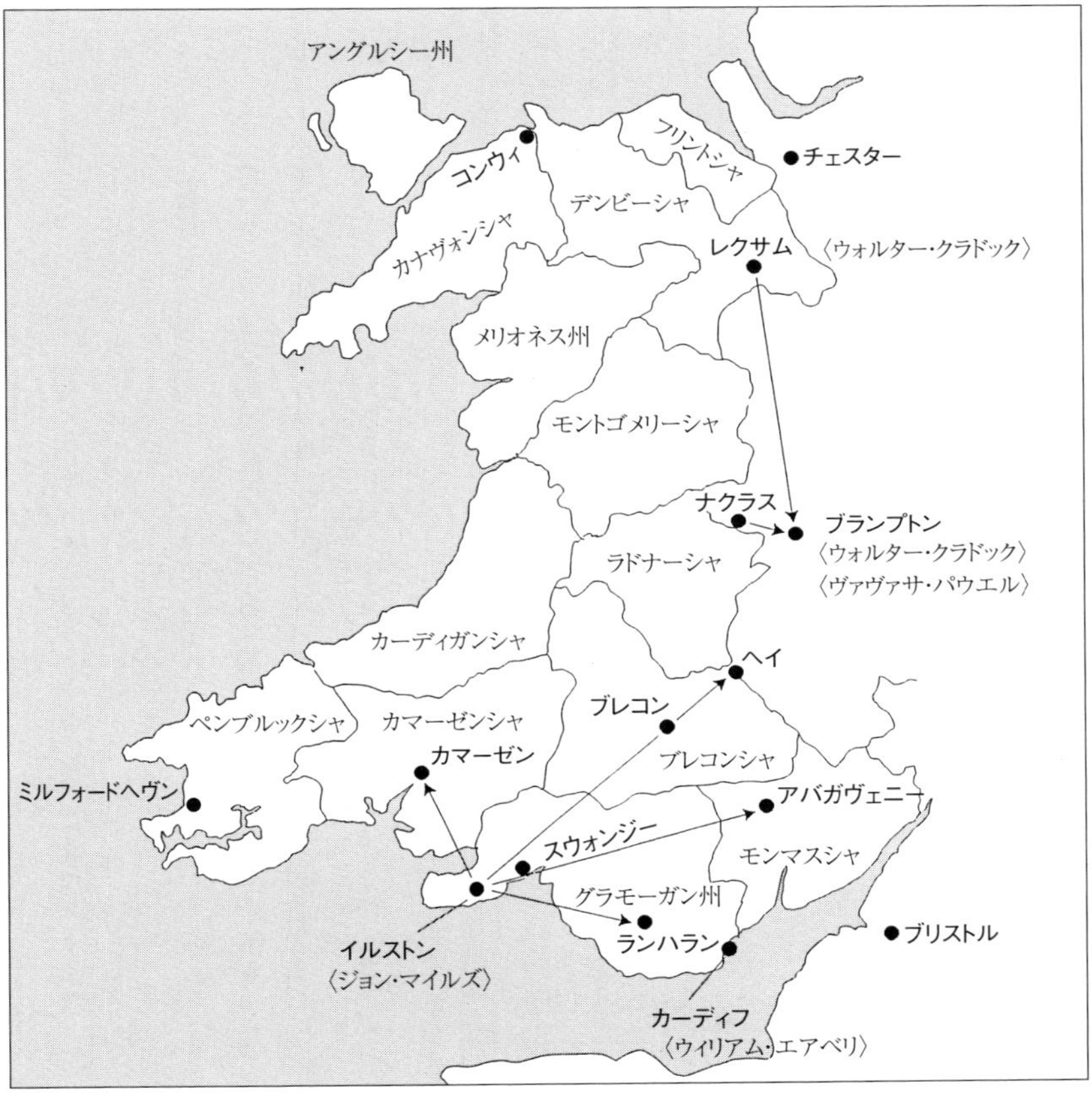

図8－3　ウェールズの州別編成とピューリタニズムの浸透（1635年以降）

注：〈　〉内は，その都市で活動したピューリタンを示す。

出典：W. S. K. Thomas, *Stuart Wales, 1603–1714*, Llandysul, 1988, p. 70の地図を加工。

の考えでは）、アイルランドに接するという理由から、今や最も危険な状態にさらされている」と述べ、庶民院に州の防衛を求めた。アングルシー州やカナヴォンシャといった北ウェールズ、ペンブルックシャなどの南ウェールズでも事態は同様だった。一六四二年一月には、北ウェールズの行政官が、アイルランド反乱の勃発により、「アイルランドに隣接する地域で懸念される大変な心配があった」と枢密院に報告した[20]。さらに注目すべきは、アイルランド反乱に呼応して、地元のカトリックが武装蜂起するという噂が広がったことである。早くも一六四一年一二月、北ウェールズでは、地元のカトリックが、コンウェイ城の占拠を企て、アイルランド反徒が侵入するための道を開いたという報告がなされた。実際には、ウェールズのカトリックが、アイルランドのカトリックと手を結ぶという事実はなかったにもかかわらず、ウェールズの人々はアイルランド反乱がもたらす恐怖におののき、危機感を抱いたのであった[21]。

アイルランドが恐怖感や危機感をもたらしたのに対して、アメリカ植民地は、ウェールズに危機の克服策を授ける役割を果たした。アメリカ植民地のなかでも、ニューイングランド植民地は、一六三〇年代に国王とロード大主教による迫害を逃れたピューリタンを中心にして建設された。ニューイングランドで設立された教会は、信徒の自発的な集まりを核としており、その教会論は「ニューイングランド方式」や「ニューイングランド様式」という名前で知られるようになった。ウェールズでも、一六三〇年代後半になると、ニューイングランドにわたり、その教会に所属する者の数が増えてくる。例えば、ウェールズ南部のガウアーを後にしたグリフィス・ボウエンの一家は、マサチュセッツ湾植民地に到着し、一六三八年末にはボストンの教会に所属したことが記録されている[22]。また一六三九年の教会記録も、「良き特徴をもつ幾人かのウェールズ・ジェントルマン」がニューイングランドの教会に所属したことを伝える[23]。

当時のアメリカ移民は、移住した後も本国の人々と手紙などによって連絡を取り合い、交流を続けていた。おそらくウェールズかイングランドの出身の移民がもたらす情報によって、ニューイングランドの教会論は、ウェールズに伝えられたと考えられる。またニューイングランドから原稿が届き、ロンドンで出版された書籍も、ニューイングランドの教会論を知る貴重な情報源となった。(24) ウェールズで最初の「ニューイングランド様式（方式）」の教会、つまり独立派教会は、一六三九年にモンマスシャで設立された。それは、「ニューイングランド様式に従った」ものと言われた。(25)

前述のピューリタン聖職者ウィリアム・エアベリも、一六四〇年にカーディフで独立派教会を設立した。エアベリ自身、独立派教会が、ウェールズで最初に建てられたことを誇りとし、次のように回顧している。「分離派諸教会は、イングランドで先行していたけれども、（ニューイングランド様式に従った）最初の独立派教会は、ウェールズで設立された。ウェールズでは、聖徒は迫害者の手から生き延びた。イングランドで最も威厳ある牧師たちが、あえて姿を現そうとせず、オランダに身を潜めていたとき、ウェールズでは聖徒が迫害の全時代を耐え忍び、頑張ったのである」。(26)

エアベリは、ウェールズの先進性をイングランドと比べて誇っている。彼は、わざわざ「イングランドで最も威厳ある牧師たちが、……オランダに身を潜めていたとき」と述べ、本書の第Ⅱ部で論じたトマス・グッドウィンやウィリアム・ブリッジらの独立派牧師が迫害の時代に亡命した事実に触れ、ウェールズが「迫害の全時代を耐え忍び、頑張った」ことを強調する。この結果、イングランドよりも早く、「（ニューイングランド様式に従った）最初の独立派教会は、ウェールズで設立された」のであった。

その後、一六四〇年秋に長期議会が開会され諸改革が進み、移民を大西洋の彼方へ送り出していた原因の一部が除去されると、アメリカ植民地からの帰国者が目立つようになる。ニューイングランドからの帰国者によって、「ニューイングランド様式」は、直接伝えられるようになった。イングランドやウェールズへの帰国者数は、三〇〇〇～四〇〇〇〇人と推定され、その構成は、名もない移民から著名なピューリタンまで様々であった。このなかに、ピューリタン革命の流れを左右する重要な人物が含まれていた(27)。マサチュセッツ湾植民地は母国で始まった改革に対応するため、一六四一年八月、政治使節としてヒュー・ピーターやトマス・ウェルデら四名を派遣した。そのうち二名は間もなくニューイングランドに戻ったが、ピーターとトマス・ウェルデは、終生ブリテン諸島で活動し、ピューリタンの説教師として働いた。わけても前章で見たピーターは、一六四九年の国王処刑を推し進め、同年のアイルランド遠征でも重要な役割を果たし、オリヴァ・クロムウェルの片腕となって活躍した人物である(28)。

ピーターは、一六四九年六月から始まるアイルランド遠征の準備のため、ウェールズを訪れ、南西部にあるペンブルックシャを拠点に、人員や資金、物資を調達していた(29)。ウェールズは、アイルランド遠征の基地となったのである。このピーターこそ、一六五〇年から開始されるウェールズ福音宣教の立案者であった。彼は、一六四二年に始まる内戦では従軍牧師を務めていたが、その最中の四六年に、アイルランド人をアメリカ先住民と関連付けた興味深いコメントを残した。それは、「野蛮なアイルランド人とインディアンは大した違いがなく、したがって同じように処遇されるだろう」というものである(30)。ピーターにとって、アイルランド人とアメリカ先住民は、ともに「野蛮」ということで共通しており、文明化の対象となる存在であった。彼は、実際にアメリカ植民地で先住民への布教活動を目の当たりにし、これをアイルランドと関連付け、応用しようとした。のみならず、ピーターにとっては、アイルランド反乱の影響を受け、危機に瀕しているウェールズの改革も急務の課題であった。こうしてアイルランド遠征とほぼ時を同じくして、ウェールズへの福音宣教も動きだすことになった。

4　福音宣教とヴァヴァサ・パウエル

ウェールズでは、一六三〇年代末から「ニューイングランド方式」に従った教会が設立されていた。一六四〇年秋に長期議会が開会され、四一年秋にアイルランド反乱が起きると、ウェールズでは独立派教会を樹立し、プロテスタント化を進めることによって直面する問題に対処する動きが見られた。ウェールズ出身のピューリタンたちは、内戦で国王派に傾いた祖国の窮状に直面し、危機感に駆られ、「暗黒のウェールズ」観を打ち出した。そのため、この見方は、ウェールズ人を含めたピューリタンの手による創作物という側面が強いけれども、ウェールズの福音宣教の確かな推進力となった。ただ、一六四三年から四八年の間、ウェールズは国王派の占領下にあったので、すぐに福音宣教に着手することはできなかった。

ピューリタン革命は、第一次内戦と第二次内戦をへて、一六四九年の国王処刑まで、急進化していった。ウェールズも一六四八年夏に国王派支配から解放され、改革の気運が高まっていた。長期議会から長老派議員を追放して一六四八年末に成立したランプ議会は、五〇年二月に『ウェールズへの福音のより良き宣教と説教のための法』(31)を成立させ、ようやく福音宣教に着手した(32)。宣教は、ウェールズだけでなく、北部イングランドでも行われたが、ウェールズへの宣教は、ウェールズの出身者と関係者が多数参加して、ほぼ三年に渡ってウェールズの宗教と文化を組織的に変えたという点で重要な意味をもっている。この福音宣教の法は、財政的な支えを得るために、ウェールズで国王派に加担した者の所領を差し押さえ、南部と北部それぞれで彼らに賠償金を課した前年成立の二つの法と対になると考えられる(33)。

福音宣教の基本的骨格は、前章で検討した独立派聖職者ヒュー・ピーターが立案したと言われている。ウェールズの福音宣教は、軍士官トマス・ハリソンを長とする七一名の委員と二五名の聖職認可者を中心に進められた。後者のうち一九名が、ウェールズと何らかの関わりをもつ者で、ウェールズ出身の聖職者ヴァヴァサ・パウエルや、ウェールズと深い関わりをもつ聖職者ウォルター・クラドック、ジョン・マイルズも聖職認可者に含まれていた。彼らの給与は、差し押さえられた国王派所領の収益から支払われたようである。(34)

委員や聖職認可者の顔ぶれを見ると、ほとんどが独立派の政治家や聖職者で、そのなかにはハリソンやパウエルのように、一六五三年以降、急進的な千年王国論者のグループである第五王国派に加わった者もいた。ハリソンは、一六四九年に国王の死刑判決文にサインした「国王殺し」の一人で、第五王国派の政治的リーダーとなって活躍し、一六六〇年に「国王殺し」の責任を問われて処刑された。ハリソンは、福音宣教では名目的な責任者だったようで、現場でもっとも顕著な成果をあげたのはパウエルであった。福音宣教の意図を明確にするため、以下、パウエルの思想と行動を跡付けておきたい。

パウエルは、一六一七年、ウェールズのラドナーシャで居酒屋主人の子として生まれ、オクスフォード大学のジーザス・カレッジに入学した。彼は、大学を中退するが、教区牧師を務めていた叔父の下で牧師補と学校教師となった。あまり信仰深くなかった彼であるが、一六三七年頃に本を読んだり、説教を聴いて感激し、ピューリタンの信仰に目覚め、巡回説教師の資格を取った。内戦が始まって後、一六四三〜四八年の間、ウェールズは国王派に占領されていた。このころパウエルはロンドンに出て、エアベリなどと知り合い、さらに一六四六年には独立派の聖職者として認可された。その後、彼は、たびたびウェールズに巡回説教に出掛け、多数の独立派教会を設立した。この経験を生かして、ウェールズの福音宣教の仕事に当たることになった。(35)

パウエルは、一六五〇年二月、ランプ議会に招かれて、『父なる神によって全被造物の上にあげられたキリスト』(図8－4を参照)という説教を行った。(36)この説教は、福音宣教の法が成立する一週間前になされており、政治的な意図も感じられるが、何よりも宣教にかけるパウエルの意気込みを伝える。彼は、ウェールズ宣教に触れ、議員を前にして語りかけた。「罪に対するあなた方の熱心で輝かしい正義の諸法と同じく、福音を宣教し促進する（人々の魂に向けられた）あなた方の宗教的な恵みの諸法は、（大理石ではなく）私たちと私たちの子孫の心の中に刻まれ、残り続けるであろう[37]」。

議員たちを励ました後に、彼は、祖国の窮状を思い浮かべ、次のように述べた。「望むべきは、異教、教皇主義、迷信の残存物がすべて除去され、以前、主教によって聖別され、無知蒙昧な人々によってまだ飾られている場所（彼らによって教会や神の家と呼ばれているところ）は、何ら固有の聖性がないと宣言されるべきであろう[38]」。こうした発想は、ウェールズを「暗黒の地」とした見解と同じものである。パウエルは、「暗黒」のウェールズを打破するためにも、独立派教会の設立と聖職者の養成が必要不可欠と考えたようである。彼にとって、独立派教会の設立は特別な意味をもっていた。「そのような神の宮の仕事は、以前には決して着手されなかった。あなた方が行なう仕事は、イエス・キリストを準備し、反キリストを打倒しようとするものだ。それ故、神があなた方を繁栄させるだろうから、恐れずに仕事を続けなさい[39]」。

パウエルは、このように「神の宮の仕事」＝独立派教会の設立を、反キリストを打

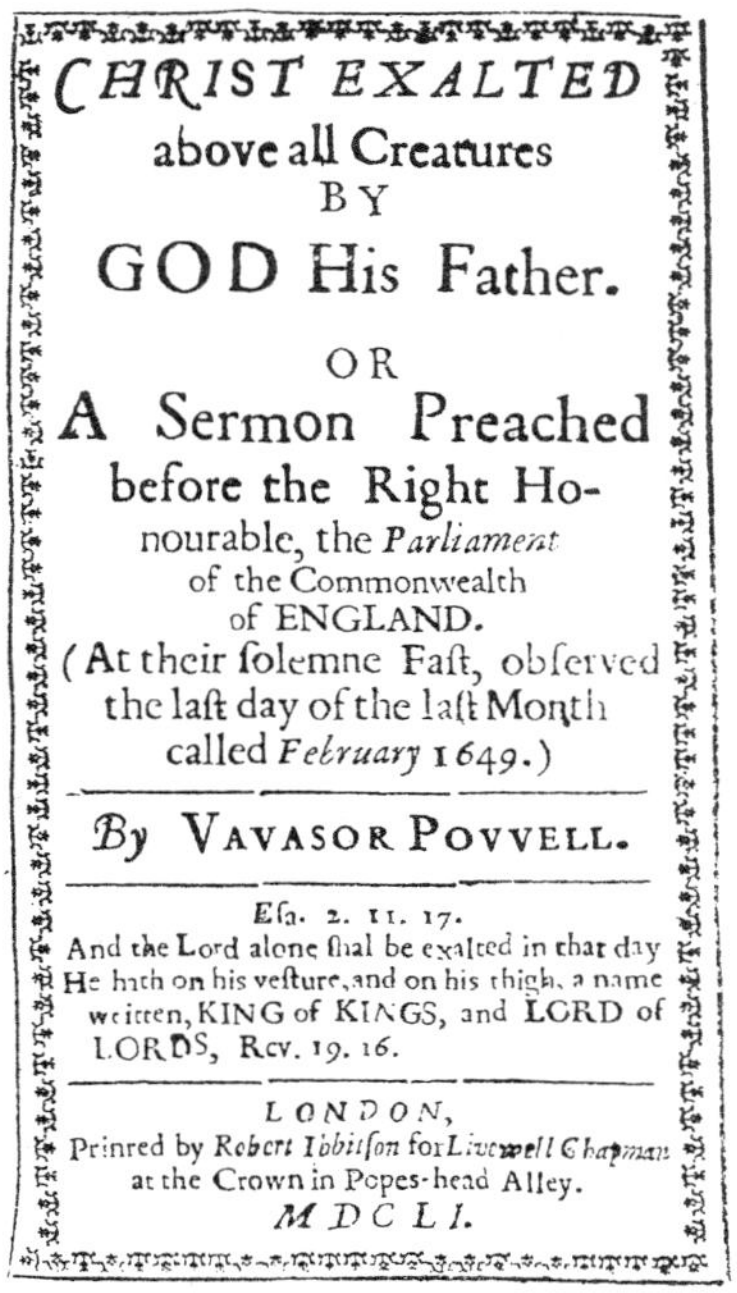
CHRIST EXALTED
above all Creatures
BY
GOD His Father.
OR
A Sermon Preached
before the Right Honourable, the *Parliament*
of the Commonwealth
of ENGLAND.
(At their ſolemne Faſt, obſerved
the laſt day of the laſt Month
called *February* 1649.)

By VAVASOR POVVELL.

Eſa. 2. 11. 17.
And the Lord alone ſhal be exalted in that day
He hath on his veſture, and on his thigh, a name
written, KING of KINGS, and LORD of
LORDS, Rev. 19. 16.

LONDON,
Printed by *Robert Ibbitſon* for *Livewell Chapman*
at the Crown in Popes-head Alley.
MDCLI.

図8－4　パウエルの説教を記録した書物『父なる神により全被造物の上にあげられたキリスト』（1650年）

出典：Vavasor Powell, *Christ Exalted above all Creatures by God His Father*, London, 1650, title page.

倒し、キリストの到来を準備する作業に位置付けた。実際、彼は、福音宣教が始まる一六五〇年をキリストの王国が開始される特殊な年と見ていた。そこから千年王国が始まるのである。「今やキリストは、彼の偉大な力を用いて支配を始める。今や審判は下され、権力は聖徒の手中にある。〔『ヨハネの黙示録』に記された〕一〇の角の一つは切断され、決して再びつながることはない。ああ、到来しつつあるこの一六五〇という年は（『ダニエル書』や『黙示録』に関する、とても敬虔な多くの著述家たちの解釈に従えば）聖徒の記念すべき年なのである[40]」。

千年王国の到来を準備するためには、ウェールズから古い信仰を取り去ることが不可欠であった。パウエルが強調したのは、「信心深い人々の気分を害する事物すべて、とりわけ彼らに影響を及ぼし続ける慣例を除去し、人々を依然として盲目状態にとどめる迷信的遺物すべてを除去することである[41]」。こうして、「暗黒」や「盲目状態」を取り去る福音宣教の仕事は、千年王国論の観点から正当化されたのである。

しかし、パウエルが「暗黒の地」としたのは、ウェールズに限られなかった。彼は、「暗黒の地」にアイルランドを加えるのも忘れなかったのである。「あなた方がこの国とアイルランドの両方で企てた、この偉大な出来事をもたらす神の摂理の同時発生は、主があなた方とともにあることを予示するものである。……とりわけ、キリストが高められるよう神を賛美しよう。そして、アイルランド（と貧しきウェールズ）のために、軽蔑されてきた彼らが、その最中へ神の偉大なる出現を迎えようとしていることを神に感謝しよう[42]」。このようにウェールズ宣教が、アイルランド改革と密接に関連づけられている点は、非常に示唆的である。

ウェールズでの福音宣教の仕事は、パウエルたち二五名の聖職認可者と、彼らと連携して働く七一名の委員を中心に進められた。彼らは、ウェールズを南北に区分して、南部（モンマスシャを含む七州）ではマイルズらを軸として四三名の委員が、北部（モントゴメリーシャ以北の六州）ではパウエルやクラドックを軸として二八名の委員が、それぞれ配置された（図8-3を参照）。彼らの主要な任務は、ウェールズの聖職者を審査して、不適格者を追放することであった。一六五三年までのほぼ三年間に、南部で一九六名、北部で八二名、合計二七八名もの聖職者が追放の憂き目にあった。このうち、南部では一二七名の聖職者が、一定の手続きをへて自分の職に留まることができたが、北部ではそうすることが難しく、混乱が生じたようである[43]。

福音宣教の仕事で、第一に問題となったのは、聖職者を審査する際に統一的な基準がなかったことである。聖職認可者や委員は、独立派の思想を基準として、各聖職者の教養や各教会のあり方などを審査したようであるが、前述のグリフィスのように追放された聖職者から委員の能力を疑問視する声があがり、苦情が絶えなかった。次に問題となったのは、追放された聖職者の後任探しが困難を極めたことである。その理由は、ウェールズ語を理解する聖職者を外部から連れて来ることができなかったからである。この点はパウエルも認めており、ウェールズの人々が「とりわけウェールズ語を必要としたからである」と述べている[44]。

この聖職者不足という問題を解決するために導入されたのが、巡回聖職者の制度であった。巡回聖職者は、教区牧師のように一箇所にとどまらず、複数の教区を巡回することができたので効率的であった。この巡回聖職者には、二五名の聖職認可者が当たった以外に、新たに六三名が任命された。そのなかにはウィリアム・エアベリも含まれていた。全員のなかでパウエルは、「巡回者の大主教（metropolitan of the itinerants）」と揶揄されるほど、精力的に動き回り、ウェールズの宗教改革のために尽力した。同時代の記録によると、パウエルは「ウェールズに再び呼び戻された。そこで、彼は、時を選ばずいつでも神の言葉を説く、以前の仕事を取り戻した。そのためパウエルを通して、ウェールズの隅々まで至るところ、神は、その知恵と恩恵の寵愛を顕示したのである。この結果、彼がキリストについて説かなかった場所は、（仮にあったとしても）ウェールズの諸教会、礼拝堂、タウン・ホールではほとんどないほどであった。実際、山上では非常に多く、定期市や市場でも非常に頻繁に、いかに彼が勤勉に、日に二、三ヶ所で何回も説教したことを考えると、賞賛に値する[45]」。このように同時代人は、ウェールズでの彼の目覚しい働きを記録した。パウエルの功績もあって、ウェールズ北部では巡回聖職者の制度は大きな成功を収めた。だが、南部ではそれほどでもなかったようである(46)。

それ以外に福音宣教で成果を上げたのは、ウェールズにおける初等学校の設立であった。この時期までウェールズでは、イングランドに比べて学校が少なかったのであるが、一六五〇～五三年の間に、南部で三七の、北部で二六の学校が設立された。そこでは、学校教師が国家から給与を支払われたり、あらゆる階層に学校教育が開かれたり、一部では男女共学が実施されたりと、先駆的な成果を上げていた(47)。

しかし、政治状況が変化するなか、ランプ議会自体が改革への情熱を失ってしまい、ウェールズへの福音宣教の法は、一六五三年四月に廃止された。パウエルたち現場の人間にとっては、道半ばでの宣教中止だったと思われる。福音宣教の評価は、その成果を高く見積もるものから、否定的にとらえるものまで様々であるが、ウェールズが保守的なアングリカンの牙城という状況から脱却したことは確実である。宣教の結果、ウェールズでも、プロテスタント複数主義の種がまかれた。独立派だけでなく、第五王国派やバプティスト派、クェイカー派といったピューリタンの急進派がウェールズに根を下ろすことになった。その背後では、革命中に国王派に付いた大ジェントリの力が弱まり、議会派を支持した中小ジェントリが台頭するという出来事も一部で見られた(48)。

5　その後のウェールズ

以上、中世以来のウェールズ認識の変遷や一七世紀ウェールズに与えた国際的影響を検討してきた。イングランドのウェールズ認識では、一六世紀に「高貴なウェールズ」観が登場したが、一七世紀中葉のピューリタンが唱えた「暗黒のウェールズ」観は、それと逆行するかのように、ウェールズを批判的にとらえていた。しかし、この認識は、内戦という切迫した政治状況のなかで、祖国の状態を憂慮したウェールズ出身者が中心になって創り上げたことを忘れてはならないだろう。

次に、一七世紀のウェールズは、イングランドだけでなく、海峡越しに接しているアイルランドや大西洋の向こうのアメリカ植民地からも影響を与えられた。アイルランドから見ると、一六四一年のアイルランド反乱はウェールズにも大きな脅威となった。ウェールズはプロテスタント難民の亡命地となり、反乱鎮圧の基地ともなった。アイルランド反乱がもたらした危機を克服するためにも、ウェールズのプロテスタント化が必要であった。そのためアメリカ植民地から持ち込まれたニューイングランドの教会論は、ウェールズにとって有意義であった。その後、ウェールズで独立派教会が普及する端緒が開かれたのである。

一六四〇年代のウェールズでは、カトリック教徒が起こしたアイルランド反乱の流入を食い止める必要があると認識された。革命期に広く普及した「暗黒のウェールズ」観は、ウェールズへの福音宣教を促進する役割を果たした。一六五〇～五三年に行われたウェールズでの福音宣教は、ウェールズ出身やこの地と関わりをもつピューリタンが多数参加して、不適格聖職者を追放し、代わりに巡回聖職者を各地に配備してプロテスタント信仰の定着をはかるという方針の下で進められた。ピューリタン革命と福音宣教は、ウェールズの伝統文化を守るという観点からすれば、保護者だった大ジェントリに打撃を与え、伝統文化を敵視するピューリタンを勢いづかせたという意味でマイナスの出来事と言えるだろう。それらは、法や政治、経済の面だけでなく、宗教や文化の面でもウェールズのイングランド化を推し進める原動力となった。

しかし、ウェールズ改革の先頭に立った人々の意識では、ウェールズのイングランド化どころか、その地を明確にイングランドから区別してとらえていた。ウェールズ出身の聖職者ウィリアム・エアベリの一六五二年の以下の証言は、千年王国が、イングランドではなく、むしろウェールズから始まることを示唆しており、大変印象的であ

「ああ、哀れで、きたなく、貧しいウェールズよ。いかにひどく、ウェールズは堕落していることか。だがそれは再び興隆しつつある。イングランドは、あまりに気高く、威厳があり、高慢で、虚飾と利得と快楽に満ちているがゆえに、キリストが肉的に降臨し、霊的に興隆することはできない。イングランドは上品な言葉を話すことができるが、ウェールズは貧しく、抑圧された民族、軽蔑された民族である。ジェントルマンとあらゆる者は、すでに打倒されている。そこには縮れ地の毛織物やフランネルの毛織物があり、パンとチーズとオート麦のケーキが飲み水とともにある。ああ、そここそ、キリストが来臨すべき土地である」[49]。

エアベリは、ウェールズを愛するが故に、その地の「堕落」を批判したことになる。ウェールズの福音宣教では、エアベリのようなウェールズ出身者や関係者が多数参加し、その改革のために努力したという点が特徴的である。この点は、イングランド人やスコットランド人による「改革」を余儀なくされたアイルランドと比べると、示唆的である[50]。ウェールズは、言葉の壁もあって、ウェールズ人自身の参加によって改革されたのである。わけても、ヴァヴァサ・パウエルは、巡回聖職者として北部ウェールズを精力的に回り、ウェールズのプロテスタント化に尽力した人物である。彼は、多数の独立派教会を設立し、千年王国論的な説教を行って革命の意義を説き、ウェールズでは圧倒的な影響力をもっていた。パウエルの説教では、ウェールズは、アイルランドと並んで「暗黒の地」に位置付けられ、改革の対象となっていた。ウェールズ人にとって、隣接するアイルランドの改革は、ウェールズ宣教と同じくらい重要な意味をもつ課題だったのであろう。

けれどもパウエルは、一六五〇年代後半になると影響力を失っていく。彼は、一六五三年以降、第五王国派であることを公言し、クロムウェル政権との対立姿勢を鮮明にするにつれ、次第に孤立を余儀なくされた。彼は、巡回説教を続け、政府批判をして逮捕され、釈放後も再び政府批判を行なうという生活を続けており、一六七〇年にロンドンのフリート監獄で波乱の生涯を終えた[51]。

以上に述べた国際関係と福音宣教は、反対の方向からウェールズの歴史に作用したと言えるかもしれない。つまり一方で、ウェールズはアイルランドやアメリカ植民地の影響を受けており、イングランドとの関係のみで説明できるものではなかった。一六四一年のアイルランド反乱はウェールズ人に危機感をいだかせ、ニューイングランドから流入した教会論は彼らに危機を乗り越える方向を指し示したと言える。このようにウェールズは一七世紀の国際関係に投げ込まれ、そこから無視できない影響を与えられたのである。他方で革命期の福音宣教は、長期的に見てウェールズのプロテスタント化、宗教や文化のイングランド化を加速させることになった。それは、ウェールズをイングランドに近付け、ウェールズ人を、イングランド人と同じような「ブリテン人」として認識させる要因ともなった。福音宣教は、結果から見ればイングランドとの一体化を進めるのに貢献したと言うことができる。この意味で、一七世紀の革命は、ウェールズにとって大きな転機になったのである。

ただ、ウェールズは完全にイングランドと同化されることはなかった。王政復古以降、ウェールズでは、予想を超えて、第五王国派やバプティスト派、クェイカー派が根付き、プロテスタント複数主義が有力になった。それは、一七世紀後半以降の非国教会派の思想や運動として、また一八世紀以降のメソディスト派の思想や運動として、ウェールズに受け継がれ、イングランドと異なる宗教性を刻印したのである。(52) こうしてウェールズの非国教主義は、言語や文化と並んでウェールズのアイデンティティの柱となり、現在に受け継がれることになった。

註

(1) こうした議論は、W. R. Jones, "England against the Celtic Fringe : A Study in Cultural Stereotypes", *Journal of World History*, 13, 1971, pp. 155–170で紹介されている。

(2) P. Jenkins, "Seventeenth-century Wales : Definition and Identity", in B. Bradshaw and P. R. Roberts (eds.), *British*

Consciousness and Identity, Cambridge, 1998 ; Lloyd Bowen, "Representations of Wales and the Welsh during the Civil Wars and Interregnum", *Historical Research*, vol. LXXVII no. 197, 2004.

（3）S. G. Ellis and S. Barber（eds.）, *Conquest and Union : Fashioning a British State, 1485–1725*, London, 1995 ; A. Grant and K. Stringer（eds.）, *Uniting the Kingdom? : The Making of British History*, London, 1995 ; Brendan Bradshaw and John Morrill（eds.）, *The British Problem, c.1534–1707*, Basingstoke, 1996 ; B. Bradshaw and P. R. Roberts（eds.）, *op. cit.*.

（4）Lloyd Bowen, op.cit..

（5）Ibid., pp. 360–361.

（6）W・シェイクスピア著、小田島雄志訳『ヘンリー五世』（白水社、一九八三年）、一七〇頁。訳文を一部改変した。

（7）岩井淳「『ブリテン帝国』の成立」（『歴史学研究』七七六号、二〇〇三年）、二二頁。

（8）Lloyd Bowen, op.cit, pp. 361–362.

（9）ウィリアム・エアベリについてはB. Ll. James, "The Evolution of a Radical", *Journal of Welsh Ecclesiastical History*, vol. 3, 1986　を参照。

（10）M. Stoyle, "Caricaturing Cymru : Images of the Welsh in the London Press, 1642–46", in D. Dunn（ed.）, *War and Society in Medieval and Early Modern Britain*, Liverpool, 2000, pp. 162–179.

（11）*The Welsh-Mans Postures or, The true manner how her doe exercise her company of Souldiers in her own Countrey*, London, 1643 ; Peter Gaunt, *A Nation under Siege : the Civil War in Wales, 1624–48*, London, 1991, p. 29.

（12）Lloyd Bowen, op.cit., pp. 362–365.

（13）Ibid., pp. 367–368.

（14）Ibid., p. 373.

（15）G. H. Jenkins, *Protestant Dissenters in Wales, 1639–89*, Cardiff, 1992, pp. 13–14.

（16）岩井淳『ピューリタン革命と複合国家』（山川出版社、二〇一〇年）の②と③を参照。

（17）*Bloody newes from Ireland, or the barbarous crueltie by the papists used in that kingdome*, London, 1641.

（18）*Worse and worse newes from Ireland*, London, 1641, passim.

（19）K. J. Lindley, "The Impact of the 1641 rebellion upon England and Wales, 1641–45", *Irish Historical Studies*, 18–70, 1972, p. 147.

（20）Ibid., pp. 154–155.

（21）Ibid., pp. 157–158.

（22）A. H. Dodd, "New England Influences in Early Welsh Puritanism", *The Bulletin of the Board of Celtic Studies*, 16, 1956, p. 31.

（23）Ibid., p. 30.

（24）新旧イングランドの交流史については、岩井淳『千年王国を夢みた革命――一七世紀英米のピューリタン』（講談社、一九九五年）の第二章を参照。

（25）W. S. K. Thomas, *Stuart Wales, 1603–1714*, Llandysul, 1988, pp. 61–62.

（26）William Erbery, *Apocrypha*, London, 1652, p. 7.

（27）前掲・岩井『千年王国を夢みた革命』の第二章を参照。

（28）ヒュー・ピーターについては、本書第7章を参照。

（29）A. H. Dodd, op.cit., p. 32.

（30）*Mr. Peters Last Report of the English Wars*, London, 1646, p. 5.

（31）"An Act for the better Propagation and Preaching of the Gospel in Wales, and redress of some Grievances", in C. H. Firth and R. S. Rait（eds.）, *Acts and Ordinances of the Interregnum, 1642–60*, Vol. II, London, 1911, pp. 342–348.

（32）ウェールズ福音宣教を扱った論文として A. M. Johnson, "Wales during the Commonwealth and Protectorate", in D. H. Pennington and K. V. Thomas（eds.）, *Puritans and Revolutionaries*, Oxford, 1978 がある。これ以外に福音宣教に言及した著作として G. F. Nuttall, *The Welsh Saints, 1640–60*, Cardiff, 1957 ; G. H. Jenkins, *The Foundations of Modern Wales, 1642–1780*, Oxford, 1987 がある。

（33）A. M. Johnson, op.cit., pp. 233–235.

(34) Ibid., pp. 235–236.
(35) 前掲・岩井『千年王国を夢みた革命』、一三九〜一四三頁。
(36) Vavasor Powell, *Christ Exalted above all Creatures by God His Father*, London, 1650.
(37) *Ibid.*, The Epistle Dedicatory.
(38) *Ibid.*, The Epistle Dedicatory.
(39) *Ibid.*, p. 90.
(40) *Ibid.*, pp. 91–92.
(41) *Ibid.*, p. 93.
(42) *Ibid.*, pp. 87–88, 96.
(43) A. M. Johnson, op.cit., pp. 236–237.
(44) Vavasor Powell, *Bird in the Cage Chirping*, 2nd edn., London, 1662.
(45) Edward Bagshaw, *The Life and Death of Mr Vavasor Powell*, London, 1671, pp. 107–108.
(46) A. M. Johnson, op.cit., pp. 237–238.
(47) Ibid., p. 238.
(48) Peter Gaunt, *op.cit.*, p. 76.
(49) William Erbery, *Apocrypha*, London, 1652, p. 9.
(50) 本章と同じく、イングランドとの関わりという点で、ウェールズとアイルランドを比較検討し、ウェールズのピューリタン宣教におけるウェールズ人の役割を重視する論文として Crawford Gribben, "Puritanism in Ireland and Wales", in J. Coffey and P. C. H. Lim（eds.）, *The Cambridge Companion to Puritanism*, Cambridge, 2008, pp. 159–173 がある。
(51) 前掲・岩井『千年王国を夢みた革命』、一四三〜一四四頁。
(52) W. S. K. Thomas, *op.cit.*, p. 78.

第9章　クロムウェルの外交政策
――プロテスタント外交と「国益」追求――

1　宗教か「国益」か

これまでピューリタン革命期の思想と行動を、独立派聖職者に即して検討してきた。彼らは宗教的な著作や説教を数多く残し、そのなかで千年王国論や教会論といった思想を表明した。しかし、独立派を考察するには、聖職者などに代表される宗教的独立派だけでなく、政治的な人々にも目を向ける必要があるだろう。そこで本章は、政治的独立派の指導者であるオリヴァ・クロムウェル（一五九九～一六五八年）を取り上げ、とくに彼の外交政策に注目する（図9－1を参照）。彼の外交政策は、どのような国際関係を反映して成立し、初期ステュアート朝のそれとは、どのように異なるものだっただろうか。

クロムウェルは、一六四〇年代に議会軍の軍人として活躍するが、この時期の史料は乏しい。国王処刑以後になると、彼の地位上昇もあって、演説などを中心に彼の史料は大幅に増える。そのなかでも、外交政策に関する史料は、彼自身の演説も含めて、かなりの点数が残されている。しかし、研究動向を見る限り、ピューリタン革命期の

図 9－1　オリヴァ・クロムウェル

出典：M. Ashley, *Oliver Cromwell and his World*, London, 1972, p. 21.

国際関係、わけてもクロムウェルの外交政策は、国内の政治史や宗教史、民衆運動史などと比べて、あまり活発に研究されてこなかった。その要因は、従来の革命史研究が、もっぱら国内の対立関係に目を向け、一国史的な傾向が強かったことと切り離せないだろう。

多くの研究は、同時代のヨーロッパ諸国が三十年戦争に忙殺され、革命に直接的な武力介入をしなかったことを強調してきた。しかし、革命の後半になると、共和政政府やプロテクター政府によって、ヨーロッパ諸国との積極的な外交が展開され、ある時は戦争が勃発し、またある時は平和条約が締結されたりした。これら諸外国との関係は、革命史を考えるにあたっても、決して無視できない重要な意味をもつだろう(1)。

だがそうであっても、クロムウェルの外交政策は、「首尾一貫せず」「不徹底」と言われることが多く、依然として分かりにくい。彼の外交政策は、おおよそ次のようなものであった。クロムウェルは、「国民的」安全や「国益」保全を追求したものの、当時、商業上の最大のライヴァル国であったオランダとの戦争には消極的で、戦争勃発後も終結への道を模索した。他方で、彼の政策は、プロテスタントの権益を守る外交を信条としたものの、一七世紀にスペインに代わって台頭したカトリックの強国フランスとは正面から対決せず、フランスと同盟しながら対スペイン戦争を遂行した（ix頁の地図1を参照）。

このようにクロムウェルの政策は、一見矛盾しており、なるほど「不徹底」と言われる側面をもっている。従来の研究が充分に進展しなかったことの背景には、この「不徹底性」の問題が付きまとっているように思われる。それは、本書の第4章で見たように、宗教的独立派が、近代思想の観点から見て「現状維持的で妥協的」と評されたことにも似ている。この問題を、今少し研究史に即して考えてみよう。(2)

一方では、クロムウェルの政策を、時代錯誤的な「プロテスタント外交」とする系譜がある。例えば、一九世紀のホイッグ史学は、プロテスタントの権益擁護を第一義とするクロムウェルの外交政策を基本的に「時代遅れ」のものと見なした。精緻な革命史研究を展開したS・R・ガードナーであっても、ホイッグ的な見解を受け継ぎ、クロムウェルの外交政策を評して次のように述べた。「彼の心は、依然として、プロテスタンティズム擁護が、利害からも責務からもイングランド人に課せられていたエリザベス時代の方向を向いていた」。(3) またクロムウェルに心酔したT・カーライルは、彼の政治的・軍事的手腕を高く評価したものの、外交政策には余り関心を示さなかった。(4)

他方で、一次史料に基づいたクロムウェル研究が進展するにつれて、「ナショナリスト」という彼のもう一つの顔に注目が集まった。例えば、ガードナーやC・H・ファースは、クロムウェルの宗教思想を見るときに比べ、彼の外交政策を「先進的なもの」として評価した。とくに、ファースは、クロムウェルが「国民の経済的・政治的権益に絶え間なく配慮したこと」に注意を喚起した。(5) 彼らは、クロムウェルの宗教的側面を決して無視したわけではないが、クロムウェルにあっては宗教とナショナリズムは、容易に両立しない別物と見て、外交政策のなかにナショナリズムの発露を見いだしたと思われる。

二〇世紀のクロムウェル研究では、「現実的なナショナリスト」という面が、もっぱら強調されるようになった。近代的な観点からクロムウェルの政策が評価されたのである。とくにドイツ史家の場合、その傾向が強かった。ヴォルフガング・ミヒャエルは、クロムウェルを「レアルポリティク」の体現者と見なし、(6) ドイツ人は、好んでクロムウェルをビスマルクと対比した。イギリス本国における研究者のなかにも「現実主義者（pragmatist）」クロムウェルという解釈を支持するものが少なからず現れた。クロムウェルにとって、宗教は、現実的で便宜的な政策を覆い隠すベールにすぎないと見なされていった。W・C・アボットの包括的な史料集にも、こうした見解が潜んでいる。彼は、クロムウェルの宗教思想にコメントして、それは「外交的な職務の背後にある世俗的な動機を……隠すのに役立っていただけであった」(7)と述べた。このようにして「現実主義者」「便宜主義者」クロムウェルというイメージが定着していった。

だが、ここで疑問になるのは、クロムウェルの政策には、宗教的な信念が反映されていないのかという点である。クロムウェルの外交政策では、宗教と「国益」の追求は乖離したままであったのだろうか。

研究史上では、第二次大戦後になって、ようやく両者の関連に注目するものが登場した。それは、一九五五年のロバート・ポールの伝記的研究などを皮切りにして、一九七〇年頃のCh・ヒルやW・M・ラモントの著作でも意識されるようになった(8)。外交史研究では、R・クラブトリー、C・コー、T・ヴェニング、S・ピンカスらの研究(9)が特筆に値する。とくに最近のヴェニングやピンカスの著作は、宗教的信念が外交政策に影響を与えたというスタンスに立って、宗教と「国益」追求という両者の関連に十分な注意を払いながら、クロムウェル時代の外交政策を解明している。

以下では、最近の研究動向を念頭において、クロムウェルの外交政策が、基本的には「プロテスタント外交」と呼ばれるものであったという観点に立ちながら、その内容や変質について検討する。そして、この政策が「国益」追求という一見矛盾する世俗的な動機と、どのような関係にあったのかを明らかにしたい。「プロテスタント外交」という言葉は、大きく定義すれば、宗教的にはローマ教皇やイエズス会を敵視し、政治的にはスペイン、オーストリア、フランスといったカトリック強国を主たる標的にして、プロテスタント地域の擁護・保全をはかった外交ということになろう。本章では、この外交について、比較的宗教色の強いものと「国益」追求により力点をおくものという二つの類型を設定して、一六五〇年代初頭に前者から後者への移行が進んだことを考察する。主な対象となるのは、クロムウェルの政策の形成過程や特色が具体的に示される、一六五〇年代の対オランダ戦争、対フランス関係、対スペイン戦争をめぐる議論である。

2 外交政策の基本方針——クロムウェル外交の輪郭

クロムウェルの外交政策を検討する前に、それが前代までの政策とどのように違っていたかを考えてみよう。本書の第1章で見たように、初期ステュアート期の外交政策は、基本的に王室の利害関係によって決定され、少数の大貴族や廷臣が様々な思惑をもって参加するという特色をもっていた。この時期の外交政策を研究したS・アダムズは、次のように述べている。

「ステュアート期の外交政策は五つの段階に区別できる。それは、一六〇三年から〇九年までのソールズベリ伯ロバート・セシルによる外交政策、一六〇九年から一六年までの政策をめぐる大論争期、一六一六年から二五年三月のジェイムズ一世死去に至るまでの彼の親スペイン政策、一六二五年から二八年までのバッキンガム公による大同盟期、そして一六二八年から四〇年までのチャールズ一世による親スペイン政策への復帰である。……ステュアート期の外交政策に論理がなかった訳ではなく、その政策は、三十年戦争によってもたらされた矛盾に一つの解決策を示した。しかし、その解決策は、イングランドの政治的姿勢に染み込んだ非常に多くのものを阻害した。ジェイムズとチャールズは、共和主義的でカルヴァン主義的な煽動者よりも、むしろヨーロッパの有力な王朝と同盟関係を結ぼうとしがちであった。ところが彼らの臣民の多くは、反キリストの支持者との結合よりも、神聖な者たちとの結合を選択したのであった[(10)]」。

このように初期ステュアート期の外交政策にも、それなりの「論理」が存在した。だが、ジェイムズ一世やチャールズ一世が目指したのは「ヨーロッパの有力な王朝と同盟関係を結ぼう」とすることであった。クロムウェルが追求したのは、それとは根本的に異なる外交政策であった。彼の政策は、カトリックを奉じる「ヨーロッパの有力な王朝」を敵視するという点で、基本的に「プロテスタント外交」であり、この点では、初期ステュアート期よりもはるかに徹底していた。その意味では、彼の政策は、エリザベス期のそれと類似しているかもしれない。クロムウェルは、人生の最後に近い一六五八年一月に、自らの政策がプロテスタント外交であることを告白して、次のように演説した。

「今や、海外でのプロテスタントの大義と権益は打撃を受けており、意見や見解のレヴェルでも、それらは全く踏みにじられていないだろうか？……教皇制とそれを支持する人々は、彼らがプロテスタントであるという、ただそれだけの思考と理由に基づいて公然かつ明白に、神の民を踏みつけてきたのである。……〔北イタリアのピエモンテでは、プロテスタントが殺害されたが――引用者、以下同様〕しかし、ピエモンテがすべてであろうか？　いや、〔ハプスブルク家の〕オーストリア王家が、オーストリアとスペインというキリスト教世界の両側において、プロテスタントの全権益を滅亡させるために、どれだけ武装し、準備してきたかを見てみなさい。……〔教皇は〕このすべてを行なうため、ヨーロッパの全権力と全君主に影響を与えてきたのである」(11)。

このようにプロテスタントに加えられた暴挙が告発された。しかし、クロムウェルの政策は、カトリックに対する敵意をあらわにした、ただそれだけのものだったろうか。近年の研究は、彼の外交政策が、基本方針や政策決定過程といった点で、エリザベス期や初期ステュアート期のものとは決定的に異なることを指摘している(12)。まず、基本方針について述べると、クロムウェルの政策は、カトリックの強国に囲まれたイングランド共和国を、強国の影響力に引きずられることなく、なんとか存続させようというものであった。それは、あえて言うならば、時代錯誤的な「無知」や「狂信」よりも「危機感」や「恐れ」に起因するものであった。[13] この政策が最も恐れたのは、カトリックの強国であるフランスとスペインが同盟を結び、イングランドと敵対することであった。逆に言えば、この政策が心掛けたのは、フランスとスペインに平和条約を取り交わさせず、半永続的な戦争状態を続けさせながら、自らの革命政権を維持することであった。両国の戦争は、一六三五年から始まり、一六五九年のピレネー条約が締結されるまで継続した。[14]

注目すべきは、この基本方針の背後で、ブルボン朝のフランスが、三十年戦争を通してハプスブルク朝のスペインに代わって台頭するという出来事が進行したことである。後述するように、これに応じて、クロムウェルの外交政策の具体的方針も、当時最大の強国と見なされたフランスとの正面衝突を回避しながら、プロテスタントの権益を保持しようという形に定着していった。そのためイングランドは、一六五一年から五三年頃まで、フランス国内のユグノーを援助することによって、フランスに間接的な打撃を与えていたが、その後はフランスとの友好関係を回復し、スペインと戦うことによって、フランスとスペインの和平を妨害したのである。[15] そうすることによってクロムウェルは、イングランド存続の道を模索したのであった。このように共和国の存続を最優先して、外交が展開されたところに、彼の政策の真骨頂が見いだされるように思われる。

こうした方針は、一六四〇年代の内戦による混乱期をへて、一六五〇年代に形成されていった。それでは、この外交政策は、どのような組織によって立案され、決定されたのであろうか。まず特筆すべきは、国王処刑直後の一六四九年二月に設立された国務会議（the Council of State）である（図9－2を参照）。定員四一名からなるこの会議は、内政や外交の重要事項を決定した。第一次国務会議のメンバーの内訳は、三二人が議員、一〇人が軍人、六人が法律家、五人が貴族であった。[16] 会議員たちは、一年任期であったが、一六五三年四月のランプ議会の解散以降は、クロムウェルの意向を多分に反映して選出されるようになった。

図9－2　クロムウェルを中心にした国務会議の様子を批判的に描いた絵（1649年）

Bがクロムウェル，Lがヒュー・ピーターで，中央に鎮座するAは悪魔。

出典：J. Morrill (ed.), *The Impact of the English Civil War*, London, 1991, p. 47.

次に、一六五二年五月に「国務会議の秘書官（Secretary to the Council）」にジョン・サーロウ（一六一六～六八年）が就任したことが重要である（図9－3を参照）[17]。彼は、一六五三年七月には「スパイの親分（master-spy）」とも言うべき諜報機関の中心人物（chief of intelligence）になり、国内外から情報を収集し、反革命を未然に予防したり、外交政策の方針をたてたりした[18]。彼自身は、一六五七年まで国務会議の正式メンバーではなかったが、クロムウェルの信任を得て、無視できない役割を演じた。彼が、王政復古期に書いた『サーロウ国事文書（Thurloe State Papers）』[19]は、革命期の国際関係を知るための第一級史料と言われている。

さらに注目すべきは、公式の使節や非公式のスパイを含めた、有能な外交官の存在である。例えば、オランダ大使にはジョージ・ダウニングが、スイスへの使節にはジョン・デュアリが、スウェーデンへの使節にはブルストロード・ホワイトロックが就任した。彼らの情報は、公式のものであれ非公式のものであれ、一六五二年以降は、ほとんどサーロウの下に集約された。このように有能な外交官が精力的に情報を収集し、それが秘書官サーロウの下へ集約されることによって、的確な外交政策が立案されたのである[20]。この政策決定過程にも、クロムウェルの外交政策の新しさが窺われるだろう。

外交政策は、当初は、共和派のヘンリ・ヴェーンなどを中心にした国務会議の審議によって決定された。しかし、ランプ議会解散以降はクロムウェルの影響力が強まり、彼と国務会議員との合議、そして何よりもサーロウの助言によって決定されることが多かった。

このような基本方針と決定過程を伴って、一六五三年あたりからクロムウェルの外交政策が本格的に始動する。しかし、外交政策が展開する前提として、二つの重要な出来事が介在したことを忘れてはならない。それは、指名議会の解散と英蘭戦争の終結であった。二つの出来事は、どのようにして外交政策に影響を与えたのであろうか。次節では、このことを考察してみたい。

3　対オランダ戦争——プロテスタント外交の変質

オランダは、一六世紀後半の独立運動以来、同じプロテスタント国家同士の絆でイングランドと結ばれていた。イングランドから言うと、チャールズ一世時代、とくに一六三〇年代の大主教ロードの迫害のなか、多くのピューリタンがオランダに亡命の地を求めた。けれども、プロテスタント同士の友好国に見えながら、イングランドのピューリタンがカルヴァン主義を強調する反面、オランダの商人たちはアルミニウス主義を信奉する傾向にあって、両国の宗教的方向性は必ずしも一致していなかった。しかも、英蘭両国は、一七世紀になると経済的・商業的なライヴァルとなり、「一六〇九年以降、捕鯨やニシン漁、織物輸出、東インド〔問題〕が、さらなる緊張の火種となった」[21]。加えて、オランダの州総督を務めていたオラニェ家は、イングランドのステュアート家と親戚関係にあり、チャールズ一世処刑

図9－3　ジョン・サーロウ

出典：M. Ashley, *Oliver Cromwell and his World*, London, 1972, p. 91.

後にスコットランドで即位したチャールズ二世は、一時期、オランダのハーグに亡命していたのである。

こうした背景があって、両国の戦争が勃発した。しかし、その前段階で、両国が必死になって戦争を回避したことを忘れてはならない。まず、一六五一年五月、オリヴァ・セント・ジョンらからなるイングランド側の代表が、オランダへ行き、ハーグで交渉に臨んだが、決裂し、同年一〇月には、オランダに不利益をもたらす航海法がイングランド議会で可決された。同年一二月の最後の交渉も決裂して、一六五二年五月から英蘭戦争が始まった。イングランド側では、共和派の政治家ヴェーンや独立派の聖職者ヒュー・ピーターらは戦争に消極的であったが、第五王国派のトマス・ハリソンらは戦争を積極的に推奨した。(22) 千年王国論を信奉する第五王国派は、聖職者や政治家だけでなく手工業者や職人まで支持基盤とする、より民衆的で、より急進的なグループであった。

一六五二年の五月に、ブレイク提督率いるイングランド艦隊とトロンプ提督率いるオランダ艦隊がドーヴァー沖で衝突したのを契機にして、戦争は宣戦布告のないまま始まった。両艦隊は、同年の九月と一一月にも激突した。一六五三年にも、何度か両国の艦隊は戦火を交えたが、八月の海戦で、イングランドがオランダに多大な損害を与え、イングランド側が優位に立った。(23)

特筆すべきは、この戦争と並行して、ピューリタン革命にも大きな転機が訪れたことである。一六五三年四月には、ランプ議会が解散され、共和派の発言力が弱まったが、七月に指名議会が召集され、第五王国派に代表される急進派が政治の表舞台に登場した。だが、この議会は、さしたる成果を上げないまま、同年一二月に解散され、クロムウェルと穏健派の結束により、プロテクター政府が発足した。英蘭戦争を終結させたのは、新政府を支えた穏健派の政治家であった。彼らは、オランダ代表と、一六五四年四月にウェストミンスター条約を締結して、約二年間に及ぶ戦争は終息した。

こうした一連の流れをもつ英蘭戦争は、どのような動機から戦われたのであろうか。従来の研究は、両国の経済的対立を強調する傾向にあったが、最近のピンカスの著作は、それとは逆に宗教的・政治的要因を重視している。彼は、大量の一次史料を分析して、次のように述べた。英蘭戦争は「イングランドの政治国民が、プロテスタント的かつ共和主義的な同盟参加への要請に対するオランダの拒否によって、心底幻滅したことから開始された。当時普及した政治的・宗教的な言説は、ほとんどわずかの選択肢も残さなかった。実際、多くのイングランド人は、オランダ人とスコットランド人との共通点を明らかに意識し、両者のもたらした危機に対して同じ対応を求めた。オランダ人は、オラニェ家の専制支配下の体験によって、神よりも金を崇拝するまでに腐敗した堕落プロテスタントであるとイングランド人に確信させ、そのことが航海法を制定する原動力となった。依然として敵意を感じさせるオランダ人に打撃を与えることによってのみ、イングランド人はオランダ人の魂を蘇生させることができ、適切な共和主義的精神をもつまで回復させることができると思った。一六五一年から五二年の冬に、非常に多くのパンフレットや新聞、暦、説教が、オランダ人を堕落したプロテスタント、不誠実な共和主義者と非難したので、国務会議が戦争の瀬戸際から引き返そうとしても、民意は彼らを戦争へと追いやっていった。この戦争は、経済的動機から戦われたのではなかった。というのは、なされた経済的議論は、プロテスタント的かつ共和主義的目的に到達するための手段に過ぎなかったからである。フランスの通信文作者が、ランプ議会は、ただ『宗教と原理原則の動機』から行動したとマザランに報告したとき、彼はまさしく正しかったのである」[24]。

要するにピンカスは、イングランドがプロテスタント的な原理を徹底させようとして、戦争が開始されたと考えたのである。彼が、戦争の原因としたのは、イングランド側から見る限り、第一に、オランダが「神よりも金を崇拝するまでに腐敗した堕落プロテスタント」になったこと、第二に、オランダが、ステュアート家と血縁関係にある「オラニェ家の専制支配下」にあったことである。このように彼は、経済的動機ではなく、宗教的・政治的要因を重視した。ところが、一六五〇年にオランダの政治的要因の方が変化を始めた。オラニェ家の州総督ウィレム二世は、義理の父チャールズ一世が処刑されると、ステュアート家の復興に向けて動き出していたが、一六五〇年一一月に天然痘にかかり急死してしまった。彼の死後、息子のウィレム（後のイングランド国王ウィリアム三世）が幼少であったために、総督職は空位となり、代わって権力を握ったのは、反オラニェ派を代表するヨハン・デ・ウィットであった。アルミニウス主義を信奉し、都市貴族を基盤とする彼は、一六五三年七月に、事実上の宰相であるホラント州法律顧問に選出され、オランダの繁栄を推し進めた。

オランダの政治的変化を見て、クロムウェルと穏健派は、戦争終結を模索し始めた。プロテクター政府が交渉相手にしたのは、このデ・ウィットであった。イングランド側は、彼に「オラニェ家排除条項」（オラニェ家が総督職や軍司令官職につくことを禁止したもの）を認めさせて、平和条約を結んだのである。英蘭戦争の帰結について、ピンカスは次のように考えた。「一六五三年と五四年にオランダの外交団と交渉したイングランドの政治家は、国際関係の素人であったかもしれない。しかし、彼らは、国際政治に関する構想なしに交渉の席に着いたのではなかったと私は考える。実際、オランダの政策の決定的変化を見て、クロムウェルと彼の政治的同盟者は、最初は支持した戦争に反対するよう転換したのだった。この新しい政治的見解は、彼らを、新たな指名議会のより黙示録的なメンバーと直接的な闘争に向かわせた。……イングランド人が戦争に勝利したことは明らかだったので、新しいイングランド政府、つまりプロテクター政府は、オランダとの和平の条件〔オラニェ家排除条項〕を指令することができた。この条件が、今や勝利したクロムウェル派の穏健派〔政治家〕の戦争目的を反映していたことは驚くにあたらない。その目的は、イングランドの商業上の優越確立とほとんど関連するものではなかった。ひとたび権力を握るや、クロムウェル派の穏健派は、黙示録的な以前の同僚〔第五王国派〕を切り捨てたのと同様に、黙示録的な外交政策の方針を拒絶した。だからウェストミンスター条約は、イングランドの黙示録的な外交政策の終焉を象徴しているのである」(25)。

つまり「クロムウェル派の穏健派」は、「オラニェ家排除」という政治的条件を最優先して、和平交渉を進め、オランダとの宗教的相違をひとまず不問に付したのである。これに対して、第五王国派に代表される主戦派は納得できなかった。彼らは、丁度その時、指名議会を舞台にして急進的な改革を進めていたが、結局、クロムウェルと穏健派によって切り捨てられた。だが、ここでピンカスが示唆している「黙示録的な外交政策の終焉」とは一体何を意味するのだろうか。これについて、彼は次のように述べた。

「指名議会の解散によるクロムウェル派の勝利は、それ故、空位期の政治的議論の中の非常に強力な路線が最終的に敗退したことを象徴している。その代わりに、クロムウェル派は、彼らが理解するエリザベス期の理想、国内的統一とスペイン帝国の野心的な外交政策への敵対という理想を復興することを望んだ。……新エリザベス主義の姿をかりて、プロテクター政府はイングランド外交政策の新段階を画した。それは、宗教が国益の一部分だけを形成するものであった。フランス大使のボルドーが、クロムウェルと彼の支持者は『戦争と征服に関する全思考を放棄した』と報告したとき、それはまさに、この劇的な転換の反映だったのである。スペインとの戦争は、バビロンの淫婦の同盟者全部を打倒するための攻撃的十字軍ではなく、世界帝国の確立を阻止するための防衛戦争となるはずであった(26)」。

このようにピンカスは、指名議会の解散と英蘭戦争の終結という二つの出来事を契機にして、より世俗的な外交政策、「宗教が国益の一部分だけを形成する」政策が勝利したことを強調したのであった。この点は、クロムウェルの外交政策を考えるにあたっても、重要なポイントとなるだろう。革命期の外交政策は、それまで確固とした方針をもっていなかったが、大きく言えば、全ヨーロッパ的規模でプロテスタント擁護や共和政実現を追求し、しかもそれらを他国に輸出するという特色をもっていた。例えば、独立派の聖職者ヒュー・ピーターは、一六四八年一二月に、共和政がヨーロッパ全体で達成されることを夢見て、次のように説教した。「この軍隊は、イングランドのみならず、フランスおよび、その他周辺諸国においても君主政を根絶しなければならない。そのようなことこそ、あなた方の出エジプトの道であり、この軍隊は……地上の権力を粉砕しなければならない[27]」。

このような方針は、なるほど理想的ではあるが、際限のない戦争を招く可能性があり、国内対立や財政枯渇を誘引する危険があった。実際、本書第7章で見たように、ピーター自身もその後、国際的なプロテスタンティズムの方針を修正していった。これに対して一六五三年頃に登場したのは、「国益」保全を追求する、より現実的な外交政策であった。それは、以下に示すように、宗教的問題を決して軽視した訳ではないので、基本的には「プロテスタント外交」と規定できるが、政治的・経済的な権益に配慮して、宗教を政治的・経済的要素と両立させようとしたところにその特色が求められるだろう。また、以前のものが、国際的なプロテスタンティズム[28]を強調する外交政策であったのに対して、クロムウェルのものは、イングランドの存続を最優先するという意味で、より一国主義的な政策であった。プロテクター政府は、このプロテスタント外交内部の質的変化をへることによって、外交政策の方向性を明らかにしていったのである。

一六五三年一一月のクロムウェルの言葉は、この変質の一端を物語るように思われる。彼は、和平交渉に入ったオランダ使節に対して次のように述べた。「オーストリア王家に対抗して安全を確保し、いかなるものの力も恐れることなく、商業に関する法を全世界に命じるように、私たちの仕事を組織すること、これこそ私たちの主要な目的たるべきである[29]」。ここには、多少の宗教の違いを棚上げして、より強大な敵に対して同盟することを説くクロムウェルの姿勢が顕著に表れているだろう。

また、一六五四年四月に締結された平和条約も、はっきりと防衛的な方針を打ち出している。それは、クロムウェルとオランダ議会の間で結ばれたものであった。「今日から以後、イングランドのコモンウェルスとネーデルラント連邦共和国の議会との間には、真の、確固たる、侵しがたい平和が存続し、以前よりも誠実な友情や、より親しい同盟と統合、連合が存続するだろう。……二つのコモンウェルスは、海上であれ陸上であれ、どちらかの国を騒乱に陥れようとするどのような勢力に対しても、人民の特権と自由を擁護・保全するために、共に提携・同盟する結び合わされた友人であり続けるだろう(30)」。

しかしながら、こうした平和条約にあくまで異議申し立てをするグループも存在した。それは、千年王国論を主張する第五王国派を初めとするグループであった。このグループでも穏和派を代表するクリストファ・フィークは、一六五九年に、戦争勃発以前のオランダとの交渉を思い起こして次のように述べた。「我が国と彼らとの間で増大する相違と不平をめぐって議会と交渉するために、〔一六五一年一二月〕オランダから使節がやってきた。主ご自身が、特別な摂理によって、これに異議をさしはさまれたので、どのような条件も提議も出されなかったのだろう。そのため、今やこの国民の間で実現しつつあるキリストの大義と彼の王国は、少しも名声をそこなわれたり、損害を与えられることはなかった(31)」。フィークは、より世俗的なオランダとの和平が「キリストの大義と彼の王国」にとって阻害要因になると考え、戦争の勃発をむしろ歓迎したのである。

千年王国的な外交方針は、その後も第五王国派によって継承された。この発想は、王政復古後の一六六一年一月、同派の過激派に属するトマス・ヴェナーが起こした蜂起において、極端な形で表明された。「主が、この国における私たちの敵を追い払われるとき、そして私たちが神の勝利のもとで私たちを捕囚した者どもを捕囚にするとき、私たちは、自らのブドウとイチジクの木の下に憩おうとは思わない。フランス、スペイン、ドイツそしてローマに進撃して、獣と淫婦を滅ぼし、彼女の肉を火で焼き、挽臼のように力まかせに海に投じるであろう。彼女が二度と再び現われぬようにするためである(32)」。このように千年王国的な外交の心情が吐露されたのである。

4　対フランス関係──「国益」保全とプロテスタント外交

他方で、「国益」保全を優先するプロテスタント外交の方は、どうなったであろうか。この問題を考えるために、カトリック国への外交政策を、フランス、スペインという順に検討しよう。イングランドとフランスの関係は、一六世紀以来、複雑なものであった。それは、一六世紀の超大国スペインの動向によって、両国の関係が基本的に決定されたからである。通常は、エリザベス期の後半のように、対スペイン関係が悪化すると、フランスに接近することが多かった。しかし、初期ステュアート期になると、スペインとの関係修復を追求したこともあって、対フランス関係は悪化し始める。加えて、イングランドとフランスは、ピューリタン革命の前半まで、毛織物や絹織物をめぐる商業的競合を反映して、対立しあっていた。また、フランスが、一六五一年から亡き国王の遺児チャールズ二世の亡命地となったことも忘れてはならない。

この状況に呼応するかのように、イングランドは、フランスの反政府派であるユグノーとフロンド派貴族を支援した。フランスの反政府派は、ボルドーやラ・ロシェルといった東部の諸都市を勢力下におき、ボルドーでは、一六五二年の夏以来、「オルメー」と呼ばれる急進派が市政を掌握していた。一六五一年には、ユグノーの拠点都市ラ・ロシェルからイングランドに向けて援助が要請された。これに答えて、国務会議は、ラ・ロシェルへの軍隊派遣を真剣に議論した。一六五二年には、「オルメー」に属するユグノーを援助するために、平等派のエドワード・セクスビーら四名が、国務会議によって実際にボルドーへ派遣されている。(33)

こうした英仏関係の悪化は、イングランド側の積極的なプロテスタント外交の結果でもあった。しかし、この関係は、一六五二年末にフランス政府がイングランド共和国を正式に承認し、五三年八月にフロンドの乱が終結したことによって転機を迎えた。この転機を、イングランド側の優位に導いたのは、フランスとスペインの間で続いている戦争であった。両国は、長引く戦争を決着させるのが、第三国との同盟関係であることを知っており、その相手をイングランドに求めてきたのである。すでに一六五一年から、両国からそれぞれ、イングランドの援助を求める非公式の打診があった(34)。

イングランドでは、当然、フランスとスペイン、どちらを選択するかで激しい論戦が繰り広げられた。国務会議のメンバーでは、ジョン・ランバートが反フランスを、ギルバート・ピカリングが反スペインを提唱した。これに対して、サーロウは、反フランスの立場を取りながらも、仏西戦争を長期化させるために、結論を先延ばしにしたようである(35)。そして彼は、現実的に思考して、スペインよりもフランスの方が脅威になることを見抜き、条件付きでフランスと同盟するように主張した。その条件とは、第一に、フランスが亡命中のチャールズ二世への保護をやめて、彼を追放すること、第二に、フランスが自国のユグノーや北イタリアのプロテスタントに対する迫害を中止することであった。結果的には、このサーロウの条件付き同盟案が、クロムウェルによっても支持され、一六五五年に英仏協定が結ばれることになった。この間の経緯は、王政復古期になってから執筆されたサーロウの記録によって次のように描かれた。

「私は、この時期の同盟が……王政復古を目ざす外国の援助を陛下〔チャールズ二世〕から奪い取るという利害関係によって契約・維持されたことを知っていた。したがって、スペインよりも、フランスとの同盟が優先されたのである。……マザラン〔枢機卿〕は、積極的な同盟がイングランドとフランスの間で合意できると提議してきた。……プロテクター〔クロムウェル〕は、緊密な同盟の有益性をあまり認めておらず、したがって、それを望まなかった。ただし〔次のような条件が認められれば〕進んで交渉した。……それは、フランスが、イングランド王に少しの援助も与えないことであり、……フランスのプロテスタントが、満足いくように処遇されることである。……

プロテクターは、これらの事の保証を〔フランスから〕受け取った。……条約は締結されたが、それは防衛的な同盟にすぎなかった」[36]。

このようにしてフランスとの同盟関係は実現した。一六五五年一〇月に協定が結ばれると、フランスは、約束どおり、一六五一年から亡命していたチャールズ二世をフランス領から追放した。彼は、次の亡命地を探し、スペイン領ネーデルラントに移らざるを得なかったのである。もしフランスが、そのままチャールズに援助を与え続ければ、イングランドにとって大きな脅威となったことは間違いない。イングランドは、フランスとの同盟と引き換えに、革命政権を守ることができたのである。クロムウェルやサーロウの外交政策は、カトリック国と結ぶという意味で宗教を犠牲にしながらも、「国益」の保全に成功したと言えよう。

しかし、彼らの外交は、「国益」保全を貫徹するだけでなく、プロテスタント擁護にも配慮したものであった。とくにクロムウェルは、フランスによるプロテスタント保護という二番目の条件にこだわり続けた。折り悪く、一六五五年五月、カトリックのサヴォア公が北イタリアのピエモンテ地方のプロテスタントを迫害し、約三〇〇人を虐殺するという悲惨な事件が起きた。しかも、サヴォア公はフランスと通じており、虐殺にはフランス軍が加担していた疑いがあった。この事件は、締結されかかっていた英仏間の協定にとって大きな障害となった。プロテスタント迫害を危惧するクロムウェルは、すぐに対応して、一六五五年五月下旬、ルイ一四世宛に直接手紙を書いた。

「私は、サヴォア公の領内に……住み、改革派宗教を信奉するあの貧しき窮乏した人々から、最近、サヴォア公が極めて残忍な虐殺を行ったという嘆かわしい訴状を受け取りました。……そしてとくに、この虐殺が、サヴォア公配下の軍隊と結託した、陛下〔ルイ一四世〕の軍隊のある者によって部分的に行われたということを伺いましたので（本当にそうだったかは知りませんが）、私は、陛下へこの手紙を書くことに致しました。……今や、私たちは、陛下がサヴォア公と利害や権威を共有しているので、陛下の執り成しによって……この貧しき人々に、平和や生まれ故郷への帰還、以前の自由が、速やかにもたらされることを疑いません。……私たちに関する限り、この種ののような好意が、フランスの臣民に与えられても、陛下によって他国の臣民に行われても、これにまさる満足はないでしょう。いや実際に陛下との友情から私たちに、もたらされる多くの約束のうちで、他の有益で好都合なもの以上に、それは私たちが満足できる価値あるものでしょう(37)」。

クロムウェルは、手紙のなかでフランスのみならず、北イタリアなど「他国」のプロテスタントの運命まで憂えている。彼が、プロテスタント保護に寄せる思いは計り知れないほどである。このようにクロムウェルは、「国益」保全の外交を追求したときですら、バランスを取るようにプロテスタント擁護を忘れなかった。つまり、彼の「国益」保全の姿勢は、それだけでは成り立たず、プロテスタント外交によって補完されたと言っても過言ではない。手紙を受け取ったルイ一四世は、その後、サヴォア公を説得し、ピエモンテ地方のプロテスタントには信仰の自由が回復された。これによって障害が取り除かれた両国は、前述したように一六五五年一〇月に英仏協定を結び、さらに一六五七年三月には、より強固な英仏同盟を締結したのであった。

5　対スペイン戦争――プロテスタント外交と「国益」拡大

次に、スペインに対する政策を検討しよう。スペインは、一六世紀後半以降、イングランドにとっては、教皇を支持する「反キリスト」勢力であり、「生まれながらの敵」であった。初期ステュアート期には、一時、スペインに接近する動きも見られたが、多数の国民は、依然として「反スペイン感情」や「反カトリック感情」を抱いていた。革命期には、カトリックのスペインがアイルランド反乱の背後にいると認識されたこともあって、スペインはより敵視された(38)。

クロムウェルのスペイン観は、基本的には以前の流れを継承しており、その意味では、彼のフランス観よりも単純なものと考えられる。さらに言えば、もとドミニコ会士のトマス・ゲージが『ヌエバ・イスパーニャおよびグァテマラ旅行記』を一六四八年にロンドンで出版して、新大陸におけるスペインの「残虐な悪業」の数々を暴き立て、「黒伝説」の普及に貢献した。今や「プロテスタントの宣教者」に変節したゲージは、クロムウェルのスペイン政策に関する「助言者」となった。クロムウェルは、彼の影響を受けて、反スペイン感情を一層つのらせていったようである。(39)彼のスペイン観の一端は、一六五六年九月に議会を前になされた演説で雄弁に示された。

「実際、あなた方の大いなる敵は、スペイン人である。彼らは、生まれながらの敵である。彼らは、生まれながらにそうである。彼らは、神に関するどのようなものに対しても敵意を抱いているという理由によって、当然ながら徹頭徹尾そうである。神に関するどのようなものでも、彼らとは逆に、あなた方にあり、あなた方に備わっているだろう。迷信によって導かれた彼らの盲目と暗黒や、ローマの教皇庁に服従している彼らの盲信は、彼らを動機づけている。……あなた方は、彼らと信頼できる和平や名誉ある和平を結ぶことはできない。和平は長期議会によって追求されたが、達成できなかった。……そしてスペイン人は、たまたま私たちの敵というだけでなく、神の摂理によってもそうなのである。知恵をもっておられる神は、我が国がずっと以前に、スペイン国民と絶交したときに、そうなるように定めたのである。……それに関する明快な真理は、教皇主義であるいかなる国とも和平を結ぶな、ということである。……スペインは、あなた方が、これまでずっと戦ってきた権益、つまりチャールズ・ステュアートの権益を支持したのである(40)」。

このようにクロムウェルは、罵詈雑言を並べ立て、スペインを非難した。スペインと「信頼できる和平や名誉ある和平を結ぶことはできない」という彼の信念は、基本的には宗教的不信感に由来するものであり、スペインに対する戦争の原動力となった。しかし、現実の動きは、前述したサーロウの言葉が示しているように、もう少し複雑であった。一六五〇年代のイングランドには、スペインと結ぶ可能性も存在しながら、フランスとの関係を天秤にかけて、対スペイン戦争が選択されたのである。事情に通じたサーロウは、次のように説明した。

「フランスとの和平はスペインとの戦争を招き、その後のあらゆる条約と交渉は、その方針に従って処理された。……スペインは、イングランドとの戦争によって弱められ、〔スペイン〕国王は、フランスとの一〇年間の戦争で被災した損害以上のものを〔その後の〕三年間の戦争で被った。ヨーロッパとアメリカに及ぶ彼らの領土は……イングランド艦隊によって包囲され、スペインからアメリカへの貿易や、アメリカからスペインへの銀の輸入は、まったく妨害されてしまった。……イングランドは両国〔スペインとフランス〕間の和平の仲介者となる機会を得たのである(41)」。

サーロウが言うように、「フランスとの和平はスペインとの戦争」を意味していた。すでに、一六五四年一二月からクロムウェルは、スペイン領のイスパニョーラ島へ遠征軍を派遣し、「ウェスタン・ディザイン」とよばれる植民計画に着手していた(42)。しかし、これが失敗すると、翌年五月、スペインからジャマイカを獲得した。一六五五年一〇月に英仏協定が結ばれて、フランスの後ろ盾を得たイングランドは、翌年からスペインと本格的な戦争へ入っていった。一六五七年三月に、防衛的な協定がさらに強化されて、英仏同盟が締結されると、イングランドは、フランスに兵力と艦隊を提供した。こうして海上ではイングランドが中心になり、陸上ではフランスが中心になってスペインを包囲していった。一六五八年六月の戦闘では、英仏連合軍がスペイン軍に壊滅的な打撃を与え、要衝のダンケルクはイングランド領となった。

このようにスペイン包囲網は、カトリック国フランスとの協力関係によって形成された。それは、政治的に冷徹に思考して編み出されており、プロテスタント擁護だけでは説明のつかないものである。どうやら、スペインに対する外交政策にも、「プロテスタント外交」という側面と、「国益」保全、さらに「国益」拡大という側面が同時に成り立ちそうである。

スペインとハプスブルク家に対する包囲網は、ヨーロッパの西と東で、さらに入念に仕上げられていった。クロムウェルは、一方で、一六五四年七月にポルトガルとの間で平和条約を締結した。ポルトガルは、一五世紀末以来、海上貿易や植民活動などでスペインと競ってきたが、一五八〇年から一六四〇年の間、スペインの属国となっていた。クロムウェルは、このカトリック国と結ぶことによってスペインに間接的な打撃を与え、経済的にも莫大な利益を上げることができた[43]。この政策も、宗教を棚上げにした、「国益」追求の一例と言えるだろう。

他方で、北東ヨーロッパのプロテスタント地域では、スウェーデンとデンマークが提携相手であった。一六五四年四月にはスウェーデンと、九月にはデンマークとそれぞれ平和条約が締結された。クロムウェルは、わけてもスウェーデンが、オーストリア・ハプスブルク家に対する対抗勢力になると考えて、「誰が、この危険に対抗して行動を起こすだろうか[44]」と述べ、国王カール一〇世に大きな期待を寄せた。しかし、この期待感は、スウェーデンとの同盟が、経済的にも有利に働くことを十分に察知したものであった[45]。スウェーデンもまた、バルト海貿易をめぐってオランダと激しく競合していた。このようにプロテスタント外交は、「国益」追求と分かち難く結合していたのである。

さらにクロムウェルは、新大陸にも目を向けた。彼は、一六五四年一二月、宗教的信念に裏打ちされながら、新大陸が「国益」拡大の可能性に満ちていることを暗示している。「私たちは、アメリカ……におけるイングランド植民地の状態と状況について、神が私たちとこのコモンウェルスに委ねられてきた機会と手段について、真剣に考察してきた。……私たちは、すでにこの地域において権益を確保している。〔しかし〕今やそれは、スペイン王の意志と権力に開かれ、危険にさらされている。……この地域でスペイン人によってなされ、行使されてきた残虐行為や悪業、不正に対して、私たちが、この諸民族の人々〔アメリカ先住民〕を公平に処遇しなければならない。……アメリカの名目だけの国王〔スペイン王〕の領土にいる先住民や他の者たちは、教皇主義者の残酷な異端審問などの方法によって……従属させられている。そのため、私たちが彼らを救出する何らかの道具となることや、……この地域で真の宗教と神聖なるものを……実現する道が開かれることを神が喜んでくれるのなら、私たちは、そのことを、神が祝福を与えて下さる、最高の輝かしい成功や獲得の一部として尊重するだろう[46]」。

クロムウェルは、スペイン人の「残虐行為や悪業、不正」から先住民を救出する必要があること、スペイン人に代わってイングランド人が先住民の保護者となるべきことを主張している。その結果として得られる「成功や獲得」は「神が祝福を与えて下さる」ものであった。このようにして彼は、プロテスタント外交を追求した先に、富の獲得や「国益」の拡大があることを暗示した。事実、この時期にスペインから獲得したジャマイカは、一七世紀後半から砂糖プランテーションによって繁栄し、イングランドの西インド貿易の拠点となり、莫大な富をもたらしたのである[47]。

6　宗教と「国益」保全の両立

一六五七年四月、早くも死を意識したクロムウェルは、彼にとって重要なテーマを回顧して、次のように演説した。「人は誰でも、キリスト教徒の権益と〔イングランド〕国民の権益、つまり二つの異なる物事が両立しないと考えるかもしれないが、私は、決してそのような秘義に入り込まないようにと願っている。……この二つの権益に関して、私がふさわしい人物と神に認められたとしても、私は生涯を終えるだろう。そしてもし、地上のいかなる裁きよりも偉大な〔最後の〕審判を前にして告白しなければならず、最近の〔対スペイン〕戦争になぜ私がずっと従事してきたのかと問われるならば、私は次のように言わざるを得ない。その戦争がこの二つの目的を包括していな

図9－4　プロテスタントの守護者として描かれたクロムウェル（1658年）

出典：M. Ashley, *Oliver Cromwell and his World*, London, 1972, p. 89.

かったならば、それを邪悪な戦争でないと答えることはできなかっただろう」[48]。

　クロムウェルは、「キリスト教徒の権益と〔イングランド〕国民の権益」が両立するように努めてきたことを回顧し、対スペイン戦争も「この二つの目的」を守るために行われたことを暗示している。この言葉には、生涯をかけて、宗教と「国益」を共に追い求めた彼の心情がにじみ出ているように感じられる（図9－4を参照）。同時に、この言葉は、宗教と「国益」追求が関連するかどうかを課題に掲げた本章に対して、その回答を垣間見せてはいないだろうか。

　これまで、クロムウェルの外交政策を、その基本方針から始めて、対オランダ戦争、対フランス関係、対スペイン戦争という順に検討してきた。そこで明らかになったことを、最後に大きく三点にまとめておこう。

　第一に、クロムウェルの外交政策は、基本的にはプロテスタント擁護を第一義とする「プロテスタント外交」であった。だが、それは決して「国益」保全と矛盾するものではなく、イングランド国家の存続を最優先に考えるという特色をもっていた。そうした基本方針は、一六五三年頃から、クロムウェルやジョン・サーロウ、国務会議のメンバーを中心にして形成されたものであった。

　第二に、この外交政策が展開する前提として、一六五三年から五四年に至る指名議会の解散と英蘭戦争の終結が重要な意味をもっていた。英蘭戦争を積極的に推し進めたのは、第五王国派を中心にした急進派であったと考えられる。しかし、戦争の過程で、クロムウェルと穏健派の政治家は手を結び、第五王国派は切り捨てられた。一六五三年一二月に、指名議会は解散され、プロテクター政府が成立した。新政府は、革命輸出を目指す、理想主義的な以前の外交方針を転換して、より一国主義的で、より現実的な外交政策を追求するようになる。このプロテスタント外交内部の質的変化をへることによって、クロムウェルの外交政策は、その方向性を明らかにしていった。この方向転換は、ピンカスが過大に評価した「政治革命」や「イデオロギー革命」(49)というようなものではなくて、むしろ、革命の成果を守るためにプロテクター政府が行った現実的な対応と考えるのが妥当であろう。

第三に、革命政権の存続を最優先させるというクロムウェル外交の方針は、カトリック諸国に対した時、その特色が最もよく発揮された。クロムウェルは、フランスやスペインといったカトリック強国を向こうに回し、より現実的で、より「国益」を重視した外交を繰り広げた。まず、ヨーロッパ最大の勢力となったフランスに対して、イングランドは、当初、ユグノーを援助することによって間接的な打撃を与えていたが、のちに同盟を結び、協力して対スペイン戦争を遂行した。だが、「国益」を重視したこの政策であっても、クロムウェルは、フランスにプロテスタント擁護を執拗に迫り、決してプロテスタント外交を放棄することはなかった。他方、スペインに対して、クロムウェルは、「反カトリック感情」に裏打ちされた戦争を行い、プロテスタント外交の本質をあらわにした。しかし、そうであっても、この政策には、スペインを包囲するためにカトリック国であるフランスやポルトガルと政治的に提携し、新大陸のスペイン領から経済的な収奪を行い、イングランドの植民地を築くなど、「国益」保全や「国益」拡大の側面が十分に存在していた。プロテスタント外交と「国益」追求は、両立できたのである。

一六五八年九月三日、クロムウェルは病死した。すると翌年、イングランドにとって最も恐るべき事態が、現実のものとなった。それは、スペインとの戦争に勝利したフランスが、一六五九年一一月にピレネー条約をスペインと結び、両国間に和平が成立したことである。両国が協力して、イングランドの革命政権と対決する危険が生じたのである。両国を向こうに回し、プロテスタント外交と「国益」を果敢に追求したクロムウェルは、すでに存在しなかった。イングランドでは、一六六〇年五月に、チャールズ二世が帰還して、王政復古となった。この出来事は、国際的な文脈から見れば、フランスとスペインというライヴァル同士が和解して、より強力な勢力が出現したことに対する、イングランドの防衛的な対処と考えられるだろう。(50)

註

（1）本章では、おもに共和政期（一六四九～五三年）からプロテクター期（一六五三～五八年）を対象とするが、そのなかでもプロテクター期の外交政策を「クロムウェルの外交政策」と呼ぶことにしたい。それは、もちろんクロムウェル個人の政策ではなく、正確には「クロムウェル時代の外交政策」とでも言うべきものである。しかし後述するように、クロムウェル自身が、それに深く関与したことも、また事実である。

（2）今井宏「独立派の政治理念」（水田洋編『イギリス革命』御茶の水書房、一九五八年）、一六八頁。研究史については、T. Venning, *Cromwellian Foreign Policy*, Basingstoke, 1995, pp. 5–12 を参照。日本の研究では、近藤加代子「クロムウェルのプロテスタンティズムとナショナリズム」（岩間一雄編『近代とは何であったか』大学教育出版、一九九七年）がある。この論文は、アボットの史料集（註7参照）から、丹念にクロムウェルの外交政策を検出しており、本章とも関連が深い。しかし残念なことに、近藤論文には、ピンカス（Pincus）をプリンス（Prince）と表記する（八〇頁）など初歩的なミスがあり、またヴェニングの研究に論及しないなど、いくつかの問題点がある。

（3）S. R. Gardiner, *History of the Commonwealth and Protectorate, 1649–60*, Vol. 2, London, 1903, p. 151.

（4）T. Carlyle (ed.), *Oliver Cromwell's Letters and Speeches*, 3 Vols, London, 1888.

（5）C. H. Firth, *The Last Years of the Protectorate, 1656–58*, Vol. 1, London, 1909, p. 340.

（6）Wolfgang Michael, *Oliver Cromwell*, 2 Vols, Berlin, 1907.

（7）W. C. Abbott (ed.), *The Writings and Speeches of Oliver Cromwell*, Vol. 4, Oxford, 1947, p. 48.

（8）R. Paul, *The Lord Protector : Religion and Politics in the Life of Oliver Cromwell*, London, 1955; W. M. Lamont, *Godly*

Rule : Politics and Religion, 1603–60, London, 1969 ; Ch. Hill, *God's Englishman : Oliver Cromwell and the English Revolution*, Penguin edition, Harmondsworth, 1972〔清水雅夫訳『オリバー・クロムウェルとイギリス革命』東北大学出版会、二〇〇三年〕.

(9) R. Crabtree, "The Idea of a Protestant Foreign Policy", in I. Roots (ed.), *Cromwell : A Profile*, London, 1973 ; C. Korr, *Cromwell and the New Model Foreign Policy : England's Policy toward France, 1649–58*, Berkeley, 1975 ; T. Venning, *op.cit.* ; S. Pincus, *Protestantism and Patriotism : Ideologies and the Making of English Foreign Policy, 1650–68*, Cambridge, 1996.

(10) S. Adams, "Spain or the Netherlands? The Dilemmas of Early Stuart Foreign Policy", in H. Tomlinson (ed.), *Before the English Civil War*, London, 1983, pp. 93, 101. 詳細は、本書第1章を参照。

(11) "Cromwell to the Second Protectorate Parliament, 25 January 1658", T. Carlyle (ed.), *op.cit.*, Vol. 3, pp. 331–332.

(12) T. Venning, *op.cit.*, pp. 252–253 ; S. Pincus, *op.cit.*, pp. 86, 191. エリザベス期の外交政策については、R. B. Wernham, *The Making of Elizabethan Foreign Policy, 1558–1603*, Berkeley, 1980 を参照。

(13) T. Venning, *op.cit.*, p. 4.

(14) J. H. Elliott, *Richelieu and Olivares*, Cambridge, 1984〔藤田一成訳『リシュリューとオリバーレス――一七世紀ヨーロッパの抗争』岩波書店、一九八八年〕; 成瀬治「国際政治の展開」（『岩波講座世界歴史（旧版）14』岩波書店、一九六九年）を参照。

(15) T. Venning, *op.cit.*, pp. 5, 32.

(16) 会議員の中には、例えば議員であり軍人でもある者などがおり、この内訳は重複を含んでいる。W. C. Abbott (ed.), *op.cit.*, Vol. 2, Oxford, 1939, p. 14.

(17) T. Venning, *op.cit.*, pp. 31–33.

(18) サーロウについては、P. Aubrey, *Mr Secretary Thurloe : Cromwell's Secretary of State, 1652–60*, London, 1990 を参照。

(19) T. Birch (ed.), *A Collection of the State Papers of John Thurloe, Esq.*, 7 Vols, London, 1742.

(20) T. Venning, *op.cit.*, pp. 33–37.

(21)　S. Adams, op.cit., p. 84.

(22)　S. Pincus, *op.cit.*, p. 74.

(23)　革命期のイングランド海軍については、B. Capp, *Cromwell's Navy : The Fleet and the English Revolution, 1648–60*, Oxford, 1989を参照。

(24)　S. Pincus, *op.cit.*, p. 79.

(25)　*Ibid.*, p. 86.

(26)　*Ibid.*, p. 191.

(27)　C. Walker, *The History of Independency*, PartⅡ, London, 1649, pp. 49–50. ヒュー・ピーターについては、J. M. Patrick, "Hugh Peters : A Study in Puritanism", *University of Buffalo Studies*, Vol. XVⅡ, No. 4, 1946 ; R. P. Stearns, *The Strenuous Puritan : Hugh Peter, 1598–1660*, Urbana, 1954；本書第7章を参照。

(28)　国際的なプロテスタンティズムについては、Ch. Hill, *Puritanism and Revolution*, London, 1958, pp. 123–152〔岡田与好訳「イギリス革命と人類の同胞愛」一六五号、一九五三年〕；西川杉子「プロテスタント国際主義から国民意識の自覚へ」(『史学雑誌』一〇五編一一号、一九九六年)を参照。

(29)　W. C. Abbott (ed.), *op.cit.*, Vol. 3, Oxford, 1945, p. 124

(30)　*Articles of Peace, Union and Confederation Concluded between his Highness Oliver, Lord Protector...and...the States-General of the United Provinces of the Netherlands*, London, 1654, quoted in D. L. Smith, *Oliver Cromwell*, Cambridge, 1991, p. 93.

(31)　Christopher Feake, *A Beam of Light*, London, 1659, p. 42.

(32)　*A Door of Hope*, London, 1661, p. 3.

(33)　この点については、Ch. Hill, *Puritanism and Revolution*, pp. 135–139〔邦訳 一三五頁〕；P. A. Knachel, *England and the Fronde : The Impact of the English Civil War and Revolution on France*, Ithaca, 1967；成瀬治・前掲論文、九四〜九七頁を参照。

(34)　T. Venning, *op.cit.*, pp. 38–54.

（35）*Ibid.*, pp. 17, 24.

（36）John Thurloe, "Concerning the Foreign Affairs in the Protector's Time", quoted in D. L. Smith, *op.cit.*, p. 90.

（37）Samuel Morland, *The History of the Evangelical Churches of the Valleys of Piedmont*, BookⅣ, London, 1658, quoted in D. L. Smith, *op.cit.*, p. 97.

（38）「反スペイン感情」や「反カトリック感情」については、岩井淳「ピューリタン革命期の国家と反カトリック問題」（『歴史学研究』五七三号、一九八七年）を参照されたい。

（39）T. Venning, *op.cit.*, pp. 71–84.

（40）"Cromwell to the Second Protectorate Parliament, 17 September 1656", T. Carlyle（ed.）, *op.cit.*, Vol. 3, pp. 161–165.

（41）John Thurloe, "Concerning the Foreign Affairs in the Protector's Time", quoted in D. L. Smith, *op.cit.*, p. 90.

（42）「ウェスタン・ディザイン」については、大西晴樹「クロムウェルと『意図せざる』植民地帝国」（田村秀夫編『クロムウェルとイギリス革命』聖学院大学出版会、一九九九年）を参照。

（43）R. Crabtree, op.cit., pp. 174–177. ポルトガルや北欧との貿易がイングランドにもたらした利益については、川北稔『工業化の歴史的前提』（岩波書店、一九八三年）の第八章を参照。

（44）"Cromwell to the Second Protectorate Parliament, 25 January 1658", T. Carlyle（ed.）, *op.cit.*, Vol. 3, p. 333. 北欧諸国に対するクロムウェルの政策については、M. Roberts, "Cromwell and the Baltic", *English Historical Review* LXXVI, 1961を参照。

（45）D. L. Smith, *op.cit.*, pp. 93–94.

（46）"The Commission...for the West Indian Expedition, 9 December 1654", quoted in D. L. Smith, *op.cit.*, p. 100.

（47）イングランドの西インド貿易については、川北稔・前掲書の第六章を参照。

（48）"Cromwell to a Committee of the Second Protectorate Parliament, 3 April 1657", T. Carlyle（ed.）, *op.cit.*, Vol. 3, p. 222.

（49）S. Pincus, *op.cit.*, p. 86.

（50）Ch. Hill, *Puritanism and Revolution*, p. 124〔邦訳 一二〇頁〕.

終章　国際関係のなかの革命

1　国際関係・千年王国論・革命

これまで国際関係と千年王国論という視座を設けて、初期ステュアート期からピューリタン革命期における独立派聖職者の思想と活動やクロムウェル政権の外交政策を考察してきた。ここで序章の議論に立ち返り、本書全体の課題を思い起こして、まとめと若干の展望をしておきたい。

本書の課題は、大きく三つあった。それは、第一に、初期ステュアート期からピューリタン革命までの国際関係に着目し、それが革命の発生にどのように作用し、革命の進展にどのような影響を与えたかを明らかにすること。第二に、ピューリタン革命期の千年王国論を独立派の思想に即して考察し、その意義を解明すること。第三に、一六四九年の国王処刑を転機として革命の勝利者となった独立派が、どのように変容したかを、国際関係と千年王国論の視座から考えることである。

これらに対して、本書は、以下のように考える。

第一に、本書は、初期ステュアート期からピューリタン革命までの国際関係を、政府による外交政策と独立派聖職者を中心とするピューリタン・ネットワークに注目して考察した。第1章で見たように、初期ステュアート期のイングランドは、大国スペインとフランスの狭間にあって「調停者」たらんとしたが、親スペインと親フランスの間で揺れ動き、結局、首尾一貫しない外交政策を繰り広げた。他方で王室や政府の意向とは相いれないプロテスタント的な対外観が、この時代に成長し、妥協的な王室と次第に対立するようになった。それはピューリタン革命に直結するような対立関係ではなかったが、一六三〇年代になって、国王とロード大主教の行った宗教政策が、プロテスタント的な見解の持ち主を刺激し、カトリックの復興を図るものと受け取られると、亀裂は次第に深まった。

他方、第2章で示したように、地方社会では、ピューリタンの信仰を受け入れたジェントリ層が実力をつけてきた。一七世紀前半、彼らのなかには、ピューリタン聖職者のパトロンとなり、聖職者や神学者の影響を受けて、自ら千年王国的な信仰を表明する者すらいた。ピューリタン・ジェントリでは、アメリカ入植事業に興味をもつ者がいて、新興貿易商人とのネットワークができつつあった。こうして政府に不満をもつ人々の繋がりが徐々に出来上がったのである。

このネットワークの結節点には、第3章で見たように、後に独立派となる聖職者のグループが存在した。彼らのなかには、一六二〇年前後にケンブリッジ大学で過ごした人々が多数いて、「ケンブリッジ・コネクション」と呼ばれる結び付きがあった。彼らは、世俗の仲間とも交流をもち、ピューリタン・ジェントリや新興貿易商人を巻き込んだネットワークが形成された。地理的には、このネットワークは、独立派聖職者の亡命や移住などによって、オランダやニューイングランドまで広がった。こうしてピューリタン・ネットワークは、いずれも重要な意味をもった。国際関係抜きに政策と、地方や植民地で広がったピューリタン革命までの時期に、中央の政府がとった外交革命の原因は語れないのである。

第二に、一六三〇年代にオランダへ亡命した独立派の聖職者たちは、四〇年にピューリタン革命が始まると、帰国の途についた。彼らは、自立した信者集団からなる独立派教会をイングランド各地で樹立していった。ニューイングランドに移住した聖職者とも手紙などで連絡を取り合い、「ニューイングランド方式（様式）」と呼ばれる教会論を採用した。主要な独立派聖職者は、一六四〇年代に、長期議会で千年王国的な説教を行い、国教会廃棄後の教会を構想したウェストミンスター神学者会議に出席し、内戦が始まると従軍牧師になる者もいた。

本書は、主要な独立派聖職者のうち、第4章でトマス・グッドウィンを、第5章でウィリアム・ブリッジを取り上げた。前者は、独立派聖職者のリーダーとなり、一六五〇年代には政府の宗教的指導者となった。後者は、革命期に拠点をノーフォーク州の地方都市に構え、そこの独立派教会を維持した。こうした違いがあるものの、両者は、ともに国教会廃棄後の教会を構想したウェストミンスター神学者会議に出席し、長期議会で千年王国的な説教を行い、内戦での議会派勝利に貢献した。グッドウィンは、聖書に基づく神学的な議論を積み重ね、キリストの再臨が間近に迫っていることを説得的に述べた。ブリッジも、聖書解釈に依拠して、「反キリスト」の没落が確実で、キリストの再臨が迫っていることを力説した。

独立派の千年王国論は、第4章で見たように、独立派教会を千年王国実現の基盤と考えていた。独立派は、千年王国への特殊な期待に支えられて、教会を設立していったのである。本書では、千年王国論が国王派の打倒に寄与し、独立派教会の設立が国家教会体制の枠組みを掘り崩したことに注目し、独立派の千年王国論を「革命思想」と規定した。それは、もちろんマルクス主義的な意味合いではなく、宗教色の強い一七世紀の文脈においての規定である。

千年王国論は、第6章で考察したように、イングランドだけでなく、海を渡ったニューイングランドでも見られた。その担い手は、革命前に大西洋を越えて移住したピューリタンたちだった。ジョン・エリオットは、一六二〇年頃にケンブリッジ大学で学び、一六三一年にアメリカへ移住した聖職者だった。彼は、グッドウィンやブリッジとも交友関係を保ちながら、アメリカ植民地で先住民布教に尽力した。その際、彼は、先住民をユダヤ人の末裔に位置付け、「先住民＝ユダヤ人」の改宗を千年王国論の観点から説明した。エリオット自身は、真摯に先住民布教と向き合ったが、結果としてニューイングランドの千年王国論は、先住民の同化やアメリカの支配に役立つものだった。本書では、イングランドの千年王国論を「革命思想」と規定したが、ニューイングランド側から見れば、千年王国論は、イングランドの支配を押し進める「帝国の思想」として機能したと言えるだろう。

第三に、一六四九年以降、ピューリタン革命は大きく旋回する。一六四八年末に議会内の長老派が追放され、翌年の国王処刑と共和政府の樹立によって、独立派は、革命の勝利者となった。そのなかで、独立派聖職者の対応は、置かれた状況によって多様であったが、ほとんどの者が変容を余儀なくされた。グッドウィンの場合、一六四〇年代に主張した激しい千年王国論は影をひそめ、五〇年代になると救済論に力点を移した。グッドウィンと同じく独立派聖職者のリーダーとして活躍したのは、ヒュー・ピーターである。第7章で見たように、彼もケンブリッジ大学で学び、革命前にオランダに亡命したが、さらにニューイングランドに移住し、革命後に帰国した。ピューリタン・ネットワークを体現したピーターは、内戦時に従軍牧師を務め、アイルランドにも遠征するなど革命中に活躍した。彼は、一六四〇年代には千年王国論と国際的なプロテスタント連帯を唱えていたが、五〇年代になると、国内に目を向け、新生の共和国の安定を説くようになった。彼は、宗教だけでなく、政治や商業にも及ぶイングランド国家の発展を目指したのである。ただ、そのなかにあっても、ピーターは、アメリカから「ニューイングランド方式」の教会論を学び、オランダから商業や金融の方法を学ぶことが必須であるとし、ピューリタン・ネットワークの枠組みを維持したのである。

ピーターは、アイルランド遠征でも重要な役割を果たした。アイルランド征服において、イングランドからアイルランドに向かう兵士たちは、ウェールズを足場とすることが多かった。従来、ウェールズは、イングランドとの関係でとらえられることが多いが、アイルランドとイングランドの狭間に位置するという観点は見逃せないだろう。ブリテン島の西側にあるウェールズは、アメリカとの繋がりもあり、一六三〇年代の末には「ニューイングランド方式」による独立派教会が設立された。

第8章は、こうした国際関係のなかにウェールズをおき、一六五〇年から始まるウェールズ福音宣教を検討した。ウェールズは、一六四〇年代の内戦で国王派の拠点となり、しばしば「暗黒地帯」と呼ばれたが、福音宣教は、こうしたウェールズを改革する運動だった。この運動は、ピーターが立案し、独立派聖職者が中心となって進められたが、ウェールズ出身者が多数参加した。その一人である独立派の説教師ヴァヴァサ・パウエルは、福音宣教をウェールズ改革のチャンスととらえ、運動に尽力した。その彼に推進力を与えたものこそ千年王国論であった。一六五〇年代になると、独立派聖職者の多くは保守化し、千年王国論に関して沈黙するようになる。だが、そうならなかったパウエルは、やがて独立派から第五王国派へと立場を変えていった。第五王国派は、一六五〇年代の千年王国論の主要な担い手となり、クロムウェル政権と対立する運命にあった。

こうした独立派の変容を受けて、一六五〇年代には外交政策にも変化が見られた。オリヴァ・クロムウェルは、国内でも国外でもプロテスタントを保護し、プロテスタント国との同盟を維持する方針をもっていた。しかし、第9章で見たように、一六五〇年代初頭になり、実際に政権が動き出すと、クロムウェルと彼を支える政治家たちは、際限のない戦争を回避し、イングランドの国益を重視するようになる。クロムウェルの外交政策は、プロテスタント外交を放棄したわけではないが、千年王国論に支えられた果てしない聖戦遂行を避け、より現実的な方向を追求したのである。それは、フランスとの同盟を維持しつつ、スペインと戦うという基本方針を採用し、初期ステュアート期の外交政策と比べると、はるかに首尾一貫したものだった。この政策は、一六五〇年代のピーターによる重商主義的なイングランド改革論とも符合するだろう。他方で、一六五〇年代に千年王国論に裏付けられた聖戦の続行を訴えた第五王国派は、一六五三年末に指名議会が解散された後、プロテクター政府と対立し、弾圧された。こうして革命期の千年王国論は、その担い手が抑圧され、社会的影響力を弱めていったのである。

2　より広範に、より長期に

本書で明らかになったことは、以上のようにまとめることができる。しかし、本書では、成し遂げられなかった課題も多々あるだろう。そこで、残された課題を提示し、その輪郭を示すことによって、本書の展望に代えたい。残された課題は、大きく言って三つある。①ピューリタン革命以後の千年王国論の姿を、その社会的影響とともに明らかにすること。②イングランドだけでなく、スコットランドやアイルランドの歴史にも目を向け、複合国家の歴史を解明すること。③ピューリタン革命を、より広い地理的空間とより長期の歴史的流れのなかで位置付けることである。

第一に、ピューリタン革命の後半から、千年王国論は、第五王国派などによって担われたが、担い手の勢力が弱まるにつれて、社会的影響力を失っていった。本書は独立派を中心に考察したため、この過程を十分に説明することができなかった。しかし、千年王国論は、前著でも示したように、決して消滅しなかった。王政復古期には第五王国派などによって主張され、その後も危機や変化の時代に、繰り返して説かれたことを忘れてはならないだろう(1)。

ここで想起されるのは、王政復古後の一六六一年のビラの一節である。それは追いつめられた第五王国派の急進派であるヴェナー派が、ロンドン蜂起を敢行した際に配布した『希望の門』のなかにある。「主が、この国における私たちの敵を追い払われるとき、そして私たちが神の勝利のもとで私たちを虜囚にした者どもを虜囚にするとき、私たちは、自らのブドウとイチジクの木の下に憩おうとは思わない。フランス、スペイン、ドイツ、そしてローマに進撃して、獣と淫婦を滅ぼし、彼女の肉を火で焼き、挽臼のように力まかせに海に投じるであろう[2]」。

第五王国派は、際限のない戦いを呼び掛ける無謀な運動とともに千年王国論を主張した。しかし、千年王国に至る道が、国際的な観点から説かれたことは注目に値するだろう。千年王国論は、国際関係と密接に絡んでいたのである。国際的な主張は、第五王国派に限定されるのではなく、独立派にも共有されていた。前述したようにヒュー・ピーターは、国王処刑を目前にした一六四八年一二月の議会説教において、君主政の廃止が全ヨーロッパ的規模で達成されることを願って、次のように述べた。「この軍隊は、イングランドのみならず、フランスおよび、その他周辺諸国においても君主政を根絶しなければならない。そのようなことこそ、あなた方の出エジプトの道であり、この軍隊は……地上の権力を粉砕しなければならない[3]」。

このように千年王国論は、一国に限定されず、ある時代の国際関係を反映し、それをトータルに変えようとするメッセージを含んでいたのである。近代世界において、千年王国論は、次第に周縁化され影響力を失うが、それでも消滅することはなかった[4]。千年王国論は、近代において、どのような意味をもち、どのような社会や国際関係を反映したのだろうか。これらの点を明らかにする作業は、残された課題として、今後も追究したい。

第二に、イングランドだけでなく、ウェールズやスコットランド、アイルランドの歴史にも目を向け、「イギリス史」を「ブリテン史」として、複合国家の歴史を描く作業が残されている[5]。本書では、第8章でウェールズに触れることはできたが、スコットランドやアイルランドには十分言及することができなかった。このテーマの輪郭を示せば、次のようになる。初期ステュアート朝のジェイムズ一世とチャールズ一世は、イングランド王というだけでなく、スコットランド王、アイルランド王でもあった。とくにスコットランド王としてジェイムズ六世であったジェイムズ一世は、ブリテン諸島において複合君主国の統合を目指した。

ピューリタン革命期でも、国王処刑後、クロムウェルに率いられた軍隊は、一六四九年八月からアイルランドを、翌年八月からスコットランドを征服した。その結果、アイルランドは併合され、一六五一年にはスコットランドの併合も宣言された。一六五三年七月に開会された指名議会では、イングランドとウェールズの一三三名に対し、スコットランドに五名、アイルランドに六名の議席が与えられた。同年一二月の議員定数でも、イングランドとウェールズが合わせて四〇〇名であったのに対し、スコットランドとアイルランドには三〇名ずつの議席が配分された。スコットランドとアイルランドの議席数は、人口に比して非常に少ないが、国家の構成要素とされたことには留意すべきである。共和政期には、イングランドを中心にした複合国家が姿を現したのである(6)。本書では、一六五〇年代に、イングランドが国益を重視したと述べたが、それは、スコットランドやアイルランドを属国としながら実現されたという側面も忘れてならない。

さらに言えば、各国は決して対等な立場ではないが、一つの国家となる可能性をはらんでいた。そうした提言を、思想家ジェイムズ・ハリントンは、著作『オシアナ共和国』(一六五六年)のなかで行っている。彼は、ピューリタン革命期の現実を反映し、スコットランドとアイルランドをイングランドの属国としているが、やがて共和政の理念と制度が普及すれば、三国は一つの共和国になると展望する。「これらの国々が、群島をなしている状態は(そうした状態が、適切な統治にとって、いかに有益であるかは、ヴェネツィアの例で明らかである)、一つのコモンウェルスになろうとしている」(7)。このように、革命期にイングランドとスコットランドとアイルランドは、密接な関係にあった(8)。本書では十分検討できなかったが、ブリテン諸島における複合国家の形成過程は、今後も追究すべき課題である。

第三に、本書は、新旧イングランドを結ぶネットワークに論及し、ニューイングランドの千年王国論も、エリオットの思想とともに解明した。しかし、ニューイングランド以外のアメリカ植民地を含めて、複合的な帝国の在り方を明らかにし、そのなかでピューリタン革命を位置付ける作業が求められるだろう。幸い、近年の研究で、ピューリタン革命が、大西洋を越え、ニューイングランドのみならず、ヴァージニアやカリブ海地域にも影響を与え、植民地から反作用を受けていたことが明らかにされている。(9) また空間だけでなく、時間的にも視野を広げ、ピューリタン革命から、さらに名誉革命、一八世紀のアメリカ独立革命まで展望する必要があるだろう。(10) そのなかでピューリタン革命の何が受け継がれ、何が受け継がれなかったのか。本書では、いくつかの点を掘り下げることはできたが、なお残された課題は多いと言わなければならない。

註

(1) 岩井淳『千年王国を夢みた革命』（講談社、一九九五年）の第五章と終章を参照。

(2) *A Door of Hope*, London, 1661, p. 3.

(3) Clement Walker, *The History of Independency*, Part II, London, 1649, pp. 49–50.

(4) フランス革命期やイギリス産業革命期の千年王国論については、C. Garrett, *Respectable Folly: Millenarians and the French Revolution in France and England*, Baltimore and London, 1975; J. F. C. Harrison, *The Second Coming: Popular Millenarianism, 1780–1850*, London, 1979：松塚俊三「トーマス・スペンスの思想と行動――一七九〇年代のイギリス・ラディカリズムと千年王国主義」（『西洋史学』一二三号、一九八二年）、浜林正夫「産業革命と神秘主義――ジョアンナ・サウスコット」（浜林正夫・神武庸四郎編『社会的異端者の系譜』三省堂、一九八九年）などを参照。一九・二〇世紀の千年王国論については、E・J・ホブズボーム著、水田洋ほか訳『素朴な反逆者たち』（社会思想社、一九八九年）、ウルリヒ・リンゼ著、望田幸男ほか訳『ワイマル共和国の予言者たち』（ミネルヴァ書房、一九八九年）などを参照。近代英米における千年王国論の流れを俯瞰したものとして、C. Gribben, *Evangelical Millennialism in the Trans-Atlantic World, 1500–2000*, Basingstoke, 2011 がある。

(5) 各地域の研究を集約し、通史として「ブリテン史」を描く作業は、すでに始まっている。その代表的なものは、P.

Langford (gen. ed.), *The Short Oxford History of the British Isles*, 11 vols., Oxford and New York, 2000–2008である。このシリーズは、鶴島博和監修『オックスフォード　ブリテン諸島の歴史』全一一巻、慶應義塾大学出版会、二〇〇九年〜として日本語版が刊行されている。その他に重要な通史として、J. Stevenson (gen. ed.), *A History of the Modern British Isles*, 5 vols., Oxford, 1998– がある。

（6）　岩井淳『ピューリタン革命と複合国家』（山川出版社、二〇一〇年）は、ピューリタン革命を近世の複合国家体制との関連で概観したものである。また岩井淳編『複合国家イギリスの宗教と社会』（ミネルヴァ書房、二〇一二年）は、共同研究の形で一七世紀の複合国家の在り方を追究したもので、那須敬「宗教統一を夢みた革命？」と富田理恵「ブリテンの国制構想とスコットランド・イングランド」がイングランドとスコットランドの関係を、菅原秀二「アイルランドから見るブリテン複合国家」がイングランドとアイルランドの関係を考察している。

（7）　James Harrington, *The Commonwealth of Oceana*..., (ed.) by J. G. A. Pocock, Cambridge, 1992, pp. 6–7.

（8）　一七世紀中葉のイングランド・アイルランド関係を描いた代表作は、T. C. Barnard, *Cromwellian Ireland*, Oxford, 1975, 同じくイングランド・スコットランド関係を描いた代表的は、F. D. Dow, *Cromwellian Scotland, 1651–60*, Edinburgh, 1979である。また一七世紀のスコットランド・アイルランド関係を論じた研究書として、David Stevenson, *Scottish Covenanters and Irish Confederates : Scottish-Irish Relations in the Mid-Seventeenth Century*, Belfast, 1981がある。

（9）　R. M. Bliss, *Revolution and Empire : English Politics and the American Colonies in the Seventeenth Century*, Manchester, 1990 ; D. Armitage, *The Ideological Origins of the British Empire*, Cambridge, 2000〔平田雅博・岩井淳・大西晴樹・井藤早織訳『帝国の誕生——ブリテン帝国のイデオロギー的起源』日本経済評論社、二〇〇五年〕; C. G. Pestana, *The English Atlantic in an Age of Revolution, 1640–61*, Cambridge, Mass., 2004.

（10）　J. G. A. Pocock (ed.), *Three British Revolutions : 1641, 1688, 1776*, Princeton, 1980 ; N. Tyacke (ed.), *England's Long Reformation, 1500–1800*, London, 1998 ; D. Armitage and M. J. Braddick (eds.), *The British Atlantic World, 1500–1800*, 2nd edn, Basingstoke, 2009.

あとがき

本書は、「ピューリタン革命の世界史」というタイトルの下で、革命の原因・経過・帰結を、初期ステュアート期の外交政策から説き起こし、ピューリタン聖職者のネットワークと千年王国論を中心にすえ、クロムウェル政権の外交政策までを論じたものである。本書が、この大きなタイトルに相応しいものであるかどうか、はなはだ心許ないのであるが、その点は読者の厳正な判断を待つよりほかにないだろう。

筆者は、以前にもピューリタン革命期の千年王国論をテーマとした書物を世に出した。それは、一九九五年に出版された前著『千年王国を夢みた革命』（講談社選書メチエ）である。この本は、タテ軸として古代以来の千年王国論の流れを、ヨコ軸として新旧イングランドの交流史を配し、ピューリタン革命期の千年王国論を、独立派や第五王国派に属する何人かのピューリタンに即して解明したものである。前著では、『ヨハネの黙示録』が書かれた古代から一八世紀のアメリカ独立革命までの長い期間を舞台に、千年王国論の意義を幅広く考察したのであるが、選書という性格もあって、史料に裏付けられた実証的議論を十分に展開したり、独立派の特色自体を論じることはできなかった。

それから二〇年近い歳月が流れた。本書は、前著出版後に修正主義からブリテン帝国史、複合国家論へと広がった筆者の新しい問題意識を背景に、史料に基づいた実証的な議論により重きをおいて、紀要などに発表してきた個別論文を加筆修正し、序章と終章を加えて再構成したものである。本書では、時代を初期ステュアート期とピューリタン革命期に絞り、ピューリタンの千年王国論を全体として論じるのではなく、独立派の代表的な聖職者の思想やクロムウェル政権の政策に即して個別に掘り下げるとともに、彼らを結び付けた国際的なネットワークの存在に着目して、議論を進めた。

本書を構成する各章の初出と原題は、以下の通りである。もちろん一書とするため、加筆訂正を繰り返したので、初出の原型をとどめていない論文もある。

序　章　千年王国論と国際関係の視座……書き下ろし

第1章　初期ステュアート期の外交政策……初出は「初期ステュアート期の外交政策と国際関係」(『静岡大学人文論集』五一号―一、二〇〇〇年)

第2章　ピューリタン・ジェントリの役割……初出は「ピューリタン・ジェントリ論の射程」(『静岡大学人文論集』五一号―二、二〇〇一年)

第3章　独立派とピューリタン・ネットワーク……初出は「アメリカ移民と宗教結社」(川北稔編『結社のイギリス史』山川出版社、二〇〇五年)

第4章　独立派の千年王国論と教会論……初出は「トマス・グッドウィンの千年王国論と教会論」(『史学雑誌』九六編六号、一九八七年)

第5章　独立派の権力論と千年王国論……初出は「ウィリアム・ブリッジの権力論と千年王国論」(川口博編『伝統と近代』彩流社、一九八八年)

第6章　ニューイングランドの千年王国論……初出は「ピューリタンと北米先住民」(『静岡大学人文論集』四九号―一、一九九八年)

第7章　千年王国論から国内改革論へ……初出は「ピューリタン革命とヒュー・ピーター」（『静岡大学人文論集』四九号―二、一九九九年）
第8章　国際関係のなかのウェールズ……初出は「国際関係のなかのウェールズ」（岩井淳編『複合国家イギリスの宗教と社会』ミネルヴァ書房、二〇一二年）
第9章　クロムウェルの外交政策……初出は「クロムウェルの外交政策」（田村秀夫編『クロムウェルとイギリス革命』聖学院大学出版会、一九九九年）
終　章　国際関係のなかの革命……書き下ろし

本書の構想は、かなり以前からあった。二〇〇四年度に静岡大学から与えられたサバティカルを利用して、ロンドン大学ロイヤル・ホロウェイ校に研究員として留学し、自分の研究を見直す機会を得た。その時期は、ロンドン西部のパトニーに部屋を借り、テムズ川のほとりを散策し、ピューリタン革命期のパトニー会議の雰囲気を日々追想することのできた、今にして思えば夢のような一〇カ月であった。その時お世話になったのが、ロンドン大学のペネロピ・コーフィールド先生である。

本来ならば、この時期に史料調査を進め、残っていた部分を一気呵成に書き上げ、本書を仕上げるはずだった。しかし、私の怠慢と、共同研究での論文執筆や翻訳の提出締切りがちょうど重なったこともあり、本書の完成は先延ばしとなった。その後も、嵐のように襲ってくる大学の公務や講義の準備、学生指導などに日々追われた。筆者の問題関心も、科研の共同研究などによって、終末論や千年王国論から一時離れ、より世俗的な複合国家論やコモンウェルス論に向かっていった。もちろん、複合国家論やコモンウェルス論も有意義なテーマであり、科研の共同研究も一定の成果を上げることができた（岩井淳『ピューリタン革命と複合国家』山川出版社、二〇一〇年、岩井淳編『複合国家イギリスの宗教と社会』ミネルヴァ書房、二〇一二年、樋口映美・貴堂嘉之・日暮美奈子編『〈近代規範〉の社会史——都市・身体・国家』彩流社、二〇一三年、山本正・細川道久編『コモンウェルスとは何か』ミネルヴァ書房、二〇一四年などを参照）。

しかし、未完の仕事が残っているという意識は、私の頭の片隅にいつもあった。本書は世に出ぬまま、幻のものとなり、消え去るかと思われる時期もあったが、二〇一三年夏から、ようやく執筆に専念することができ、奇跡的に本書を完成させることができた。本書を脱稿してみると、今日まで馬齢を重ねた自らを恥じ入ると同時に、研究者を志した日から支えてくださった多くの先生方の顔が目に浮かび、改めて感謝の気持ちがわいてくる。

わけても、静岡大学在学中から公私にわたってお世話になった川口博先生と上杉忍先生、東京都立大学大学院時代にひとかたならぬご指導をいただいた遅塚忠躬先生と中野隆生先生、一橋大学大学院のゼミへの出席を許していただき革命史研究を初歩から教えていただいた浜林正夫先生、イギリス革命史研究会を通して千年王国論研究への道筋を教えていただいた田村秀夫先生、イギリス帝国史研究会を通して帝国史や国際関係史の重要性に気付かせてくださった川北稔先生と木畑洋一先生には、格別の謝意を表しておきたい。

今回、本書のもとになった論文を読み直すなかで、修士論文を基礎にした第4章の初出論文は遅塚忠躬先生のお世話になって投稿論文の形となり、第5章の初出論文は川口博先生のご編著の一部として世に出され、第9章の初出論文はイギリス革命史研究会を主宰した田村秀夫先生のご編著の一部であったことを改めて思い起こした。稚拙であった筆者を導いてくださった先生方の学恩に、心から感謝の気持ちを伝えたかった……のであるが、三人の先生方はすでに他界しており、それは叶わぬ夢となってしまった。今となっては、先生方のご冥福を祈り、遅すぎた本書の出版を悔やむしかない。三先生以外の先生方には、これまでのご指導に今一度謝意を表すとともに、今後のご活躍とご健康をお祈りするばかりである。

また、この書物が何とか日の目を見ることができたのは、ミネルヴァ書房編集部の安宅美穂さんと下村麻優子さんのおかげである。安宅さんと下村さんのご協力に心から御礼申し上げたい。最後に本書は、静岡大学の研究成果刊行助成費を受けて刊行された。静岡大学人文社会科学部と社会学科、そして歴史学講座の皆さんに、日頃は言えない「ありがとう」の気持ちを伝えたい。

岩井　淳

二〇一四年九月　中秋の相模野にて

成瀬治「国際政治の展開」(『岩波講座世界歴史(旧版)14』岩波書店，1969年)。

西川杉子「プロテスタント国際主義から国民意識の自覚へ」(『史学雑誌』105編11号，1996年)。

西村裕美『小羊の戦い——17世紀クェイカー運動の宗教思想』(未来社，1998年)。

浜林正夫『イギリス市民革命史』(未来社，1959年，増補版1971年)。

浜林正夫『イギリス革命の思想構造』(未来社，1966年)。

浜林正夫「政治思想の発展」(『岩波講座世界歴史(旧版)16』岩波書店，1970年)。

浜林正夫『イギリス宗教史』(大月書店，1987年)。

D・P・マサレラ著，小泉徹訳「イギリス革命研究の現段階——修正論とその批判」(『イギリス史研究』34号，1983年)。

松浦高嶺「清教徒革命における『宗教上の独立派』」(立教大学『史苑』23巻1号，1962年)。

松浦高嶺『イギリス近代史論集』(山川出版社，2005年)。

森孝一『宗教からよむ「アメリカ」』(講談社，1996年)。

柳生望『アメリカ・ピューリタン研究』(日本基督教団出版局，1981年)。

安元稔『イギリスの人口と経済発展』(ミネルヴァ書房，1982年)。

山田園子『イギリス革命の宗教思想——ジョン・グッドウィン研究』(御茶の水書房，1994年)。

山田園子「クロムウェル教会体制への批判」(田村秀夫編『クロムウェルとイギリス革命』聖学院大学出版会，1999年)。

山本隆基『レヴェラーズ政治思想の研究』(法律文化社，1986年)。

山本通「イギリス革命と千年王国主義」上，下(思想とキリスト教研究会『途上』8，9号，1977，78年)。

《著者紹介》

岩井　淳（いわい・じゅん）

1956年　生まれ。
1990年　東京都立大学大学院人文科学研究科博士課程単位取得退学。
現　在　静岡大学人文社会科学部教授。
主　著　『千年王国を夢みた革命』講談社，1995年。
『イギリス史の新潮流』（共編著）彩流社，2000年。
『イギリス革命論の軌跡』（共編著）蒼天社出版，2005年。
『ピューリタン革命と複合国家』山川出版社，2010年。
『複合国家イギリスの宗教と社会』（編著）ミネルヴァ書房，2012年。
『コモンウェルスとは何か』（共著）ミネルヴァ書房，2014年。

〔静岡大学人文社会科学部研究叢書47〕
MINERVA 西洋史ライブラリー⑯
ピューリタン革命の世界史
——国際関係のなかの千年王国論——

2015年3月31日　初版第1刷発行　〈検印省略〉

定価はカバーに
表示しています

著　者　岩　井　　淳
発行者　杉　田　啓　三
印刷者　藤　森　英　夫

発行所　株式会社　ミネルヴァ書房
607-8494 京都市山科区日ノ岡堤谷町1
電話代表　(075)581-5191
振替口座　01020-0-8076

亜細亜印刷・兼文堂

ISBN978-4-623-07277-4

Printed in Japan

人名索引

ア 行

カ 行

サ　行

タ　行

ナ・ハ行

マ　行

ヤ・ラ行

事項索引

ア 行

カ 行

サ　行

タ　行

ナ・ハ行

マ　行

ヤ・ラ行

参考文献

（1） 一次史料

W. C. Abbott (ed.), *The Writings and Speeches of Oliver Cromwell*, Vol. 4, Oxford, 1947.

Edward Bagshaw, *The Life and Death of Mr Vavasor Powell*, London, 1671.

Robert Baillie, *A Dissuasive from the Errours of the Time*, London, 1645.

Richard Baxter, *The Autobiography of Richard Baxter*, London, 1931.

Thomas Birch (ed.), *A Collection of the State Papers of John Thurloe, Esq.*, 7 Vols, London, 1742.

Bloody newes from Ireland, or the barbarous crueltie by the papists used in that kingdome, London, 1641.

William Bridge, *Babylons Downfall*, London, 1641.

William Bridge, *A Sermon Preached unto the Voluntiers of the City of Norwith and also to the Voluntiers of Great Yarmouth*, London, 1642.

William Bridge, *The Wounded Conscience Cured*, London, 1642.

William Bridge, *The Truth of the Times Vindicated*, London, 1643.

William Bridge, *A Sermon Preached before the Honourable House of Commons*, London, 1643.

William Bridge, *The Saints Hiding-place in the Time of Gods Anger*, London, 1647.

William Bridge, *England Saved with a Notwithstanding*, London, 1648.

William Bridge, *Christs Coming Opened in a Sermon*, London, 1648.

William Bridge, *A Vindication of Ordinances*, London, 1649.

William Bridge, *Grace and Love beyond Gifts*, London, 1649

Jeremiah Burroughes, *Sions Joy*, London, 1641.

Henry Burton, *A Censure of Simonie*, London, 1624.

Henry Burton, *Babel no Bethel*, London, 1629.

T. Carlyle (ed.), *Oliver Cromwell's Letters and Speeches*, 3 Vols, London, 1888.

John Cotton, *The Powring out of the Seven Vials*, London, 1642.

John Cotton, *The Churches Resurrection*, London, 1642.

John Cotton, *The Keyes of the Kingdom of Heaven*, London, 1644.

John Cotton, *An Exposition upon the thirteenth Chapter of the Revelation*, London, 1655.

John Cotton, *God's Promise to his Plantations*, Boston, 1686.

A Door of Hope, London, 1661.

Thomas Edwards, *Antapologia*, London, 1644.

Thomas Edwards, *Gangraena*, I, London, 1646.

Thomas Edwards, *The Second Part of Gangraena*, London, 1646.

Thomas Edwards, *The Third Part of Gangraena*, London, 1646.

John Eliot, *The Christian Commonwealth, or the Civil Policy of the Rising Kingdom of Jesus Christ*, London, 1659.

John Eliot, *A Christian Covenanting Confession*, Cambridge, Mass., 1660.

John Eliot, *Communion of Churches*, Cambridge, Mass., 1665.

John Eliot, *The Indian Grammar Begun*, Cambridge, Mass., 1666.

John Eliot, *The Indian Primer*, Cambridge, Mass., 1669.

John Eliot, *Indian Dialogues*, Cambridge, Mass., 1671.

John Eliot, *The Logick Primer*, Cambridge, Mass., 1672.

John Eliot, *Dying Speeches and Counsels of Such Indians as dyed in the Lord*, Cambridge, Mass., 1685.

William Erbery, *Apocrypha*, London, 1652.

Christopher Feake, *A Beam of Light*, London, 1659.

C. H. Firth and R. S. Rait (eds.), *Acts and Ordinances of the Interregnum, 1642–60*, Vol. I–II, London, 1911.

S. R. Gardiner (ed.), *Constitutional Documents of the Puritan Revolution, 1625–60*, 3rd ed., Oxford, 1906.

John Goodwin, *Anapologesiates Antapologias*, London, 1646.

Thomas Goodwin, *The Vanity of Thoughts*, 1st ed., London, 1637.

[Thomas Goodwin], *A Glimpse of Sions Glory*, London, 1641.

Thomas Goodwin, *Zerubbabels Encouragement to Finish the Temple*, London, 1642.

Thomas Goodwin, P. Nye, S. Simpson, J. Burroughes and W. Bridge, *An Apologeticall Narration*..., London, 1644, rep. in W. Haller (ed.), *Tracts on Liberty in the Puritan*

Revolution, 1638–47, Vol. 2, New York, 1934.

Thomas Goodwin, J. Burroughes, W. Greenhill, W. Bridge, P. Nye, S. Simpson and W. Carter, *A Copy of a Remonstrance*, London, 1645.

Thomas Goodwin, *The Great Interest of States and Kingdomes*, London, 1646.

Thomas Goodwin, *A Sermon of the fifth Monarchy, Proving by Invincible Arguments, That the Saints shall have a Kingdom here on Earth...*, London, 1654.

Thomas Goodwin, *The World to Come, or The Kingdome of Christ...*, London, 1655.

Thomas Goodwin, *Christ the Universall Peace-maker*, London, 1651.

Thomas Goodwin, *A State of Glory for Spirits of Just Men upon Dissolution*, London, 1657.

James Harrington, *The Commonwealth of Oceana...*, (ed.) by J. G. A. Pocock, Cambridge, 1992.

The Humble Proposals of Mr. Owen, Mr. Tho. Goodwin, Mr. Nye, Mr. Sympson, and other Ministers, London, 1652.

R. Jeffs (ed.), *The English Revolution, I. Fast Sermons to Parliament*, Vol. 1–34, London, 1970–71.

Girolamo Lando, "Venetian Ambassador in England, to the Doge and Senate", 30 April 1621, *Calendar of State Papers, Venetian*, Vol. 17, London, 1911.

J. Larkin and P. Hughes (eds.), *Stuart Royal Proclamations*, Vol. 1, Oxford, 1973.

John Locke, *Epistola de Tolerantia, A Letter on Toleration*, 1689, (ed.) by R. Klibansky, (trans.) by J. W. Gough, Oxford, 1968〔「寛容についての書簡」大槻春彦編『世界の名著　27』中央公論社，1968年〕.

W. Notestein and F. Relf (eds.), *Commons Debates for 1629*, Minneapolis, 1921.

John Owen, *Οὐρανῶν οὐρανία : The Shaking and Translating of Heaven and Earth*, London, 1649.

Hugh Peter, *A True Relation of the Passages of Gods Providence in a Voyage for Ireland*, London, 1642.

Hugh Peter, *Mr. Peters Last Report of the English Wars*, London, 1646.

Hugh Peter, *Gods Doings and Mans Duty*, London, 1646.

Hugh Peter, *Good Work for a Good Magistrate*, London, 1651.

Hugh Peter, *A Dying Fathers Last Legacy to an Only Child*, London, 1661.

Vavasor Powell, *Christ Exalted above all Creatures by God His Father*, London, 1650.

Vavasor Powell, *Bird in the Cage Chirping*, 2nd edn., London, 1662.

The Principles of Faith, presented by Mr. Tho. Goodwin, Mr. Nye, Mr. Sydrach Simpson, and other Ministers, London, 1654.

Prosperous Proceedings in Ireland, London, 1642.

John Rushworth, *Historical Collections*, Vol. 1, London, 1659.

Giovanni Carlo Scaramelli, "Venetian Ambassador in England, to the Doge and Senate", 12 June 1603, *Calendar of State Papers, Venetian*, Vol. 10, London, 1900.

A. Sharp（ed.）, *Political Ideas of the English Civil Wars, 1641–49*, London, 1983.

Thomas Thorowgood, *Iewes in America*, London, 1650.

Thomas Thorowgood, *Jews in America*, London, 1660.

Clement Walker, *The History of Independency*, PartⅡ, London, 1649.

The Welsh-Mans Postures or, The true manner how her doe exercise her company of Souldiers in her own Countrey, London, 1643.

Edward Winslow, *The Glorious Progress of the Gospel amongst the Indians in New England*, London, 1649.

A. S. P. Woodhouse（ed.）, *Puritanism and Liberty*, London, 1938.

Worse and worse newes from Ireland, London, 1641.

渋谷浩編訳『自由民への訴え』（早稲田大学出版部，1978年）。

（2）　二次文献（欧文）

S. Adams, "The Road to La Rochelle", *Proceedings of the Huguenot Society of London*, 22, 1975.

S. Adams, "Foreign Policy and the Parliaments of 1621 and 1624", in K. Sharpe（ed.）, *Faction and Parliament*, Oxford, 1978.

S. Adams, "Spain or the Netherlands? The Dilemmas of Early Stuart Foreign Policy", in H. Tomlinson（ed.）, *Before the English Civil War*, London, 1983.

D. Armitage, *The Ideological Origins of the British Empire*, Cambridge, 2000〔平田雅博・岩井淳・大西晴樹・井藤早織訳『帝国の誕生――ブリテン帝国のイデオロギー的起源』日本経済評論社，2005年〕.

D. Armitage and M. J. Braddick（eds.）, *The British Atlantic World, 1500–1800*, 2nd edn,

Basingstoke, 2009.

Trevor Aston (ed.), *Crisis in Europe, 1560–1660*, London, 1965.

P. Aubrey, *Mr Secretary Thurloe : Cromwell's Secretary of State, 1652–60*, London, 1990.

G. E. Aylmer, *The Struggle for the Constitution, 1603–89*, London, 1963.

B. W. Ball, *A Great Expectation*, Leiden, 1975.

T. C. Barnard, *Cromwellian Ireland*, Oxford, 1975.

Jeremy Black, *A Military Revolution? Military Change and European Society, 1550–1800*, Basingstoke, 1991.

R. M. Bliss, *Revolution and Empire : English Politics and the American Colonies in the Seventeenth Century*, Manchester, 1990.

R. Bourne, *The Red King's Rebellion*, New York, 1990.

Lloyd Bowen, "Representations of Wales and the Welsh during the Civil Wars and Interregnum", *Historical Research*, vol. LXXVII no. 197, 2004.

J. Braddick, *God's Fury, England's Fire : A New History of the English Civil Wars*, London, 2008.

B. Bradshaw and J. Morrill (eds.), *The British Problem, c.1534–1707 : State Formation in the Atlantic Archipelago*, Basingstoke, 1996.

B. Bradshaw and P. R. Roberts (eds.), *British Consciousness and Identity*, Cambridge, 1998.

F. J. Bremer, *Puritan Crisis : New England and the English Civil Wars, 1630–70*, New York, 1989.

F. J. Bremer, *Congregational Communion : Clerical Friendship in the Anglo-American Puritan Community, 1610–92*, Boston, 1994.

R. Brenner, *Merchants and Revolution : Commercial Change, Political Conflict and London's Overseas Traders, 1550–1653*, Princeton, 1993.

L. F. Brown, *The Political Activities of the Baptists and Fifth Monarchy Men in England during the Interregnum*, Washington, 1912.

B. S. Capp, "Godly Rule and English Millenarianism", *Past and Present*, 52, 1971.

B. S. Capp, *The Fifth Monarchy Men : A Study in Seventeenth-Century English Millenarianism*, London, 1972.

B. S. Capp, *Cromwell's Navy : The Fleet and the English Revolution, 1648–60*, Oxford, 1989.

I. Carrier, *James VI and I : King of Great Britain*, Cambridge, 1998.

P. Christianson, "From Expectation to Militance", *Journal of Ecclesiastical History*, 24–3, 1973.

P. Christianson, *Reformers and Babylon : English Apocalyptic Visions from the Reformation to the Eve of the Civil War*, Toronto, 1978.

J. C. D. Clark, *Revolution and Rebellion*, Cambridge, 1986.

J. T. Cliffe, *The Puritan Gentry : The Great Puritan Families of Early Stuart England*, London, 1984.

J. T. Cliffe, *Puritans in Conflict : The Puritan Gentry during and after the Civil Wars*, London, 1988.

J. T. Cliffe, *The Puritan Gentry Besieged, 1650–1700*, London, 1993.

Robin Clifton, "The Popular Fear of Catholics during the English Revolution", *Past and Present*, 52, 1971.

T. Cogswell, *The Blessed Revolution*, Cambridge, 1989.

T. Cogswell, "A Low Road to Extinction? Supply and Redress of Grievances in the Parliaments of the 1620s", *Historical Journal*, 33, 1990.

N. Cohn, *The Pursuit of the Millennium*, London, 1957〔江河徹訳『千年王国の追求』紀伊國屋書店，1978年〕.

Patrick Collinson, *The Religion of Protestants*, Oxford, 1983.

Patrick Collinson, *The Birthpangs of Protestant England*, Basingstoke, 1988.

E. S. Cope, *Politics without Parliaments, 1629–40*, London, 1987.

Barry Coward, *Social Change and Continuity in Early Modern England, 1550–1750*, London, 1988.

Barry Coward, *The Stuart Age, 1603–1714*, 2nd ed. Harlow, 1994.

R. Crabtree, "The Idea of a Protestant Foreign Policy", in I. Roots (ed.), *Cromwell : A Profile*, London, 1973.

D. Cressy, *Coming Over : Migration and Communication between England and New England in the Seventeenth Century*, Cambridge, 1987.

D. Cressy, *England on edge : Crisis and Revolution, 1640–42*, Oxford, 2006.

R. Cust, *The Forced Loan and English Politics*, Oxford, 1987.

R. Cust and A. Hughes (eds.), *Conflict in Early Stuart England : Studies in Religion and Politics, 1603–42*, London, 1989.

R. Cust and A. Hughes (eds.), *The English Civil War*, London, 1997.

A. R. Dallison, "The Authorship of'A Glimpse of Syons Glory'", in P. Toon (ed.), *Puritans, the Millennium and the Future of Israel*, Cambridge & London, 1970.

A. H. Dodd, "New England Influences in Early Welsh Puritanism", *The Bulletin of the Board of Celtic Studies*, 16, 1956.

F. D. Dow, *Cromwellian Scotland, 1651–60*, Edinburgh, 1979.

J. Eales, *Puritans and Roundheads : The Harleys of Brampton Bryan and the Outbreak of the English Civil War*, Cambridge, 1990.

J. H. Elliott, *Richeliue and Olivares*, Cambridge, 1984〔藤田一成訳『リシュリューとオリバーレス――17世紀ヨーロッパの抗争』岩波書店，1988年〕.

S. G. Ellis and S. Barber (eds.), *Conquest and Union : Fashioning a British State, 1485–1725*, London, 1995.

A. M. Everitt, *Suffolk and the Great Rebellion, 1640–60*, Leicester, 1960.

A. M. Everitt, *The Community of Kent and the Great Rebellion, 1640–60*, Leicester, 1966.

A. M. Everitt, *Change in the Provinces : the Seventeenth Century*, Leicester, 1969.

J. E. Farnell, "The Social and Intellectual Basis of London's Role in the English Civil Wars", *Journal of Modern History*, 49, 1977.

K. Fincham (ed.), *The Early Stuart Church, 1603–42*, Basingstoke, 1993.

M. G. Finlayson, *Historians, Puritanism, and the English Revolution*, Toronto, 1983.

C. H. Firth, *The Last Years of the Protectorate, 1656–58*, Vol. 1, London, 1909.

K. R. Firth, *The Apocalyptic Tradition in Reformation Britain, 1530–1645*, Oxford, 1979.

A. Fletcher, "Oliver Cromwell and the Godly Nation", in J. Morrill (ed.), *Oliver Cromwell and the English Revolution*, Harlow, 1990.

J. H. Franklin, *John Locke and the Theory of Sovereignity*, Cambridge, 1978〔今中比呂志・渡辺有二訳『ジョン・ロックと主権理論』御茶の水書房，1980年〕.

S. R. Gardiner, *History of the Commonwealth and Protectorate, 1649–60*, Vol. 2, London,

1903.

Peter Gaunt, *A Nation under Siege : the Civil War in Wales, 1624–48*, London, 1991.

A. Grant and K. Stringer (eds.), *Uniting the Kingdom? : The Making of British History*, London, 1995.

C. Gribben, *Puritan Millennium : Literature and Theology, 1550–1682*, Dublin, 2000.

C. Gribben, "Puritanism in Ireland and Wales", in J. Coffey and P. C. H. Lim (eds.), *The Cambridge Companion to Puritanism*, Cambridge, 2008.

C. Gribben, *Evangelical Millennialism in the Trans-Atlantic World, 1500–2000*, Basingstoke, 2011.

B. Gustafsson, *The Five Dissenting Brethren*, Lund, 1955.

W. Haller, *The Rise of Puritanism*, New York, 1938.

W. Haller, *Liberty and Reformation in the Puritan Revolution*, New York, 1955.

J. H. Hexter, "The Problem of the Presbyterian Independent", *American Historical Review*, XLIV, 1938.

Caroline Hibbard, *Charles I and the Popish Plot*, Chapel Hill, 1983.

Ch. Hill, *The English Revolution, 1640*, London, 1940 ; 2nd ed. 1949〔第二版訳は田村秀夫訳『イギリス革命』創文社，1956年〕.

Ch. Hill, *The Century of Revolution, 1603–1714*, Edinburgh, 1961.

Ch. Hill, *Society and Puritanism in Pre-Revolutionary England*, London, 1964.

Ch. Hill, *Antichrist in Seventeenth-Century England*, London, 1971.

Ch. Hill, *The World Turned Upside Down*, London, 1972 ; Penguin Books, 1975.

Ch. Hill, *God's Englishman : Oliver Cromwell and the English Revolution*, Penguin edition, Harmondsworth, 1972〔清水雅夫訳『オリバー・クロムウェルとイギリス革命』東北大学出版会，2003年〕.

Ch. Hill, "Parliament and People in Seventeenth Century England", *Past and Present*, 92, 1981 (Ch. Hill, *The Collected Essays of Christopher Hill*, vol. 3, Brighton, 1986〔小野功生ほか訳『17世紀イギリスの民衆と思想』法政大学出版局，1998年〕の第三章に所収).

Ch. Hill, *The Experience of Defeat*, London, 1984.

Ch. Hill, *Religion and Politics in 17th Century England*, Brighton, 1986〔小野功生訳『17世紀イギリスの宗教と政治』法政大学出版局，1991年〕.

Derek Hirst, *Authority and Conflict, 1603–58*, London, 1986.

E. J. Hobsbawm, “General Crisis of the European Economy in the 17th Century”, *Past and Present*, 5, 6, 1954〔今井宏編訳『17世紀危機論争』創文社，1975年に所収〕.

Clive Holmes, *The Eastern Association in the English Civil War*, Cambridge, 1974.

Clive Holmes, “The County Community in Stuart Historiography”, *Journal of British Studies*, 19, 1980.

J. Holstun, *A Rational Millennium : Puritan Utopias of Seventeenth-Century England & America*, Oxford, 1987.

Ann Hughes, *Politics, Society and Civil War : Warwickshire, 1620–60*, Cambridge, 1987.

Ann Hughes, “Local History and the Origins of the English Civil War”, in R. Cust and A. Hughes（eds.）, *Conflict in Early Stuart England*, London, 1989.

Ann Hughes, *The Causes of the English Civil War*, Basingstoke, 1991 ; 2nd ed. 1998.

E. W. Ives（ed.）, *The English Revolution, 1600–60*, London, 1968〔越智武臣監訳『英国革命』ミネルヴァ書房，1974年〕.

B. Ll. James, “The Evolution of a Radical”, *Journal of Welsh Ecclesiastical History*, vol. 3, 1986.

G. H. Jenkins, *The Foundations of Modern Wales, 1642–1780*, Oxford, 1987.

G. H. Jenkins, *Protestant Dissenters in Wales, 1639–89*, Cardiff, 1992.

P. Jenkins, “Seventeenth-century Wales : Definition and Identity”, in B. Bradshaw and P. R. Roberts（eds.）, *British Consciousness and Identity*, Cambridge, 1998.

F. Jennings, “Goals and Functions of Puritan Missions to the Indians”, *Ethnohistoty*, 18, 1971.

A. M. Johnson, “Wales during the Commonwealth and Protectorate”, in D. H. Pennington and K. V. Thomas（eds.）, *Puritans and Revolutionaries*, Oxford, 1978.

W. R. Jones, “England against the Celtic Fringe : A Study in Cultural Stereotypes”, *Journal of World History*, 13 , 1971.

W. K. Jordan, *The Development of Religious Toleration in England*, Vol. III, Cambridge, Mass., 1938.

L. Kaplan, “Presbyterians and Independents in 1643”, *English Historical Review*, 84, 1969.

D. S. Katz, *Philo-Semitism and the Readmission of the Jews to England, 1603–55*, Oxford, 1982.

W. Kellaway, *The New England Company, 1649–1776*, London, 1961.

Mark Kishlansky, "The Emergence of Adversary Politics in the Long Parliament", *Journal of Modern History*, 49, 1977.

Mark Kishlansky, *A Monarchy Transformed Britain, 1603–1714*, London, 1996.

P. A. Knachel, *England and the Fronde: The Impact of the English Civil War and Revolution on France*, Ithaca, 1967.

C. Korr, *Cromwell and the New Model Foreign Policy: England's Policy toward France, 1649–58*, Berkeley, 1975.

Peter Lake, "Constitutional Consensus and Puritan Opposition in the 1620s", *Historical Journal*, 25, 1982.

Peter Lake, "Calvinism and the English Church, 1570–1635", *Past and Present*, 114, 1987.

Peter Lake, "Anti-Popery: the Structure of a Prejudice", in R. Cust and A. Hughes (eds.), *Conflict in Early Stuart England*, London, 1989.

W. M. Lamont, *Godly Rule: Politics and Religion, 1603–60*, London, 1969.

W. M. Lamont, "Debate: Puritanism as History and Historiography", *Past and Present*, 44, 1969.

W. M. Lamont, *Richard Baxter and the Millennium: Protestant Imperialism and the English Revolution*, London, 1979.

P. Langford (gen. ed.), *The Short Oxford History of the British Isles*, 11 vols., Oxford and New York, 2000–2008〔鶴島博和監修『オックスフォード　ブリテン諸島の歴史』全11巻，慶應義塾大学出版会，2009年～〕.

K. J. Lindley, "The Impact of the 1641 rebellion upon England and Wales, 1641–45", *Irish Historical Studies*, 18–70, 1972.

A. D. Lindsay, *The Essentials of Democracy*, London, 1929〔永岡薫訳『民主主義の本質』未来社，1964年〕.

T. Liu, *Discord in Zion: The Puritan Divines and the Puritan Revolution, 1640–60*, The Hague, 1973.

G. F. Lytle and S. Orgel (eds.), *Patronage in the Renaissance*, Princeton, 1981〔有路雍子・成沢和子・舟木茂子訳『ルネサンスのパトロン制度』松柏社，2000年〕.

J. F. Maclear, "Puritan Relations with Buckingham", *Huntington Library Quarterly*, 21, 1958.

J. F. Maclear, "New England and the Fifth Monarchy", *William and Mary Quarterly*, 3rd Ser., 32–2, 1975.

Wolfgang Michael, *Oliver Cromwell*, 2 Vols., Berlin, 1907.

John Morrill (ed.), *The Revolt of the Provinces*, London, 1976 ; 2nd ed. 1980.

John Morrill and John Walter, "Order and Disorder in the English Revolution", in A. Fletcher and J. Stevenson (eds.), *Order and Disorder in Early Modern England*, Cambridge, 1985.

John Morrill, *The Nature of the English Revolution*, Harlow, 1993.

K. M. Morrison, "'That Art of of Coyning Christians': John Eliot and the Praying Indians of Massachusetts", *Ethnohistory*, 21, 1974.

R. J. Naeher, "Dialogue in the Wilderness : John Eliot and the Indian Exploration of Puritanism as a Source of Meaning, Comfort, and Ethnic Survival", *New England Quarterly*, 62, 1989.

G. F. Nuttall, *Visible Saints*, Oxford, 1957.

G. F. Nuttall, *The Welsh Saints, 1640–60*, Cardiff, 1957.

Geoffrey Parker and Lesley M. Smith (eds.), *The General Crisis of the Seventeenth Century*, London, 1978 ; 2nd ed. 1997.

Geoffrey Parker, *The Thirty Years War*, London, 1984 ; 2nd ed. 1997.

Geoffrey Parker, *The Military Revolution : Military Innovation and the Rise of the West*, Cambridge, 1988 ; 2nd ed. 1997〔初版訳は大久保桂子訳『長篠合戦の世界史』同文舘，1995年〕.

J. M. Patrick, "Hugh Peters : A Study in Puritanism", *University of Buffalo Studies*, Vol. XVII, No. 4, 1946.

R. Paul, *The Lord Protector : Religion and Politics in the Life of Oliver Cromwell*, London, 1955.

J. T. Peacey, "Seasonable Treatises : A Godly Project of the 1630s", *English Historical Review*, 452, 1998.

D. H. Pennington and K. V. Thomas (eds.), *Puritans and Revolutionaries*, Oxford, 1978.

C. Pestana, *The English Atlantic in an Age of Revolution, 1640–61*, Cambridge, Mass.,

2004.

S. Pincus, *Protestantism and Patriotism : Ideologies and the Making of English Foreign Policy, 1650–68*, Cambridge, 1996.

J. G. A. Pocock（ed.）, *Three British Revolutions : 1641, 1688, 1776*, Princeton, 1980.

C. Post, "Old World Order in the New : John Eliot and 'Praying Indians' in Cotton Mather's Magnalia Christi Americana", *New England Quarterly*, 66, 1993.

F. J. Powicke, "The Independents of 1652", *Transactions of Congregational Historical Society*, 9, 1924.

T. K. Rabb, *The Struggle for Stability in Early Modern Europe*, Oxford, 1975.

T. K. Rabb and D. Hirst, "Revisionism Revised : Two Perspectives on Early Stuart Parliamentary History", *Past and Present*, 92, 1981.

R. C. Richardson, *The Debate on the English Revolution*, London, 1977〔今井宏訳『イギリス革命論争史』刀水書房，1979年〕.

M. Roberts, "Cromwell and the Baltic", *English Historical Review* LXXVI, 1961.

J. P. Ronda, "'We Are Well As We Are' : An Indian Critique of Seventeenth-Century Christian Missions", *William and Mary Quarterly*, 3rd Ser., 34, 1977.

I. Roots（ed.）, *Cromwell : A Profile*, London, 1973.

C. Russell（ed.）, *The Origins of the English Civil War*, London, 1973.

C. Russell, *Parliaments and English Politics, 1621–29*, Oxford, 1979.

C. Russell, *The Causes of the English Civil War*, Oxford, 1990.

C. Russell, *The Fall of the British Monarchies, 1637–42*, Oxford, 1991.

N. Salisbury, "Red Puritans : The'Praying Indians' of Massachusetts Bay and John Eliot", *William and Mary Quarterly*, 3rd Ser., 31, 1974.

Paul S. Seaver, *Wallington's World : A Puritan Artisan in Seventeenth Century London*, London, 1985.

Kevin Sharpe（ed.）, *Faction and Parliament*, Oxford, 1978.

Kevin Sharpe, *The Personal Rule of Charles I*, New Haven, Conn., 1992.

F. Shriver, "Orthodoxy and Diplomacy", *English Historical Review*, 336, 1970.

A. Simpson, *Puritanism in Old and New England*, Chicago, 1955〔大下尚一・秋山健訳『英米におけるピューリタンの伝統』未来社，1966年〕.

D. L. Smith, *Oliver Cromwell*, Cambridge, 1991.

R. M. Smuts, "The Puritan Fellowers of Henrietta Maria in the 1630s", *English Historical Review*, 366, 1978.

L. F. Solt, *Saints in Arms*, Oxford, 1959.

E. J. Sprunger, *Dutch Puritanism : A History of English and Scottish Churches of the Netherlands in the Sixteenth and Seventeenth Centuries*, Leiden, 1982.

M. Spufford, "The Importance of Religion in the Sixteenth and Seventeenth Centuries", Spufford（ed.）, *The World of Rural Dissenters, 1520–1725*, Cambridge, 1995.

R. P. Stearns, *The Strenuous Puritan : Hugh Peter, 1598–1660*, Urbana, 1954.

D. Stevenson, *Scottish Covenanters and Irish Confederates : Scottish-Irish Relations in the Mid-Seventeenth Century*, Belfast, 1981.

J. Stevenson（gen. ed.）, *A History of the Modern British Isles*, 5 vols., Oxford, 1998–.

Laurence Stone, *Social Change and Revolution in England, 1540–1640*, London, 1965.

Laurence Stone, *The Causes of the English Revolution, 1529–1642*, London, 1972〔紀藤信義訳『イギリス革命の原因　1529~1642』未来社，1978年〕.

M. Stoyle, "Caricaturing Cymru : Images of the Welsh in the London Press, 1642–46", in D. Dunn（ed.）, *War and Society in Medieval and Early Modern Britain*, Liverpool, 2000.

R. H. Tawney, *Religion and the Rise of Capitalism*, Harcourt, 1926〔出口勇蔵・越智武臣訳『宗教と資本主義の興隆』上・下，岩波文庫，1956・59年〕.

W. S. K. Thomas, *Stuart Wales, 1603–1714*, Llandysul, 1988.

Ch. Thompson, "Court Politics and Parliamentary Conflict in 1625", in R. Cust and A. Hughes（eds.）, *Conflict in Early Stuart England*, London, 1989.

M. Tolmie, *The Triumph of the Saints : The Separate Churches of London, 1616–49*, Cambridge, 1977〔大西晴樹・浜林正夫訳『ピューリタン革命の担い手たち』ヨルダン社，1983年〕.

P. Toon（ed.）, *Puritans, the Millennium and the Future of Israel*, Cambridge & London, 1970.

P. Toon, "Der Englische Puritanismus", *Historische Zeitschrift*, 214, 1972.

H. R. Trevor-Roper, "The Gentry, 1540–1640", *Economic History Review*, Supplement Ⅰ, 1953.

H. R. Trevor-Roper, "The General Crisis of the 17th Century", *Past and Present*, 16,

今井宏「イギリス革命」(『歴史学事典　第四巻　民衆と変革』弘文堂，1996年)。

今関恒夫『ピューリタニズムと近代市民社会——リチャード・バクスター研究』(みすず書房，1989年)。

今中比呂志『イギリス革命政治思想史研究』(御茶の水書房，1977年)。

岩井淳「ピューリタン革命期の千年王国論——トマス・グッドウィンの思想」(『イギリス哲学研究』9号，1986年)。

岩井淳「ピューリタン革命期の国家と反カトリック問題」(『歴史学研究』573号，1987年)。

岩井淳「独立派は千年王国論を主張したか——『シオンの栄光のきらめき』(1641年)の著者をめぐって」(『歴史学研究』577号，1988年)。

岩井淳「千年王国論とイギリス革命（4）——独立派聖職者J・バローズの場合」(『社会思想史の窓』66号，1989年)。

岩井淳「ピューリタニズム研究の変遷」(『静岡大学人文論集』42号，1992年)。

岩井淳「ピューリタニズム研究の新展開」(『歴史学研究』629号，1992年)。

岩井淳「ニューイングランドとピューリタン革命」(『西洋史学』169号，1993年)。

岩井淳『千年王国を夢みた革命——17世紀英米のピューリタン』(講談社，1995年)。

岩井淳・指昭博編『イギリス史の新潮流——修正主義の近世史』(彩流社，2000年)。

岩井淳「『ブリテン帝国』の成立」(『歴史学研究』776号，2003年)。

岩井淳『ピューリタン革命と複合国家』(山川出版社，2010年)。

岩井淳「「大反乱」から「ブリテン革命」へ——17世紀中葉の事件をめぐる長き論争」(『イギリス哲学研究』34号，2011年)。

岩井淳編『複合国家イギリスの宗教と社会』(ミネルヴァ書房，2012年)。

宇治田富造『重商主義植民地帝国論　第Ⅰ部』(青木書店，1961年)。

梅津順一『近代経済人の宗教的根源——ヴェーバー，バクスター，スミス』(みすず書房，1989年)。

大木英夫『ピューリタニズムの倫理思想』(新教出版社，1966年)。

大塚久雄『宗教改革と近代社会』みすず書房，初版1948年，四訂版1964年(『大塚久雄著作集　第8巻』岩波書店，1969年に所収)。

大西晴樹『イギリス革命のセクト運動』(御茶の水書房，1995年，増補版2000年)。

大西直樹『ニューイングランドの宗教と社会』(彩流社，1997年)。

大西直樹『ピルグリム・ファーザーズという神話』(講談社，1998年)。

越智武臣『近代英国の起源』（ミネルヴァ書房，1966年）。

川北稔『工業化の歴史的前提』（岩波書店，1983年）。

川北稔『民衆の大英帝国』（岩波書店，1990年，岩波現代文庫，2008年）。

川北稔編『世界各国史11　イギリス史』（山川出版社，1998年）。

川北稔『アメリカは誰のものか——ウェールズ王子マドックの神話』（NTT 出版，2001年）。

近藤加代子「クロムウェルのプロテスタンティズムとナショナリズム」（岩間一雄編『近代とは何であったか』大学教育出版，1997年）。

佐藤唯行『英国ユダヤ人』（講談社，1995年）。

柴田三千雄・松浦高嶺編『近代イギリス史の再検討』（御茶の水書房，1972年）。

渋谷浩『ピューリタニズムの革命思想』（御茶の水書房，1978年）。

白井洋子「北米先住民のみた『新世界』」（『アメリカ研究』26号，1992年）。

菅原秀二「民衆文化とその変容」（岩井・指編『イギリス史の新潮流』彩流社，2000年）。

菅原秀二「アイルランドから見るブリテン複合国家」（岩井淳編『複合国家イギリスの宗教と社会』ミネルヴァ書房，2012年）。

M・スパフォード著，大西晴樹訳「16，17世紀における宗教の重要性」（鵜川馨編『立教大学国際学術交流報告書』13輯，1996年）。

田中浩『ホッブズ研究序説』（御茶の水書房，1982年）。

田村秀夫『イギリス革命思想史』（創文社，1961年）。

田村秀夫『イギリス革命とユートウピア』（創文社，1975年）。

田村秀夫編『イギリス革命と千年王国』（同文舘，1990年）。

田村秀夫編『クロムウェルとイギリス革命』（聖学院大学出版会，1999年）。

田村秀夫編『千年王国論』（研究社出版，2000年）。

常行敏夫『市民革命前夜のイギリス社会——ピューリタニズムの社会経済史』（岩波書店，1990年）。

富田理恵「ブリテンの国制構想とスコットランド・イングランド」（岩井淳編『複合国家イギリスの宗教と社会』ミネルヴァ書房，2012年）。

中川順子「外国人を見る眼差し」（指昭博編『「イギリス」であること』刀水書房，1999年）。

那須敬「宗教統一を夢みた革命？」（岩井淳編『複合国家イギリスの宗教と社会』ミネルヴァ書房，2012年）。